ANTIKE ATOMPHYSIK

Texte zur antiken Atomlehre und zu ihrer Wiederaufnahme in der Neuzeit

griechisch/lateinisch/italienisch/deutsch

zusammengestellt, übersetzt und erläutert
von Alfred Stückelberger

HEIMERAN VERLAG

Titelvignette:
Griechisches 10-Drachmen-Stück von 1976 mit einem Bildnis Demokrits und einem Atommodell.

CIP-Kurztitelaufnahme der Deutschen Bibliothek

Antike Atomphysik

Texte zur antiken Atomlehre u. ihrer Wiederaufnahme in der Neuzeit; griech.; lat.; ital.; dt. / zsgest., übers. u. erl. von Alfred Stückelberger.
— München : Heimeran, 1979.
(Tusculum-Bücherei)
ISBN 3-7765-2182-1
NE: Stückelberger, Alfred [Hrsg.]

1. Auflage 1979

Archiv 610 ISBN 3 7765 2182 1
Satz: Maschinensetzerei Hans Janß, Pfungstadt
Druck: Laupp & Göbel, Tübingen
Bindung: Heinrich Koch, Tübingen

INHALTSVERZEICHNIS

Einführung in die antike Atomphysik

1. Die Begründung der Atomistik

a) Voraussetzungen

Die Frage, wie im griechischen Denken des 5. Jh. v. Chr. die heiß umstrittene, bald sorgsam begründete, bald vehement bekämpfte, für viele Jahrhunderte dann zurückgedrängte und schließlich in der Renaissance wieder aufgegriffene Vorstellung einer aus Atomen aufgebauten Materie aufkommen konnte, ist eng verknüpft mit der Entwicklung der vorangegangenen griechischen Naturphilosophie, ist doch auch die Atomistik zunächst nur ein Versuch gewesen, freilich ein Versuch von ungeahnter Tragweite, die ganze Natur zu erfassen und zu erklären.

Die ionische Naturphilosophie, wie sie uns im 6. Jh. v. Chr. entgegentritt, unterscheidet sich — soweit wir sehen können — von allem Anfang an in grundsätzlicher Weise von jeder früheren außergriechischen Naturbetrachtung und Naturbeobachtung, nämlich im unermüdlichen Streben, frei von jeder zweckgerichteten Schranke den Dingen an sich auf den Grund zu gehen, die ἀρχαί, die Ursprünge aufzuzeigen und die ganze Fülle der Erscheinungen zu erfassen und nach einem Grundprinzip zu erklären. Damit verbunden ist ein ausgeprägter Wille zur Systematisierung und Abstrahierung von den äußerlich erkennbaren Phänomenen dieser Welt. Unter diesem Gesichtspunkt muß der Versuch eines Thales von Milet gewertet werden, die ganze Vielfalt der bestehenden Dinge

auf einen Urstoff, das Wasser, zurückzuführen[1]). Ihm verwandt sind die Ansätze eines Anaximenes von Milet, in der Luft[2]), oder eines Heraklit von Ephesos, im Feuer den Urgrund aller Dinge zu erblicken[3]), eine zunächst fremdartige Vorstellung, die aber plötzlich aktuell wird, wenn man etwa mit Werner Heisenberg für 'Feuer' das Wort 'Energie' einsetzt[4]).

Freilich, die Schwierigkeiten, die sich ergaben, mit einem Urstoff alles erklären zu wollen, schienen unlösbar. So kam Heraklit unter dem erschütternden Eindruck der Veränderlichkeit aller Dinge, die nichts absolut Beständiges, Sicheres erkennen ließ, sondern die beängstigende Ahnung erwecken mußte, daß „alles in der Art eines Stromes im Flusse"[5]), d. h. in ständigem Werden und Vergehen begriffen ist, zum Schluß, daß das Wesen der Dinge gerade im Widerspruch liege. Treffend charakteri-

1) Thales, Fr. A 1, 27 (bei Diog. Laërt. 1, 27); A 13 u. a. m. (alle Fragmente der Vorsokratiker werden hier zitiert nach der Ausgabe von Hermann Diels — Walther Kranz, 3 Bde., 6. Aufl. Berlin 1951/52, in photomechan. Verfahren mehrmals später aufgelegt).

2) Anaximenes, Fr. A 1; A 5; A 6 u. a. St. m.

3) Heraklit, Fr. A 5; A 10, cf. B 30f. — Bei all diesen 'Grundelementen' der ionischen Naturphilosophie ist zu berücksichtigen, daß sie noch nicht diesen materiellen Charakter haben, den ihnen unser moderner Sprachgebrauch zuschreibt.

4) W. Heisenberg, Physik und Philosophie, Stuttgart 1959, 47: „Wir können an dieser Stelle einfügen, daß die moderne Physik in einer gewissen Weise der Lehre des Heraklit außerordentlich nahe kommt. Wenn man das Wort 'Feuer' durch das Wort 'Energie' ersetzt, so kann man Heraklits Aussagen fast Wort für Wort als Ausdruck moderner Auffassung ansehen."

5) Heraklit Fr. A 1 (vgl. B 12. 91): so wird man wohl das oft zitierte und gerne mißgedeutete πάντα ῥεῖ verstehen dürfen.

siert Karl Reinhardt seine Lehre: „Auf ihre kürzeste Formel gebracht, besagt die Lehre Heraklits: alles in der Welt ist Gegensatz, aber die Gegensätze bedingen einander; das ist das große Geheimnis, das vor aller Augen liegt und doch allen verborgen bleibt, daß Widerstrebung Einheit ist und alles miteinander harmoniert, indem es sich widerstreitet; folglich ist der Gegensatz das Wesen aller Dinge, und die Welt der Gegensätze ist die einzig wahre Welt.“ [6])

Die Reaktion auf diese letztlich erschütternde Einsicht konnte nicht ausbleiben [7]): Auf der Suche nach einer neuen, verläßlichen Grundlage fand Parmenides von Elea (ca. 515— ca. 445 v. Chr.) das ὄν, das Seiende, das, all diesem Wechselspiel der sichtbaren materiellen Welt entrückt, „Eines“, „ein Ganzes“, „zusammenhängend“, „unerschütterlich“, „unbeweglich“, „begrenzt, einer Kugel gleich“ ist [8]). Er stellt so Heraklits Philosophie des Werdens eine Philosophie des Seins gegenüber, freilich um den Preis, daß für ihn die ganze materielle Welt letztlich nur eine Scheinwelt wird, von der uns die Sinnesorgane nur ein Trugbild (δόξα) vermitteln [9]). In der parmenideischen Schau des Seins hat die Suche frühgriechischer Denker nach einem einheitlichen, unerschütterlichen Grundprinzip ihren Höhepunkt erreicht; dieses ist freilich so weit von allem Vorstellbaren entfernt, daß sich über das ὄν des Parmenides kaum mehr eine Aussage machen und eine Brücke zur gegenständlichen Welt bauen läßt. Dennoch ist es für die spätere Entwicklung der Geistes-

6) Karl Reinhardt, Parmenides und die Geschichte der griech. Philosophie, Frankfurt a. M. 1959², 208.
7) Ich halte mich hier an die Überlieferung, die Parmenides auf Heraklit folgen läßt, gegen Reinhardt a. O. 220.
8) Vgl. Parmenides Fr. B 8, 2ff. 13f. 26ff. 43.
9) Fr. B 8, 40ff.

geschichte zu einem sehr entscheidenden Begriff geworden: von ihm führt ein Weg mit neuer, positiver Umschreibung zum platonischen ὄν und zur Welt der absoluten, von der Materie losgelösten, mit dieser aber doch in Beziehung stehenden Ideen; der andere Weg, da sich das parmenideische ὄν wieder mit Materie gefüllt hat, weist unter Beibehaltung der Wesensbestimmungen der Einheit, Ganzheit, Unerschütterlichkeit zum Atom-Begriff von Leukipp und Demokrit.

Doch vorerst noch ein Wort zu zwei unmittelbaren Vorläufern der eigentlichen Atomisten: Empedokles aus Agrigent (ca. 500—ca. 430 v. Chr.) mit seinem ausgeprägten Interesse an Naturvorgängen einerseits — so beschäftigt ihn etwa die Frage, warum sich Wein mit Wasser, nicht aber mit Öl mischen läßt[10]) oder wie Hunde eine Fährte aufspüren[11]) —, und seinem scharfsinnigen Verstand andererseits, mit welchem er die eigenen Sinneswahrnehmungen kritisch prüft[12]) und, was die Sinne verschließen, denkerisch ergründet, ist zum wichtigsten Wegbereiter der Atomistik geworden. Die empedokleische Lehre von den vier Grundbaustoffen der Welt, die allem zugrunde liegen, den vier 'Elementen' (στοιχεῖα)[13]), ist über Platon und, mit der Ergänzung der Quinta Essentia,

10) Emp. Fr. B 91.

11) Emp. Fr. B 101; vgl. Fr. B 92, wo von der Zinn-Kupfer-Mischung die Rede ist, od. Fr. B 100, wo ein Versuch mit der Klespydra (Wasserheber) beschrieben ist, der schon sehr nahe an ein eigentliches Experiment herankommt: s. dazu O. Regenbogen, Eine Forschungsmethode antiker Naturwissenschaft, in: Kl. Schriften, München 1961, 141 bis 194: bes. 168.

12) Emped. Fr. B 2.

13) Emped. Fr. B 6 und B 17, 18: „Vier Wurzeln aller Dinge, ... Feuer, Wasser, Erde und der Luft unendliche Höhe." Der in der Doxographie verwendete Ausdruck στοιχεῖον ist in den wörtl. Fragmenten von Empedokles noch nicht

über Aristoteles für an die zweitausend Jahre zur allgemein verbreiteten Auffassung von der Materie geworden. Von Empedokles stammen die zwei für die Atomistik grundlegenden Begriffe der Mischung (μίξις/κρῆσις) und Trennung (διάλλαξις)[14]) zur Erklärung der Vielfalt der Veränderungen im stofflichen Bereich, die den zwei kosmischen Triebkräften, der 'Philotes' und dem 'Neikos' (Liebe und Streit), gehorchen: „Und dieser beständige Tauschwechsel hört nimmer auf: bald vereinigt sich alles durch Liebe zu Einem, bald auch trennen sich wieder die einzelnen Stoffe im Hasse des Streites" (Fr. B 17, 6ff.). Bei ihm findet sich ferner die Vorstellung der Ausströmungen (ἀπορροαί)[15]), die von allen Dingen ausgehen und die Sinneswahrnehmungen hervorrufen, eine Erklärung, die von den Atomisten wieder aufgegriffen und weitergeführt wird. Und schließlich sind bei Empedokles — wenn man antiken Doxographen glauben darf[16]) — bereits schon

belegt; er verwendet dafür den Ausdruck ῥίζωμα (Wurzel).

14) Emped. Fr. B 8; B 21.

15) Emped. Fr. B 89. Zum ganzen Verhältnis des Empedokles zur Atomistik vgl. Walther Kranz, Die Entstehung des Atomismus, in: Convivium, Festschrift für Konrat Ziegler, Stuttgart 1954, 14—40; bes. 15ff.

16) Die spätere doxographische Überlieferung etwa bei Galen und Aëtius hat die Tendenz, Empedokles in sehr nahe Beziehung zu den eigentlichen Atomisten zu bringen; so zählt Aëtius 1, 24, 2 (Emped. Fr. A 44) als Vertreter einer Korpuskulartheorie in einem Atemzug Empedokles, Anaxagoras, Demokrit und Epikur auf. Bedeutend zurückhaltender drückt sich Aristoteles de gen. et corr. 334 a 26 (Fr. A 43) über die Mixis-Vorstellung aus; er spricht lediglich von στοιχεῖα κατὰ μικρὰ παρ' ἄλληλα συγκείμενα. In den doch verhältnismäßig zahlreich erhaltenen Fragmenten über die Mixis belegt keine Stelle eindeutig die Vorstellung von kleinsten Materieteilchen; der Begriff μέρος etwa in Fr. B 22, 1 hat eine andere Bedeutung.

Ansätze für die Vorstellung von winzigen Materieteilchen vorgebildet, die σμικρὰ μόρια, die λεπτομερῆ σώματα[17]) oder ὄγκοι (Massenteilchen), die — so berichtet Aëtius — gewissermaßen die στοιχεῖα στοιχείων, die Elemente der Elemente, darstellen (Fr. A 43).

Der zweite unmittelbare Vorläufer und Zeitgenosse[18]) von Leukipp ist Anaxagoras von Klazomenai (ca. 500—428 v. Chr.), der mit seinem oft zitierten Satz ὄψις γὰρ τῶν ἀδήλων τὰ φαινόμενα („die Erkenntnis des Unsichtbaren liegt im Sichtbaren": Fr. B 21a) zum ersten Mal den Analogieschluß als Weg des Denkens formuliert[19]) und damit für die Methodik in der ganzen späteren Entwicklung einen entscheidenden Schritt getan hat[20]). In der Vorstellung von der Materie geht er zunächst von der Mischungstheorie des Empedokles aus, führt sie aber in einem wesentlichen Punkt weiter durch die Erklärung, was denn das Wesen eines jeden Stoffes bestimme: „Alles ist in allem vorhanden, aber jede (Mischung) ist durch den vorherrschenden Stoff charakterisiert (χαρακτηριζόμενον)" (Fr. B 1). An die Stelle der vier empedokleischen Elemente tritt bei Anaxagoras eine unbegrenzte Zahl von Stoffen, die sich aus 'Keimteilchen' (σπέρματα) zusammensetzen: „Man muß annehmen, daß in allen Stoffverbindungen vieles und vielfältiges enthalten ist und

17) Emped. Fr. A 34 (Galen), A 44 (Aëtius); vgl. Fr. B 101, 1 den Begr. κέρματα.

18) Da die Lebens- und Wirkungszeit der Vorsokratiker meist nur sehr ungefähr überliefert ist, ist es schwierig, die gegenseitigen Abhängigkeitsverhältnisse zu rekonstruieren; jedenfalls darf man für die Mitte des 5. Jh. schon mit Wechselbeziehungen zwischen Empedokles, Anaxagoras und Leukipp rechnen.

19) Dazu Regenbogen a. O. (o. Anm. 11) 158.

20) An der zitierten Stelle nimmt Demokrit ausdrücklich in positivem Sinn Stellung zum erwähnten Anaxagorassatz: vgl. Demokr. Fr. A 111.

Keime von allen Dingen, die vielfältige Formen und Farben und Lustwirkungen haben" (Fr. B 4). Diese Spermata, oder ὁμοιομερῆ σώματα (gleichteilige Stoffteilchen), wie sie andernorts heißen[21]), sind ausdrücklich „in bezug auf ihre Zahl und Kleinheit unbegrenzt"[22]), womit der letzte Schritt zum kleinsten Unteilbaren, dem eigentlichen Atom, noch offenbleibt. — Sein besonderes Gepräge aber erhält die anaxagoreische Weltanschauung dadurch, daß er versucht, den unvereinbar erscheinenden Gegensatz von Geist und Materie zu überbrücken: nicht mehr ein kosmischer Urwirbel[23]), sondern der Geist, der νοῦς, eine außerhalb und über der Materie stehende Größe, ist die gestaltende und ordnende, alles beherrschende und mit einem Sinn erfüllende Kraft in allem Weltgeschehen. Daß diesem Versuch, sich vom materialistischen Denken früherer Philosophen zu lösen und allen materiellen-physikalischen Ursachen eine geistige Ursache überzuordnen, verschiedene Inkonsequenzen anhaften mochten, über die sich etwa Platon lustig macht[24]), schmälert nicht die Bedeutung des Unterfangens.

b) Leukipp und Demokrit

Angesichts der bahnbrechenden Bedeutung des neuen Schrittes in der Geschichte des Materiebegriffes, der von den tastenden Versuchen bei Empedokles und Anaxagoras zur voll ausgeprägten Hypothese einer aus kleinsten, festen, unveränderlichen Bausteinen aufgebauten Materie

21) Anax. Fr. B 5.
22) Anax. Fr. B 1 ἄπειρα καὶ πλῆθος καὶ σμικρότητα.
23) So die δίνη bei Empedokles Fr. B 35, 4, aus welcher die verschiedenen Stoffmischungen hervorgehen.
24) Plato, Phaidon 97 bff.

führte, wird man es doppelt schmerzhaft empfinden, daß von der ältesten Generation der Atomisten, von Leukipp aus Milet (Anf. 5. Jh. v. Chr.) und Demokrit von Abdera (ca. 460—ca. 400 v. Chr.) kaum Fragmente im ursprünglichen Wortlaut erhalten sind, die sich direkt auf die Atomlehre beziehen[25]). Immerhin gibt es neben zahlreichen zerstreuten Einzelaussagen einige recht eingehende Berichte aus der Antike über die Atomistik, die — abgesehen von Auszügen in antiken Philosophiehandbüchern eines Aëtius (etwa 1. Jh. v. Chr.: Nr. 3/20) und Diogenes Laërtios (3. Jh. n. Chr.: Nr. 1/5) — im wesentlichen auf drei Wegen auf uns gekommen sind: durch die Auseinandersetzung mit der Atomistik im Peripatos (Nr. 2; 6—16) und in der griechischen Medizin (Nr. 20), sowie durch die Übernahme und Erweiterung in der epikureischen Schule (Nr. 3/17; Nr. 32—46).

In der doxographischen Überlieferung werden Leukipp und Demokrit fast regelmäßig zusammen genannt, so daß es ein müßiges Unterfangen wäre, heute ihr Gedankengut im einzelnen auseinanderhalten zu wollen[26]). Immerhin scheint es, daß Leukipp noch näher dem parmenideischen ὄν ist und sich vor allem mit der Kosmogonie, der Entstehung der Welt aus unteilbaren Bausteinen befaßt hat, von denen er noch kaum nähere Bestimmungen angibt, während Demokrit sehr viel ausführlicher allen Fragen der Stoffveränderungen, den verschiedenen Atomformen und ihren primären und sekundären Eigenschaften

25) Eine wichtige Ausnahme ist das Demokrit-Fragment B 125 (dazu gleich unten); vgl. noch Fr. B 141; B 167.

26) So sind wir denn auch in der Anordnung der Textstellen so verfahren, daß wir alles, was nicht ausdrücklich für Leukipp allein bezeugt ist, unter Demokrit eingereiht haben, ohne damit Leukipp eine Mitbeteiligung absprechen zu wollen. Vgl. dazu Diels-Kranz, Vors. 2, 80 Anm. 2.

nachgegangen ist und damit die Atomtheorie zu einem ausgereiften, geschlossenen System geführt hat. Aufgrund der genannten Quellen ergibt sich davon etwa folgendes Bild[27]):

Materie und Raum sind die zwei Grundkomponenten des Kosmos (Nr. 1). Die Materie selbst besteht aus kleinsten, 'unteilbaren', unveränderlichen Urteilchen, „die so winzig sind, daß sie sich unseren Sinnesorganen entziehen" (Nr. 12) und darum nur „mit dem Verstand erkennbar" sind[28]). Allen mathematisch-logischen Überlegungen zum Trotz, die oft genug dagegen vorgebracht worden sind (vgl. Nr. 10), „ist hier also zum ersten Male in der Geschichte der Gedanke ausgesprochen worden, daß es unteilbare kleinste Bausteine gebe, aus denen alles Stoffliche zusammengesetzt sei, die Atome", rühmt Heisenberg[29]). Der Begriff ἄτομος[30]), zunächst meist als Adjektiv zu σῶμα, οὐσία oder ἰδέα verwendet, ist als Bezeichnung für die 'Unteilbarkeit' eines physikalischen Körpers aller Wahrscheinlichkeit nach von Leukipp geprägt worden[31]), in einem vielerorts bezeugten wörtlich erhaltenen Fragment des Demokrit (Fr. B 125 = Nr. 4) zum ersten Male belegt; er hat von da an seinen Weg durch die Geschichte der Naturwissenschaften gemacht und ist selbst im Zeit-

27) Die einschlägige Literatur zum ganzen Thema Atomistik ist in der Bibliographie u. S. 327 zusammengestellt.

28) σώματα λόγῳ θεωρητά: Demokr. Fr. A 102/A 124; vgl. u. Nr. 27/28.

29) W. Heisenberg, Die Physik der Atomkerne, Die Wissenschaft Bd. 100, Braunschweig 1947², 3.

30) Zum Begriff ἄτομος s.: V. E. Alfieri, Atomos idea, L'origine del concetto dell'atomo nel pensiero greco, Firenze 1953, 52f.

31) Der Begriff ist im Auszug über den *Megas Diakosmos* des Leukipp genannt: s. Nr. 3. — Hier wie im folgenden vgl. auch unten die 'Synopsis der wichtigsten Begriffe zur Atomistik' 2.1ff.

alter der 'Atomspaltungen' nicht aufgegeben worden. Neben dem Wort 'Atom' finden sich in der ersten Generation der Atomisten als Synonyme gleich noch drei weitere Begriffe, die Eingang in die Geschichte der Naturwissenschaft gefunden haben und heute dort zum unentbehrlichen Vokabularium gehören: von σῶμα führt der Weg über *corpus/corpusculum* zu den 'Korpuskeln'[32]), die ὄγκοι sind über *moles/moleculae* zu den 'Molekülen' geworden[33]), während die 'Teilchen' *particulae* in den μόρια vorgeprägt sind[34]).

Wenn hier von 'Atomen' als kleinsten, unveränderlichen Bestandteilen der Materie die Rede ist, muß freilich im Hinblick auf die moderne Terminologie festgehalten werden, daß in der Antike die Voraussetzungen fehlten, chemische Elemente von beständigen chemischen Verbindungen wie Wasser oder von homogen erscheinenden Mischungen wie Luft zu unterscheiden, daß somit das *atomon* bald mehr dem Atom, bald mehr dem Molekül entspricht[35]) und schließlich etwa in Äußerungen von Lukrez über das korpuskulare Wesen des Lichtes[36]) eher dem Begriff 'Elementarteilchen' zuzuordnen ist.

32) *corpuscula* in diesem Sinne etwa Lucr. 2, 153.

33) Die ὄγκοι etwa Nr. 2 (Arist. gen. et corr. 325 a 30); die *moleculae* sind im Altertum nicht belegt (vgl. ThLL); das Wort kommt im 17. Jh. auf: eine der wohl ältesten Belegstellen findet sich bei Petrus Gassendi, *Philosophiae Epicuri syntagma* (1659), pars II, cap. 6: *sunt moleculae sive mavis concretiunculae quaedam perexiles* (vgl. u. Nr. 2 Anm. 3).

34) *particulae* etwa bei Lucr. 2, 833; 4, 260 u. a. St. m.; zu μόριον s. etwa Demokr. Fr. A 41 (Arist. phys. 203 b 1).

35) Die Unterscheidung ist sachlich erst bei Dalton, begrifflich sogar noch später aufgekommen: Dalton (Vorlesung vom 30. Jan. 1810) spricht noch von 'einfachen' und 'zusammengesetzten' Atomen.

36) Vgl. Lucr. 2, 388/90: s. u. Nr. 43.

Diese Atome nun unterscheiden sich lediglich durch ihre Form (σχῆμα/μορφή), ihre Lage (θέσις) und innerhalb von Stoffverbindungen durch die verschiedenartige Anordnung (τάξις)[37]), die gerne mit der Anordnung von Buchstaben innerhalb eines Wortes verglichen wird (Nr. 7/9/14/45). Die Vorstellung eines Atomgewichtes, die bei Demokrit belegt ist[38]), wird später von Epikur in einer ähnlichen Aufzählung von Grundeigenschaften des Atoms als dritte Bestimmung der Atomform und Atomgröße an die Seite gestellt (Nr. 33). Es ist nun wohl einer der kühnsten und fruchtbarsten Ansätze der Atomistik gewesen, die ganze Fülle der Erscheinungen, alle verschiedenen Stoffe mit ihren verschiedenen von den Sinnesorganen subjektiv empfundenen Eigenschaften auf ganz wenige, objektivierbare Faktoren zurückzuführen: „Nur der Meinung nach gibt es süß, nur der Meinung nach bitter, warm, kalt, nur der Meinung nach Farbe, in Wahrheit gibt es nur Atome und leeren Raum" (Nr. 4), lautet der oft zitierte Grundsatz Demokrits. Somit gibt es eine

37) Die Begriffe σχῆμα, θέσις, τάξις sind später gebräuchlich geworden; Demokrit hatte dafür die drei Wörter ῥυσμός, τροπή, διαθιγή verwendet (Nr. 7/13), worin sich schön sein Ringen um den sprachlichen Ausdruck zeigt, das bald neue Wörter prägt (διαθιγή), bald vorhandene mit neuem Inhalt füllt (ῥυσμός, τροπή): s. dazu Kurt v. Fritz, Philosophie und sprachlicher Ausdruck bei Demokrit, Plato und Aristoteles, Leipzig 1938 (Darmstadt 1963), 25ff.

38) Plut. placit. philos. 1, 3 p. 285 D. (= Demokr. Fr. A 47; Epicur. Fr. 275 Us.) schreibt die Vorstellung des Atomgewichtes lediglich Epikur zu; demgegenüber setzt Demokr. Fr. A 60 (Arist. de gen. et corr. 326 a 9/de caelo 309 a 1) den Begriff eines Atomgewichtes voraus: s. dazu Ingeborg Hammer-Jensen, Demokrit und Platon: Archiv für Gesch. der Philosophie 23, 1910, S. 222; J. M. Rist, Epicurus, Cambridge 1971, 167f.

riesige Menge verschiedener Atomformen[39]), welche die Verantwortung für alle sekundären Eigenschaften der Stoffe tragen, wobei der Versuch, den einzelnen Atomformen bestimmte Geschmacks- oder Geruchsempfindungen oder Farbwirkungen zuzuordnen (Nr. 16/20/21), im einzelnen etwas naiv aussehen mag: so wird etwa süß mit runden, sauer mit eckigen, bitter mit gehäkelten Formen erklärt (Nr. 16).

Die zum Teil recht bizarren, eckigen, mit Haken, Höckern, Buchtungen, Verzahnungen u. dgl. versehenen Atomformen haben noch eine weitere Funktion: sie sind für die Kohäsion der Stoffe verantwortlich, die je nachdem hart, weich, flüssig, klebrig usw. erscheinen (Nr. 16, 62). Es handelt sich um einen recht unzulänglichen, auf rein mechanischer Ebene liegenden Erklärungsversuch für eine Frage, die freilich bis ins 19. Jh. hinein ungelöst blieb und erst mit der Entdeckung zwischenatomarer und innermolekularer Kräfte eine Antwort gefunden hat[40]).

Das Gegenstück zum Atom, dem absolut 'Vollen' (πλῆρες), ist der zweite Grundbegriff der Atomisten, das κενόν, das Vakuum, der unbegrenzte, absolut leere Raum (Nr. 4/5/12), dessen Existenz Parmenides seinerzeit abgelehnt hatte. Die Vorstellung eines solchen sich in alle Richtungen erstreckenden leeren Raumes, die später von

39) Daß es unter den demokriteischen Atomen solche von unbeschränkter Größe gegeben haben soll (so Dem. Fr. A 43; A 47), ist ein Mißverständnis späterer Kritiker, welche Demokrits These von der unbeschränkten Vielfalt der Atomformen in dieser Richtung deuteten: nach Simplic. in Arist. de caelo CAG 7, 294 (= Nr. 12) bleiben die Atome immer unter der Grenze der Wahrnehmbarkeit; vgl. dazu auch Rist, l.c. 44f.

40) Im 16. Jh. hat man bald den Äther, bald das Vakuum, nach Newton die Schwerkraft für das Zusammenhalten der Materie verantwortlich gemacht.

Aristoteles mit allen Mitteln seines Scharfsinnes bekämpft wurde[41]) und der man über Jahrhunderte mit dem sprichwörtlich gewordenen *horror vacui* begegnete, nimmt letztlich die Konzeption des newtonschen Raumes vorweg. In diesem unbegrenzten leeren Raum schweben die zahlenmäßig unbegrenzten Atome nach unabdingbarem Gesetz der 'Notwendigkeit' (ἀνάγκη) in ständiger ungeordneter Bewegung — so wird man wohl den demokriteischen Wirbel (δῖνος/δίνη) verstehen dürfen, den er der ἀνάγκη gleichsetzt[42]) —, treffen dabei aufeinander und prallen wieder ab oder verflechten, verketten oder verzahnen sich miteinander und bilden so die einzelnen Stoffverbindungen (Nr. 1/2/5/9/11/12). Alles Werden und Vergehen, alle Veränderung im stofflichen Bereich wird somit auf Verbindung (σύγκρισις) und Trennung (διάκρισις) von Atomen zurückgeführt (Nr. 9). Besonders kühn ist dabei die Annahme, daß sich diese Atome nicht nur in gasförmigen oder flüssigen Stoffen dauernd in Bewegung befinden, sondern — so lehrt Epikur später (Nr. 32, § 43) — selbst in festen Körpern eine Art Schwingung am Ort (παλμός) ausführen. In einem später von Lukrez wieder aufgenommenen Bild vom Sonnenstrahl, der in ein dunkles Zimmer fällt und in welchem sich unablässig kleine Stäubchen bewegen, sucht Demokrit diese Bewegung der Atome zu veranschaulichen[43]), die in erstaun-

41) Arist. de caelo 303 a 17ff. (Nr. 6); phys. 203 b 30ff. und 213 a 8ff.

42) Nr. 5, 45; vgl. Nr. 1; Fr. A 66; B 167; vgl. auch I. Hammer-Jensen a. O. S. 217.

43) Arist. de anima 404 a 1ff. (= Leukipp Fr. A 28); die Echtheit der Stelle wird von Madvig und Diels in Frage gestellt, doch deutet der Umstand, daß Lukrez 2, 114ff. den Vergleich wieder aufnimmt, der ihn kaum von Epikur hat, doch darauf hin, daß er letztlich auf Demokrit zurückgeht, selbst wenn es sich im Kontext an der Aristotelesstelle um ein Glossem handelt.

lichem Maße der von Robert Brown im Jahre 1827 nachgewiesenen Molekularbewegung entspricht.

Die unerbittliche Kompromißlosigkeit, mit der Demokrit alles auf Atome und Raum zurückführt, zwingt ihn freilich dazu — und hier spüren wir die Grenzen eines konsequenten Atomismus — selbst alle Erscheinungen im geistig-seelischen Bereich materialistisch, d. h. mit Atomen zu erklären: So besteht nach ihm auch die Psyche aus Atomen (Nr. 5), eine Anschauung, die von Lukrez im 3. Buch, unter ausdrücklicher Bezugnahme auf Demokrit[44]), in aller Ausführlichkeit dargelegt wird.

Von besonderem Interesse ist die Frage, welche Anhaltspunkte in jenem 5. Jh. v. Chr. überhaupt zu einer solchen Vorstellung einer atomar aufgebauten Materie führen konnten, war man doch in der ganzen Antike weit davon entfernt, die Existenz von Atomen experimentell nachweisen zu können[45]). Handelt es sich hier um eine kühne, wenn nicht sogar aufgrund der damaligen Kenntnisse unzulässige Spekulation oder spielen auch physikalische Beobachtungen und Erkenntnisse eine Rolle? Gerade in dieser Frage ist die Lückenhaftigkeit der Überlieferung besonders empfindlich spürbar: die noch recht zahlreichen Berichte über die Atomistik richten ihr Augenmerk mehr auf das Resultat der Lehre und kümmern sich recht wenig um die Methode, die dazu geführt hat. Immerhin läßt sich folgendes erkennen:

Ein Weg jedenfalls, wie er bei Aristoteles *De generatione et corruptione* 316 a 13ff. (= Nr. 10) dargelegt

44) Lucr. 3, 371.

45) In der ganzen Geschichte der Atomphysik ist die Theorie der experimentellen Erfahrung meist recht weit vorausgeeilt. Die eindrücklichsten Beweise für die Existenz von Atomen sind erst in unserem Jahrhundert erbracht worden: vgl. C. F. von Weizsäcker, Zum Weltbild der Physik, 7. Aufl. Stuttgart 1958, 33ff.

wird, führt auf theoretisch-spekulativer Ebene mittels der Überlegung, daß eine Teilung ins Unendliche zum Nichts führen müßte, zum Ergebnis, daß es letzte, unteilbare physikalische Größen geben müsse, welche über alle Zeiten für die Beständigkeit der Materie garantierten[46]). Es ist dieselbe Überlegung, die später Lukrez 1, 234/37[47]) und — etwas prägnanter formuliert — Newton in seiner Optik (Nr. 69) anführen.

Daß sich aber in dem spärlich erhaltenen Material neben spekulativen Überlegungen auch Belege für empirische Ansätze in der antiken Atomphysik finden, erregt unsere besondere Aufmerksamkeit[48]). Wegweisend ist zunächst eine Stelle bei Aristoteles in der genannten Schrift 316 a 12ff. (Nr. 10): er hebt dort sehr zutreffend das mehr spekulative Vorgehen Platons, nach welchem dieser im Timaios nach rein denkerischen Gesichtspunkten (λογικῶς) die Materie auf geometrische Figuren zurückführt (Nr. 26), scharf von der Methode Demokrits ab, „der sich auf fachgerechte und der Naturwissenschaft entsprechende Überlegungen (οἰκείοις καὶ φυσικοῖς λόγοις) stützt". Zu dieser Charakterisierung paßt, daß von Demokrit Experimente bezeugt sind — sie gehören zu den ältesten überhaupt bekannten Experimenten —, welche, haben sie auch nur indirekt mit der Atomistik zu tun, doch den

46) Dazu Jürgen Mau, Studien zur erkenntnistheoretischen Grundlage der Atomlehre im Altertum: Wiss. Zschr. d. Humboldt-Univ. zu Berlin 2, 1952/53, Heft 3, bes. S. 11f.

47) Lucr. 1, 234/37: „Wenn aber die Dinge über diesen Zeitraum verflossener Zeit Bestand gehabt haben, aus welchen dies ganze All besteht, müssen sie bestimmt von unvergänglicher Beschaffenheit sein und können daher nicht zu nichts werden." Vgl. auch l.c. 1, 551—64: Nr. 40.

48) Zum ganzen Thema: A. Stückelberger, Empirische Ansätze in der antiken Atomphysik: Archiv für Kulturgeschichte 56, 1974, 123—140.

empirischen Weg als eine von Demokrit angewandte Methode bestätigen: so sucht er zu erklären, warum feine Metallplättchen auf dem Wasser schwimmen, während leichtere, aber runde Gegenstände absinken[49]), oder versucht das Leere in der Materie mit einem mit Asche gefüllten Gefäß nachzuweisen, welches (fast) gleichviel Wasser faßt wie ein leeres[50]). Und schließlich passen zu diesem Bild zahlreiche überlieferte Titel demokriteischer Schriften 'Über die Säfte', 'Über Farben', 'Über Verschiedenheit der Atomformen' u. a. m.[51])

Deutlicheren Einblick in die Arbeitsweise des Demokrit gibt zahlreiches Material, das in der medizinischen Literatur und später besonders bei Lukrez erhalten ist und das sich zu einem guten Stück auf die erste Generation der Atomisten zurückführen läßt[52]). Jedenfalls gesichert für Demokrit ist die bereits von Empedokles begründete Vorstellung der ἀποϱϱοή, der beständigen Ausströmung von Materieteilchen, die zur Erklärung der Sinneswahrnehmungen herangezogen wird (Nr. 16, 74), zu welcher in der späteren Geschichte der Atomistik zahlreiche weitere Beispiele gesammelt werden: so werden etwa unsichtbare Verflüchtigungen von Substanzen nachgewiesen (Nr. 28), Gerüche, die an unsere Nase dringen (Lucr. 1, 298ff. =

49) Arist. de caelo 313 a 14ff.; diese Beobachtung hat freilich in der späteren Geschichte der Naturwissenschaft eine ungeahnte Bedeutung erhalten, hat doch Galilei 1612 in einer seiner frühesten Schriften, im *Discorso intorno alle cose che stanno in su l'aqua, o che in quella si muovono* gerade dieses Experiment aufgegriffen und Demokrit gegen Aristoteles verteidigt und damit die ganze Lawine der Auseinandersetzung mit Aristoteles ins Rollen gebracht.

50) Arist. phys. 213 b 21 (= Leuk. Fr. A 19), wohl von Aristoteles sehr ungenau wiedergegeben.

51) S. Diog. Laërtios 9, 46.

52) Vgl. Stückelberger a. O. 127ff.

Nr. 39), Kleider, die, an der brandenden Küste aufgehängt, Meeresfeuchtigkeit aufnehmen (Lucr. 1, 305—310), alles unsichtbare, aber zweifellos materielle Vorgänge. War es so unzulässig, diese durch kleinste, unsichtbare, nur mit dem Verstand erschließbare[53]) Bestandteile zu erklären, welche noch alle Eigenschaften des betreffenden riechenden oder befeuchtenden Stoffes haben und die unmerklich durch die Lüfte getragen werden?

Wenn nicht alles trügt, geht auch ein ganz besonders eindrückliches Experiment zum Erweis von Atomen auf Demokrit zurück, nämlich die Dialyse des Salzwassers: Aristoteles berichtet in seiner *Historia animalium* 8, 2 590 a 22ff.: „Daß im Meerwasser Süßwasser enthalten ist und dieses durchfiltriert werden kann, ist offensichtlich. Diese Tatsache kann man folgendermaßen experimentell erproben: Formt man ein feines Gefäß aus Wachs und läßt man es leer an einer Schnur ins Meer hinunter, so nimmt es während eines Tages und einer Nacht eine Menge Wasser in sich auf, und dies Wasser ist trinkbar"[54]). Nun führt Aelian, hist. anim. 9, 64, der die Beschreibung dieses Experimentes von Aristoteles übernimmt, als Gewährsmann für die Tatsache, daß Fische von dem im Meerwasser beigemischten Süßwasser leben, was das Experiment beweisen sollte, neben Aristoteles und Theophrast noch Demokrit an. Dazu kommt, daß nach dem

53) Vgl. o. Anm. 28.

54) Das Experiment, das übrigens schon eine recht anspruchsvolle Versuchsanordnung voraussetzt, wird auch bei Arist. meteor. 2, 3, 358 b 35, Alexander Aphrodisiensis comment. in Arist. meteor. l.c. CAG 87, 25, Aelian, hist. anim. 9, 64 und — etwas verkürzt — Plin. nat. hist. 31, 37 berichtet. — Der Chemiker bestätigt heute, daß eine Dialyse einer Salzlösung durch eine Wachsfolie unter erhöhtem Druck (darum mußte das Gefäß an einer Schnur tief ins Meer versenkt werden) möglich ist.

Hibeh-Papyrus 16 aus dem Anfang des 3. Jh. v. Chr. Demokrit sich ausdrücklich mit dem Salzgehalt des Meerwassers (ἁλμυρότης) befaßt hat und dort das Salzige aus großen und eckigen Atomen bestehen läßt[55]), womit die Möglichkeit, Salzwasser zu Süßwasser zu filtrieren, aufs einfachste erklärt wäre. Wenn auch an den angeführten Stellen das Experiment mit dem Wachsgefäß nicht mehr unmittelbar mit der Frage der Atome zusammenhängt, so ist dies doch beim Parallelexperiment bei Lukrez, das zweifellos derselben Quelle entsprungen ist, noch eindeutig der Fall, das berichtet, daß Salzwasser, durch Erde hindurchfiltriert, zu Süßwasser werde, eben weil die rauheren Atome stecken blieben (Lucr. 2, 471ff.: Nr. 43), eine Beobachtung, die wohl zu den eindrücklichsten Beweisen der Antike für das Vorhandensein kleinster unzerstörbarer Bausteine der Materie gehört.

55) Hibeh-Papyrus 16, p. 62f. ed. B. P. Grenfell-A. S. Hunt, 1, London 1906 (= Demokr. Fr. A 99 a), um 280—240 v. Chr., vermutlich ein Fragment aus Theophrast *peri physeos*, ergänzt von Diels: τὸ ἁλμυρὸν ἐγ μεγάλων καὶ γωνιοειδῶν ⟨σχημάτων⟩; cf. Theophr. de sensu 66 (Nr. 16). Für den heutigen Chemiker ist freilich die Erklärung dieses Dialyseeffektes nicht ganz so einfach, da die Na^+-Ionen und die Cl^--Ionen des Kochsalzes keineswegs größer sind als die Wassermoleküle; möglich ist — so lasse ich mir sagen (hier wie an verschiedenen anderen Orten verwende ich dankbar Angaben, die mir mein Kollege von der Chemie, Willy Stadelmann, zur Verfügung gestellt hat) —, daß diese Ionen mit den Wassermolekülen zusammen in sog. Aquakomplexen gewissermaßen 'größere Teilchen' bilden oder daß Ionenaustauschphänomene mit eine Rolle spielen.

2. Mathematischer Atomismus in der pythagoreischen und platonischen Schule

Das neuartige und einmalige Konzept vom Aufbau der Materie, das Platon (427—348 v. Chr.) in seinem Spätwerk, dem Timaios, entwirft, könnte man als 'mathematischen' Atomismus vom mehr physikalisch verstandenen Demokrits abheben.[56]) Wir meinen damit eine nach den Prinzipien insbesondere der Geometrie und Stereometrie auf rein deduktivem Weg gefundene Gesetzmäßigkeit, die auf die Materie übertragen wird.

Als der schon beinahe siebzigjährige Platon im Jahre 360 v. Chr. von seiner dritten Sizilienreise nach Athen zurückgekehrt war, verfaßte er den *Timaios*, jene vieldiskutierte Schrift, die zusammen mit weiteren geplanten und zum Teil nicht ausgeführten Dialogen[57]) von neuer Warte aus nochmals die Gesamtheit seines Denkens umfassen sollte. Mit dem Timaios selber beabsichtigte er, eine umfassende Kosmologie zu entwerfen und dabei in der seit Beginn der ionischen Naturphilosophie zur Diskussion stehenden Frage nach den ἀρχαί, den Ursprüngen, die unter Demokrit eine eindeutig materialistische Richtung eingeschlagen hatte, eine 'geisterfüllte', echt platonische Antwort entgegenzustellen, die er dem Pythagoreer Timaios in den Mund legt. Ohne Zweifel hatte Platon dazu gerade in Sizilien Anregungen von der jüngeren pythagoreischen Schule erhalten, die damals ein neues Aufblühen erlebte:

Ein solcher Vertreter der pythagoreischen Schule war

56) Vgl. die Unterscheidung λογικῶς und φυσικῶς bei Aristoteles, de gen. et corr. 316 a 11 (dazu o. S. 21).

57) Vgl. U. v. Wilamowitz-Moellendorff, Platon, Berlin 1920², 2, 255ff.

Philolaos von Kroton (2. Hälfte 5. Jh. v. Chr.), den Platon im Phaidon erwähnt[58]) und von welchem er, wie Diogenes Laërtios berichtet[59]), über Dion von Syrakus „pythagoreische Schriften" erworben haben soll. Er ist dadurch berühmt geworden, daß er als erster am geozentrischen Weltbild rüttelte, die Erde aus dem Mittelpunkt verbannte und sie um ein Zentralfeuer kreisen ließ[60]), eine Ansicht, die — neben Herakleides Pontikos — die Pythagoreer Hiketas und Ekphantos wieder aufgegriffen und weitergeführt haben[61]). Wenn es auch im einzelnen schwierig ist, unter dem vielen Material, das die spätere Doxographie dem Philolaos zugeschrieben hat, die echten Bruchstücke auszusondern[62]), so steht doch fest, daß er ein ausgesprochenes Interesse an kosmologischen Fragen hatte. Sehr umstritten ist die Echtheit des Fragmentes B 12 (Nr. 22), nach welchem er den Kosmos aus fünf Grundkörpern aufbaut, aus der alles umfassenden (Erd-)Kugel und den in ihr enthaltenen vier empedokleischen Elementen[63]). Ebenso mag das Fragment A 15 (Nr. 23), in welchem bereits die platonischen fünf regelmäßigen

58) Plat. Phaid. 61 e, wonach Kebes mit Philolaos in Berührung gekommen ist.
59) Diog. Laërt. 3, 9 u. 8, 83.
60) Philolaos Fr. A 17; 21.
61) Vgl. Hiketas (VS 50) Fr. 1 (= Cic. acad. pr. 2, 123) und Ekphantos (VS 51) Fr. 5 (= Plut. placit. philos. 3, 13, 3 896 a); auf diese zwei Stellen beruft sich übrigens Nic. Copernicus in seiner Vorrede ad P. Paulum III seiner Schrift *De revolutionibus orbium coelestium* (um 1533; 1548 ed. princ.).
62) Vgl. dazu Walter Burkert, Weisheit und Wissenschaft, Studien zu Pythagoras, Philolaos und Platon, Nürnberg 1962, bes. 203ff.; Kurt v. Fritz, Philolaos, RE Suppl. 13, 1973, bes. 456ff.
63) Burkert a. O. 255 (Anm. 206) lehnt die Echtheit ab, mit dem Hinweis auf die unsichere Bedeutung von ὁλκάς.

Körper genannt und den Elementen zugeordnet werden, in dieser Form durch Platon beeinflußt sein[64]). Immerhin wäre es schwer verständlich, wie Speusipp, der erste Scholarch der Akademie nach Platon, einen ausführlichen, leider nur indirekt erhaltenen Bericht hätte verfassen können, in welchem er — zweifellos vermengt mit platonischem Gedankengut — des Philolaos Zahlenspekulation, seine Konstruktion von Dreiecken, Polygonen und stereometrischen Körpern, die bestimmten Elementen zugeordnet werden, darlegt[65]), wenn nicht in jener Generation der Pythagoreer tatsächlich solche Überlegungen angestellt worden wären[66]).

Was bei Philolaos nur in Umrissen spürbar ist, wird beim Pythagoreer Ekphantos von Syrakus (Ende 5./Anf. 4. Jh.) deutlicher faßbar: Es geht zweifellos auf eine Auseinandersetzung mit Demokrit zurück, wenn bei ihm nach dem Bericht des Kirchenvaters Hippolytos ein klar formulierter Atomismus zutage tritt (Nr. 24)[67]): die Welt besteht nach ihm aus unteilbaren Urkörperchen (πρῶτα ἀδιαίρετα σώματα) die — ähnlich wie bei Demokrit (Nr. 7/13/14) — sich nach drei Unterscheidungsmerkmalen voneinander abheben, nach Größe, Form und — so fügt er neu hinzu — nach Energie (Kraft/δύναμις). Von

64) Nach E. Sachs, Die fünf platonischen Körper, Berlin 1917, 76 ff. haben die Pythagoreer nur Pyramide, Würfel und Dodekaeder behandelt; auch W. Burkert a. O. 62f. lehnt die Echtheit ab, der in Fr. A 15 den Einfluß des Speusipp erkennt.

65) Philolaos Fr. A 13 (aus der Theologia arithmetica des Nicomachos).

66) Vgl. dazu noch Simpl. ad Arist. de anima 410 a 1 p. 68, 5 H., wonach es als ausdrücklich pythagoreische Auffassung bezeichnet wird, daß der Kubus der Erde gleichgesetzt wird.

67) Dazu W. Kranz a. a. O. (o. Anm. 15) 26ff.

ihm geprägt worden ist auch der neue Begriff für diese letzte physikalische Einheit, die Monade (Nr. 25), die — möglicherweise über Giordano Bruno[68]) — ihren Weg zur Monadenlehre von Leibniz gemacht hat. In scharfem Widerspruch zu Demokrit jedoch steht seine Ablehnung des ἄπειρον, des Unbegrenzten: die Zahl seiner Atome ist ausdrücklich begrenzt — eine klare Kampfansage an Demokrit —, und diese werden gemäß pythagoreischer Weltanschauung nicht von der ἀνάγκη, dem blinden Kausalitätsprinzip der Atomisten[69]), sondern von einer göttlichen Kraft, der θεία δύναμις, bewegt.

Diese Denkansätze im damaligen Pythagoreismus machen es verständlich, daß Platon seinen groß angelegten Entwurf einer Kosmologie einem Pythagoreer, dem Timaios, in den Mund legt. In einem ersten Teil des gleichnamigen Dialoges (27e—47e), der 69a—92 seine Fortsetzung findet, wird eine ganze Weltschöpfung, gefolgt von einer Anthropologie, in einem mythischen Bild entfaltet, nach welchem der δημιουργός, der Schöpfergott — selbst die mythische Gestalt der Idee des Guten — die Welt und alles, was darinnen ist, nach dem Maßstab der Vollkommenheit erschafft. Die ganze Darstellung ist erfüllt von der Sinnhaftigkeit des Kosmos, „der tatsächlich als vernunftbegabter und beseelter Organismus (ζῷον ἔμψυχον ἔννουν) durch die Vorsehung Gottes entstanden ist (Tim. 30b)“. Mit zahlreichen Beispielen, die mitunter in recht ironischem Tone vorgetragen werden und keineswegs immer im streng wissenschaftlichen Sinne verstanden sein wollen, wird diese Teleologie im einzelnen veranschaulicht: so haben etwa die Götter dem Kopf den Leib hinzugegeben, damit er nicht allein über alle Un-

68) Vgl. W. Kranz, l.c. 28f.
69) S. o. S. 19.

ebenheiten der Erde hinwegrollen müsse (44d), oder haben die Lunge wie ein Kissen um das Herz gelegt, damit bei den Aufwallungen des Zornes die pulsierenden Herzschläge gedämpft würden (70d).

In diese Ausführungen eingeschoben ist ein Teil (48a bis 68d: s. Nr. 26)[70]), der sich zunächst wie ein Fremdkörper ausnimmt, in welchem Platon den Boden der Teleologie und der Pronoia verläßt und unter einem neuen Gesichtspunkt eine Theorie von der Materie entwirft, nämlich eine eigene Atomphysik, die der ἀνάγκη, der unabdingbaren Gesetzmäßigkeit der Natur gehorcht (48a). Hierin zeigt sich deutlich der Einfluß Demokrits[71]), dessen Namen er sorgfältig meidet, auf dessen Lehre etwa von den unbegrenzt vielen Welten er aber mit bissiger Polemik Bezug nimmt (55c/d). Platon geht nun von zwei rechtwinkligen Grunddreiecken — gelegentlich als στοιχεῖα (Buchstaben/Elemente) bezeichnet[72]) — aus, dem rechtwinklig-gleichschenkligen und dem halbierten gleichseitigen. „den schönsten von allen Dreiecken", und bildet aus ihnen nach rein mathematischen Überlegungen „die vier schönsten" — wir sehen hier die Teleologie durchschimmern (53e) — regelmäßigen stereometrischen Körper: aus dem gleichseitigen Dreieck, das auf komplizierte Art aus dem 30°—60°—90°-Dreieck zusammengesetzt wird[73]), bildet er aus je vier Flächen das Tetraeder, aus je acht das

70) Zur ganzen Stelle s. Paul Friedländer, Platon, Bd. 1, Berlin 1964[3], Platon als Atomphysiker, 260—275 (Neubearbeitung des Aufsatzes: Structure and Destruction of the Atom according to Plato's Timaeus, Univ. of Calif. Publ. in Philos. 16, 11, 1949); Walter Kranz, Die Entstehung des Atomismus, a. a. O. (o. Anm. 15), 26ff.

71) S. o. S. 19.

72) Tim. 56 c (vgl. 48 b, wo die empedokleischen Elemente so bezeichnet werden).

73) Tim. 54 d: s. dazu die Erläuterungen Nr. 26, Anm. 8.

Oktaeder und aus je zwanzig das Ikosaeder; aus dem rechtwinklig-gleichschenkligen Dreieck, zu einem Quadrat verdoppelt, formt er den Kubus. Einen fünften regelmäßigen Körper, das Dodekaeder, dessen fünfeckige Grundflächen sich nicht auf rechtwinklige Dreiecke zurückführen ließen, „den Gott für das All verwendet hat, um es mit Figuren auszustatten (55d)“, verweist er in den kosmischen Raum.

Die gewagte Spekulation Platons, deren Fragwürdigkeit er mit dem wiederholt eingestreuten „aller Wahrscheinlichkeit nach“ (κατὰ τὸν εἰκότα λόγον: 53d/56b/57d) andeutet, besteht nun darin, daß er diese vier mathematischen Körper den vier empedokleischen Stoffelementen, deren Gültigkeit er als selbstverständlich voraussetzt (53c), aufgrund recht äußerlicher Anzeichen zuordnet und sie zu Grundbausteinen der Materie macht: das Feuer ist aus den kleinsten und spitzesten, den Pyramiden, die Luft aus Oktaedern, das Wasser aus Ikosaedern, die Erde schließlich aus den standfestesten Körpern, den Kuben geschaffen (56af.). Ähnlich wie Demokrits Atome sind auch diese Urkörper so klein, daß man sie nicht sehen kann (56c), wobei er geflissentlich den Ausdruck ‘Atom’ meidet, der ihm andernorts geläufig ist[74]). Es sind ja auch keine eigentlichen Atome, denn sie lassen sich jederzeit in ihre planimetrischen Bestandteile, die Urdreiecke, zerlegen, so daß sich Feuer, Luft und Wasser, welche aus denselben Urdreiecken geschaffen sind, unter Wahrung ganz bestimmter Zahlenverhältnisse — man ist versucht, an stoichiometrische Proportionen zu denken — ineinander verwandeln können (56dff.): So können etwa aus einem Wasserteil (20 Flächen) ein Feuerkörper (4 Flächen)

74) Im logischen Bereich Plat. Sophist. 229 d belegt; vgl. Phaedr. 277 b ἄτμητος.

und zwei Luftkörper (2 × 8 Flächen) entstehen, oder es verbinden sich zwei Feuerkörper (2 × 4 Flächen) zu einem Luftkörper (8 Flächen), während die Erde, deren Körper aus einem anderen Dreieck gebaut ist, folgerichtig nicht in diesen Austauschprozeß miteinbezogen werden kann.

Das Ganze erscheint zunächst als eine naive Spekulation, die in der modernen Naturwissenschaft nur Kopfschütteln und Spott über das so um jeden Sachverhalt unbekümmerte Vorgehen Platons hervorrufen konnte[75]). In der Tat ist es schwierig, durch die bald mit spielerischer Ironie, bald mit mythologischer Verkleidung verhüllten Gedankengänge zum Grundanliegen vorzustoßen: Offenbar geht es Platon darum, zwei an sich grundverschiedene und unvereinbar erscheinende Weltanschauungen miteinander zu verbinden und der streng wissenschaftlichen, nach der absoluten Gesetzmäßigkeit forschenden Betrachtungsweise ihren Platz innerhalb des nach dem Prinzip der Sinnhaftigkeit und des Geistes aufgebauten Kosmos anzuweisen. So betont er wiederholt, daß diese zahlenmäßig erfaßbare Gesetzmäßigkeit ein συναίτιον, eine Mitursache sei, deren sich Gott, in welchem die letzte Ursache (αἴτιον) ruhe, bei seiner Schöpfung bedient habe (46c/vgl. 68e). Er betont also damit eine Betrachtungsweise, welche heute ihrer kaum lösbaren Problematik wegen gerne mit Stillschweigen übergangen wird, ist doch in das ganze Gefüge der von der modernen Naturwissenschaft entdeckten Formeln und Gesetze das Geheimnis von der in der lebenden wie in der toten Materie augenfällig zutage tretenden Zweckmäßigkeit kaum einzuordnen.

Der Timaios hat zwar in der Antike und im Mittelalter

75) Beispiele solch ablehnender Wertungen in der modernen Naturwissenschaft bei P. Friedländer a. a. O. 260f.

ein großes Echo gefunden: Poseidonios hat Erklärungen dazu verfaßt[76]), Cicero hat Teile ins Latein übersetzt; von vielen späteren Kommentarwerken sind zwei erhalten: die für das Mittelalter wichtige, mit Erklärungen versehene lateinische Übersetzung des Calcidius aus Cordoba (um 400), eines christlichen Platonikers, sowie der Kommentar des letzten Schulvorstehers der Akademie in Athen, des Proklos (um 470). Die Lehre von den platonischen Körpern im besonderen taucht dann im 12./13. Jahrhundert wieder auf, etwa bei Hugo von St. Victor, Roger Bacon, Averroës[77]). Dennoch steht Platons Entwurf in der Geistesgeschichte einsam da und hat, im Gegensatz zur demokriteischen Atomlehre[78]), kaum einen Einfluß auf die Entwicklung der Naturwissenschaften ausgeübt.

Der Grungedanke jedoch der platonischen Atomphysik, die Überzeugung nämlich, daß der Materie klare, mathematisch erfaßbare Strukturen zugrunde liegen, hat in neuester Zeit ungeahnte Aktualität erhalten: Zunächst haben die Kristalle das Geheimnis ihres regelmäßigen Baues, der durch ganz bestimmte regelmäßige Anordnung der Atome verursacht wird, preisgegeben[79]); ferner sind etwa Tetraeder oder Oktaeder zur Veranschaulichung bestimmter Atom-, Molekül- oder Salz-Modelle von verschiedenen Stoffen herangezogen worden[80]). Schließlich

76) Sext. Emp. adv. math. 7, 93.

77) s. Friedländer a. a. O. 272f.

78) Dazu u. S. 52ff.

79) S. dazu P. Niggli, Geometrische Kristallographie des Diskontinuums, Berlin 1919.

80) Der Kubus, so teilt mir W. Stadelmann mit (s. o. Anm. 55), wird etwa zur Darstellung von NaCl (Kochsalz) oder CsCl (Cäsiumchlorid) gebraucht, das Tetraeder für CH_4 (Methan), das Oktaeder für Ag (Silber) oder SF_6 (Hexafluorschwefel), das Ikosaeder für elementares Bor: vgl. Hollemann-Wiberg, Lehrbuch der Anorganischen Chemie, Berlin 1971 (71.—80. Aufl.), 106/547.

ist, nachdem auch das Atommodell Rutherfords wieder fragwürdig geworden ist, da die Elementarteilchen je nachdem auch als Wellen in Erscheinung treten, und sich die Materie immer mehr unserem Vorstellungsvermögen zu entziehen droht, Platons Gedanke, die Materie auf eine mathematische Formel zu bringen, besonders zeitnah geworden. So bekennt denn auch W. Heisenberg, ein Naturwissenschaftler, der immer Sinn für große Zusammenhänge gezeigt hat: „Ich versuchte, irgendwelche Denkansätze zu finden, von denen aus mir die Spekulationen Platons verständlich werden könnten. Aber ich wußte nichts zu entdecken, was auch nur von ferne den Weg dahin gewiesen hätte. Dabei ging für mich von der Vorstellung, daß man bei den kleinsten Teilen der Materie schließlich auf mathematische Formen stoßen sollte, eine gewissen Faszination aus. Ein Verständnis des fast unentwirrbaren und unübersehbaren Gewebes der Naturerscheinungen war wohl doch nur möglich, wenn man mathematische Formen entdecken konnte.“ 81)

3. Übernahme der Atomistik in der griechischen Medizin

Die Tatsache, daß die verheißungsvollen Ansätze Demokrits in der Antike kaum weiterentwickelt, sondern bald in den Hintergrund gedrängt wurden und dann in der Spätantike fast ganz in Vergessenheit gerieten, so daß sie über ein Jahrtausend auf ihre Wiederentdeckung warten mußten, mag erstaunen. Sie hängt damit zusammen, daß sich Aristoteles und seine Schule und damit die ganze

81) W. Heisenberg, Der Teil und das Ganze, München 1969, 22.

das Feld der Naturwissenschaften beherrschende Richtung der Philosophie klar von der Atomistik distanziert hatte. Das stark teleologisch-spekulativ geprägte Denken des Peripatos mit seiner grundsätzlichen Zurückhaltung der Empirie und dem Experiment gegenüber[82]) ließ sich nicht mit Demokrits Lehre vereinigen, trug aber wesentlich dazu bei, daß sich von der Naturphilosophie immer deutlicher eine eigentliche Naturwissenschaft abtrennte. Da es aber noch keinen Berufsstand gab, der etwa dem eines Chemikers oder Physikers verglichen werden könnte[83]), lag die ganze Beschäftigung mit den Naturwissenschaften, soweit sie einigermaßen wissenschaftliches Niveau hatte, in den Händen der Mediziner, die nun allerdings durch Sezieren und Experimentieren weit über den Rahmen der Humanmedizin hinaus in der Biologie und Pharmakologie beachtliche Erfolge erzielten. Somit war es gegeben, daß sich die Mediziner mit der Atomtheorie beschäftigten, was freilich zur Folge hatte, daß diese sich gleich am komplexesten Gegenstand, nämlich an der lebenden Materie zu bewähren hatte, wobei sich verständlicherweise sogleich die allergrößten Schwierigkeiten ergeben mußten; war doch dem Phänomen der Empfindung, des Denkens, des Lebens überhaupt mit einer reinen Korpuskular-

82) Vgl. etwa Arist. phys. 213 a 25; dazu O. Regenbogen, Eine Forschungsmethode antiker Naturwissenschaft: Kl. Schr., München 1961, 160ff. Daß sich bei Aristoteles besonders in biologischer Richtung eine Fülle wertvollen Beobachtungsmateriales und sogar Experimente finden, braucht nicht hervorgehoben zu werden; die Spekulation hat jedoch bei ihm gegenüber der Empirie den Vorrang behalten.

83) Dies ist im wesentlichen noch bis ins 17. Jh. hinein so geblieben; sind doch auch Sennert, Basso, Magnien von Haus aus Ärzte gewesen (s. u.); Robert Boyle (1627 bis 1691) ist wohl einer der ersten berufsmäßigen Chemiker gewesen.

theorie nicht beizukommen, damals sowenig wie heute. So hatten die maßgebenden Gegner der Atomistik in der Medizin, die sich immerhin auffallend intensiv mit ihr auseinandersetzten, allen voran Hippokrates[84]), leichtes Spiel, atomistische Vorstellungen lächerlich zu machen.

Um so erstaunlicher ist es, daß — im Gegensatz zur offiziellen Schulmedizin und allen sich daraus ergebenden Widersprüchen zum Trotz — dennoch einige namhafte griechische Ärzte die Vorstellung einer atomar aufgebauten Materie aufgenommen und sie mit eigenen Beobachtungen untermauert haben[85]). Zu ihnen gehört Erasistratos von Keos (um 310/300—250/40 v. Chr.), ein alexandrinischer Arzt, der durch seine anatomischen Studien berühmt geworden ist, hat er doch den Unterschied von Bewegungs- und Empfindungsnerven entdeckt und war hart daran, den Blutkreislauf zu erkennen[86]). Eine klar atomistische Vorstellung verrät seine kurze Notiz, daß die sichtbaren Organe des Körpers „aus nur mit dem Verstand erkennbaren Urbestandteilen" (λόγῳ θεωρητὰ σώματα) aufgebaut seien[87]), eine Auffassung, die an der betreffenden Stelle ausdrücklich als „unkanonisch" (πόρρω τοῦ ἰατρικοῦ κανόνος) bezeichnet wird (Nr. 27). Der Beitrag von Erasistratos und seiner Schule zur Atomistik besteht darin, daß sie mit einer gewissen Systematik um-

84) Vgl. etwa Galen, De elementis sec. Hippocr. 1, 416ff. K. (vgl. Nr. 21).

85) Zur Aufnahme der Atomistik in der griech. Medizin s. Stückelberger, a. O. (o. Anm. 48), 131ff.

86) Die Unterscheidung von Bewegungs- und Empfindungsnerven (s. Rufus von Ephesos, anatomia partium corporis S. 185, 1) setzt Vivisektionen voraus. Studien zum Blutkreislauf s. Galen 3, 465/5, 552.

87) Vgl. Demokrit Fr. A 102/A 124: s. o. Anm. 28; vgl. auch M. Wellmann, Realencyclopaedie 6, 1907 s. v. Erasistratos Sp. 336.

fangreiches Material zur ἀποφορά-Erscheinung zusammengetragen haben, von welchem sich in einem Londoner Papyrus eine wertvolle Auswahl erhalten hat (Nr. 28): es ging dabei darum, zu beweisen, „daß von jedem Gegenstand beständig Ausströmungen (von kleinsten Teilchen) ausgehen" (ὅτι ἀπὸ παντὸς τοῦ σώματος συνεχεῖς γίνονται ἀποφοραί). Diese These wird durch eine reiche Sammlung von Naturbeobachtungen und sogar Experimenten belegt. Bei allen möglichen Flüssigkeiten, wie Riechstoffen, dickflüssigen Säften usw., aber auch bei festeren Materialien, wie Brot, Fleisch u. dgl., wird eine Verflüchtigung von Substanz nachgewiesen, teilweise sogar mit der Waage. Den Höhepunkt der ganzen Reihe bildet das von Erasistratos angestellte Experiment mit dem in einem Gefäß eingesperrten Vogel, eines der ältesten Experimente, bei welchem Messungen belegt sind[88]). Der Gedankengang all dieser Beispiele ist derselbe: es werden quantitative stoffliche Veränderungen festgestellt, die eine Verflüchtigung erkennen lassen, welche zwar als Vorgang unsichtbar, mit dem Verstand jedoch aus dem Endzustand erschließbar ist und somit auf das Vorhandensein unsichtbarer Materieteilchen schließen läßt. Das Ganze ist schließlich nichts anderes als eine Weiterführung der demokriteischen, letztlich auf Empedokles zurückgehenden Effluxionslehre, hatte doch letzterer behauptet, „daß die Sinneswahrnehmung auf dem Eindringen von Ausströmungen (ἀπορροαί) in die Poren der betreffenden Sinnesorgane beruhe"[89]). Für Demokrit bot diese Lehre die willkommene Gelegenheit, die Sinneswahrnehmungen auf

88) Nr. 28, 33; s. dazu G. Senn, Die Entwicklung der biologischen Forschungsmethode in der Antike und ihre grundsätzliche Förderung durch Theophrast von Ephesos, Aarau 1933, 142.

89) Empedokles Fr. A 86, 7; vgl. Fr. B 89.

materielle Vorgänge zurückführen zu können[90]). Im Kreise alexandrinischer Ärzte sind dann diese ersten Ansätze weiterverfolgt worden, indem man — soviel läßt uns der Londoner Papyrus erkennen — mit einer gewissen Systematik solches Beweismaterial sammelte. Dabei ist die ursprüngliche Fagestellung, die Erklärung der Wahrnehmungsvorgänge, in den Hintergrund getreten und das Hauptaugenmerk auf das Vorhandensein solch unsichtbarer Ausströmungen selbst gerichtet worden.

Noch einen Schritt weiter geht, wie derselbe Londoner Papyrus bezeugt, Asklepiades von Bithynien (um 130—50 v. Chr.), ein etwas älterer Zeitgenosse des Lukrez, der als Arzt in Rom hoch angesehen und ebenso umstritten war[91]): Wenn es verschiedenartige Ausströmungen und Aussonderungen (ἀποκρίσεις) von Stoffen gab, mußten doch, „da die Natur eine Tendenz zur Gesetzmäßigkeit hat" (ἡ φύσις τηρητικὴ καθέστηκεν τοῦ δικαίου καὶ τοῦ ἀκολούθου), auch 'Einsonderungen' (εἰσκρίσεις), d. h. das Eindringen von Stoffen in unsichtbar kleinen Teilchen in den Körper aufgezeigt werden können. Asklepiades weist denn auch solche Erscheinungen bei äußerlich aufgelegten Heilmitteln nach, die offensichtlich bis tief in den Körper hinein wirken (Nr. 30). — In diesen Zusammenhang hinein gehört auch eine merkwür-

90) Zur ἀπορροή bei Demokrit s. Fr. A 135. 50. 59. 74. 80. 82 (= Nr. 16).

91) Cicero, de or. 1, 62 erwähnt Asklepiades mit Anerkennung; Plinius nat. hist. 26, 12ff. und Galen, de fac. nat. 1, 13f. (2, 31ff. K.) stellen Asklepiades als Dilettanten und Prahler dar. Eine verdiente Rehabilitierung, nach einer eher abschätzigen Behandlung in der Realencyclopaedie 2, 1895, 1623ff. s. v. Asklepiades 39, leistet Max Wellmann, Asklepiades von einem herrschenden Vorurteil befreit: Neue Jahrbücher für das klass. Altertum 21, 1908, 684—703.

dige, bei Galen überlieferte Theorie des Asklepiades über den Harn (Nr. 31), die zwar medizinisch nicht haltbar ist, aber schön die Methode atomistischer Beweisführung zeigt, geht es doch darum, daß am selben Stoff eine Auflösung in seine letzten Bestandteile — hier in Gasform — und nachher wieder eine Konzentration nachgewiesen werden kann, wobei dieser seine ursprünglichen Eigenschaften (τὴν ἀρχαίαν ἰδέαν) beibehält. Es ist letztlich dieselbe Überlegung, der wir nachher bei Lukrez wieder begegnen[92]).

Die Eigenständigkeit und Bedeutung des Asklepiades zeigt sich vor allem darin, daß er die Atomtheorie zur Erklärung der Krankheitsursachen herangezogen und damit, in kühner Überwindung hippokratischer Traditionen, ganz neue Wege beschritten hat: Nach dem Bericht des Caelius Aurelianus (Nr. 29) sind grundsätzlich Stauungen verschiedenartiger Atome in den Poren des Körpers für die Entstehung der Krankheiten verantwortlich. Dabei ist für uns heute weniger diese Vorstellung an sich bedeutsam — in der Aitiologie der Krankheiten war die antike Medizin, bei allen übrigen Erfolgen, bis zum Aufkommen der Bakteriologie im 18. Jh. zum Spekulieren verurteilt —, als vielmehr der unbedingte Wille, klar erkennbare, ausschließlich in der Materie liegende Krankheitsursachen zu suchen.

4. Übernahme der Atomistik in der epikureischen Schule

Neben den Medizinern gibt es einen zweiten Kreis, in welchem Demokrits Lehre von den Atomen wieder auf-

92) Lucr. 1, 305ff. s. u. S. 47f.

gegriffen worden ist, ein Kreis, der für die spätere Überlieferung ungleich viel wichtiger geworden ist, der aber entsprechend seiner völlig anderen Zielsetzung das wissenschaftliche Niveau medizinischer Atomisten kaum erreicht hat: es ist Epikur und seine Schule, in dieser vor allem Lukrez.

Epikur (341—271 v. Chr.) war schon in früher Jugend auf die Schriften Demokrits gestoßen, die auf ihn offensichtlich großen Eindruck gemacht haben und die — so berichten antike Zeugnisse[93]) — sogar den Anlaß zu seiner Hinwendung zur Philosophie gegeben haben sollen. Tatsächlich ist die weitgehende Abhängigkeit Epikurs von Demokrit in der Atomlehre derart augenfällig, daß man schon in der Antike ihn als bloßen Nachahmer bezeichnet hat und kaum bereit war, gewisse Neuerungen, die er einführte, anzuerkennen (Nr. 15/17/33/34). Ja, Epikur selbst scheint Mühe gehabt zu haben, seine Eigenständigkeit gegenüber Demokrit zu behaupten und sich von ihm abzuheben, und er tut dies mit der ihm eigentümlichen Gehässigkeit allen seinen Lehrern gegenüber, wenn er etwa mit bissigem Wortspiel den Δημόκριτος als Ληρόκριτος („Schwätzer") bezeichnet[94]).

Die ganze Naturbetrachtung und damit auch die Atomlehre Epikurs[95]), die uns in seinen eigenen Worten abrißartig in einem Brief an seinen Schüler Herodot (Nr. 32) und in recht ausführlicher Darstellung durch seinen Schü-

93) Diog. Laërt. 10, 2; Plut. adv. Colot. 3, 1108 e.

94) Diog. Laërt. 10, 8; vgl. Epikurs vielfach bezeugte Gehässigkeit gegenüber seinem Lehrer Nausiphanes.

95) Zur Atomlehre Epikurs s. besonders: C. Bailey, The Greek Atomists and Epicurus, Oxford 1928, bes. 217 bis 529; D. J. Furley, Two studies in the Greek Atomists, Princeton 1967; J. M. Rist, Epicurus, an introduction, Cambridge 1971, 41—66.

ler Lukrez erhalten ist[96]), hat bei ihm einen ganz anderen Stellenwert als bei Demokrit. Epikur ist Ethiker, nicht Naturwissenschaftler — von diesen hatte er sich in seiner Abhandlung πρὸς τοὺς φυσικούς abgegrenzt[97]) — und stellt als solcher die naturwissenschaftlichen Erkenntnisse als freilich unabdingbare Voraussetzung in den Dienst seiner Ethik. So betont er in seinem 12. Hauptlehrsatz: „Es ist nicht möglich, in den wichtigsten Fragen die Furcht zu überwinden, wenn man nicht die Natur des Alls von Grund auf kennt, sondern noch erschaudert vor dem, was die Ammenmärchen berichten. Daher ist es nicht möglich, ohne Studium der Natur (φυσιολογία) ungetrübte Lustempfindung zu erlangen“ (Diog. Laërt. 10, 143). Ängste, falsche Mutmaßungen von dem Überirdischen (αἱ τῶν μετεώρων ὑποψίαι)[98]) und von dem Tod sind es, die den Menschen hindern, das höchste Ziel, den inneren Seelenfrieden, die reine Lustempfindung (ἡδονή) zu erlangen. Drastisch schildert Lukrez in seinen Prooemien diesen *terror animi*, verursacht durch die *terriloqua dicta*, die Schauermärchen, wie sie die abergläubische Religion hervorgebracht hat[99]), und er preist Epikur, „der als erster Sterblicher es gewagt hat, seine Blicke dagegen zu erheben und dagegen aufzutreten“ (Lucr. 1, 66f.). Eben zur Überwindung dieser Furcht schien die Physik Demokrits geeignet, bot sie doch willkommene Handhabe, alle überirdischen Erscheinungen, alles Irrationale und Unbehagen Einflößende rein rational zu erklären.

Diese ganz spezielle Blickrichtung erklärt auch, wes-

96) Von Epikurs 37 Bücher umfassendem Riesenwerk Περὶ φύσεως ist — abgesehen von unbedeutenden Fragmenten — nichts erhalten.
97) Vgl. Diog. Laërt. 10, 27.
98) Kyr. dox. 11, Diog. Laërt. 10, 142.
99) Lucr. 1, 62ff. (cf. 103), 3, 1ff.

halb Epikur — im Gegensatz zu den genannten Medizinern — sich recht wenig um die Beweisführung zur Existenz der Atome kümmert und sich kaum mit physikalischen Beobachtungen oder gar Experimenten abgibt; er übernimmt statt dessen die auf mathematisch-logischer Ebene liegende Beweisführung Demokrits[100]), daß es — stimmt der oft wiederholte Grundsatz: nichts entsteht aus nichts und nichts vergeht in nichts[101]) — letzte, feste, unzerstörbare Bausteine der Materie geben müsse, sonst würde sich alles in nichts auflösen (Nr. 32, 38—41; Nr. 40, 551ff.). Doch die Atomistik Demokrits zu übernehmen hatte seine Schwierigkeiten, war sie doch unterdessen von Aristoteles heftig kritisiert und, so schien es, gründlich widerlegt worden: am Anfang des 5. Buches seiner Physik hatte dieser bewiesen, „daß unmöglich etwas Zusammenhängendes aus unteilbaren Teilen besteht" (phys. 230 a 24), in *De generatione et corruptione* 316bff. hatte er die These von einer beschränkten Teilbarkeit ad absurdum geführt und schließlich etwa in *De caelo* 303 a die Vorstellung von einem Unbegrenzten, dem ἄπειρον, gerade auch in bezug auf die Vielfalt der Atomformen widerlegt. Diese Kritik des Aristoteles veranlaßte Epikur, so bezeugt uns Simplicius in seinem Kommentar zur genannten Stelle aus der Physik (Nr. 34), Änderungen und Korrekturen an Demokrits Atomlehre vorzunehmen, die der epikureischen Atomistik doch eine gewisse Eigenständigkeit verleihen; sie erstrecken sich im wesentlichen auf folgende drei Punkte:

Zunächst läßt er die tatsächlich widersprüchlich erscheinende Ansicht Demokrits fallen, daß die Atome als die

100) S. dazu o. S. 20f.
101) Diog. Laërt. 10, 38 (Nr. 32); Lucr. 1, 150f.; 1, 215f. u. a. St. m.

letzten Einheiten ἀμερῆ, d. h. ohne innere Differenzierung seien, aber dennoch recht verschiedene, recht bizarre Atomformen mit Häklein und Ecken aufwiesen (Nr. 15; Nr. 21). Nach Epikur lassen sich am Atom gedanklich kleinste Teile, sogenannte Atom-Minima (ἐλάχιστα) denken, die freilich de facto nicht vom Atom getrennt werden können und somit keine selbständigen Einheiten bilden (Nr. 32, 59f.; Nr. 34)[102]), was Lukrez 1, 599—634 ausführlich begründet (Nr. 40). Mit dieser Annahme glaubt er — so berichtet Simplicius (Nr. 34) — der Kritik des Aristoteles zu entgehen. Jedenfalls hat er damit, zweifellos ohne Ahnung physikalischer Gegebenheiten, einen Gedanken vorgeprägt, der im 20. Jahrhundert von ausschlaggebender Bedeutung geworden ist, daß sich nämlich am Atom tatsächlich gewisse Elementarteilchen unterscheiden lassen, die — so hat uns die Atombombe gelehrt — auch de facto abgespalten werden können.

Die zweite Präzisierung bezieht sich auf die primären Eigenschaften der Atome: Nach einem Zeugnis bei Plutarch hat Epikur als dritten Bestimmungsfaktor des Atoms zu Form und Größe noch das Atomgewicht hinzugefügt (Nr. 33); damit hat er eine Eigenschaft bewußter erfaßt, die zweifellos schon Demokrit voraussetzt, die dieser aber nie so direkt als Grundbestimmungsgröße nennt[103]). Ferner präzisierte Epikur Demokrits Vorstellung von den unbeschränkt vielen Atomformen, die Aristoteles in *De caelo* 303 a bekämpft hatte und die von späteren Kritikern aus Mißverständnis so ausgelegt wurde, als gäbe es nach ihm auch unermeßlich große Atome[104]). Epikur begegnet dem Vorwurf damit, daß er nicht unbegrenzt viele

102) S. dazu bes. Furley, a. O., study I, 7—27; Rist a. O. 52—55.

103) Zum Atomgewicht bei Demokrit s. o. Anm. 38.

104) S. dazu o. Anm. 39.

(ἄπειρα) Atomformen, sondern nur 'unerfaßbar viele' (ἀπερίληπτα: Nr. 32, 42) annimmt: „Um die Vielfalt der verschiedenen Eigenschaften zu erklären", sagt er, „ist es nicht nötig, jede Atomgröße anzunehmen" (Nr. 32, 56). Freilich wird die Vielfalt der sekundären Eigenschaften der Stoffe, die ja durch die Atomformen erklärt werden, für den menschlichen Geist nie zu erfassen sein.

Die dritte, wohl folgenschwerste Neuerung Epikurs bezieht sich auf die Kinetik der Atome: Er stellt zunächst den Satz auf, daß im Vakuum alle Körper, unabhängig von Gewicht und Größe, gleich rasch nach unten fallen (Nr. 32, 61; Nr. 42, 225ff.). Er widerspricht damit Aristoteles, der die Fallgeschwindigkeit vom Gewicht abhängig erklärt hatte[105]) und den erst Galilei mit seinen berühmt gewordenen Fallgesetzen widerlegte[106]). Der Einwand, daß es etwa beim Feuer scheinbar aufwärtsstrebende Körper mit 'negativem' Gewicht gebe — von Aristoteles auf die den leichten Elementen innewohnende natürliche Aufwärtsbewegung zurückgeführt[107]) —, wird von Lukrez 2, 201f. richtig damit erklärt, „daß die Flammen durch die Luft nach oben gepreßt entweichen, obwohl ihr Gewicht, das sie selber haben, sie nach unten zu ziehen trachtet"[108]). Nun hätte dies freilich zur Folge, wenn alle Atome in gleicher Geschwindigkeit senkrecht abwärts fallen würden, daß es nie zu einem Zusammenprallen und damit nie zu Atomverbindungen kommen würde, woraus doch nach seiner Ansicht der ganze Kosmos entstanden ist. Epikur schreibt darum seinen Atomen eine

105) Vgl. Arist. de caelo 290 a 1ff.
106) Vgl. Galilei, Discorsi (1638), 1. Tag.
107) Vgl. Arist. de caelo 1, 2, 286 b 11ff.
108) Die Stelle bei Lukrez setzt wohl die Kenntnis der Auftriebsgesetze des Archimedes in der Schrift *De corporibus fluitantibus* voraus.

Abweichungstendenz (*declinatio*/ἔγκλισις[109])) zu, d. h. die Möglichkeit, ohne äußerlich erkennbare Ursache (*sine causa*/ἀναίτιος κίνησις[110])) vom senkrechten Fall abzuweichen (Nr. 35/36/42)[111]). Die Neuerung ist für Epikur von grundsätzlicher Bedeutung: Mit der Übernahme von Demokrits Weltanschauung stand Epikur in der Gefahr, wenn das ganze Weltgeschehen einzig aus der unausweichlichen Bewegung der Atome zu erklären war, in einem kompromißlosen Determinismus zu landen, in welchem einzig das Kausalitätsprinzip, die *necessitas* Gültigkeit hatte und der freien Willensentscheidung des Menschen, der Voraussetzung für jede Ethik, kein Spielraum mehr gelassen wurde. Lukrez formuliert sehr eindrücklich diese Konsequenz: „Wenn immer eine Bewegung mit einer anderen verknüpft ist und aus einer vorhergehenden Bewegung nach unabdingbarer Gesetzmäßigkeit eine neue entsteht und die Urteilchen nicht durch die Abweichung eine Art Start zu den (schöpferischen) Bewegungsvorgängen gäben, . . . woher, so frage ich, kommt dann den Lebewesen der freie, vom Schicksal unabhängige Wille . . ." (Lucr. 2, 251ff.: Nr. 42). Dieser Schwierigkeit glaubte Epikur entgehen und den freien Willen retten zu können, wenn er den Atomen eine *declinatio* zuschreibe, wobei er sich immerhin den schweren Vorwurf, „es sei für einen Naturwissenschaftler nichts schimpflicher, als zu behaupten, es gebe etwas ohne Ursache" (Cic. de fin. 1, 19: Nr. 35), gefallen lassen mußte. — Heute freilich, da sich

109) ἐγκλίνειν bei Plut. de animae procreatione 6 p. 1015 c (Epic. Fr. 281 Us.) belegt.

110) Vgl. Cic. de fin. 1, 19 (Nr. 35); Plut. l.c. o. Anm. 109.

111) Zur Deklination der Atome s. Rist a. O. S. 90ff.; daß im Brief an Herodot von dieser für die ganze Philosophie Epikurs grundlegenden Neuerung nicht die Rede ist, schreibt Rist wohl mit Recht einer Lücke zu (S. 48 Anm. 1).

gerade im atomaren Bereich vergleichbare Erscheinungen gezeigt haben, daß etwa Atome radioaktiver Stoffe „ganz von selbst, ohne äußere Beeinflussung“ [112]) Strahlen aussenden, deren Menge sich genau berechnen läßt, deren Ursache aber, weshalb gerade dies Atom zu diesem Zeitpunkt ein Alphateilchen aussendet, im dunkeln bleibt, wird man mit diesem Vorwurf zurückhaltender sein.

Der wichtigste Nachfolger und bedeutsamste Vertreter der Atomistik lateinischer Zunge ist Lukrez (97—55 v. Chr.). Sein Werk *De rerum natura* (Über das Wesen der Dinge) hat innerhalb der Geschichte der Naturwissenschaften in doppelter Hinsicht eine besondere Stellung, einerseits, weil es zum ersten Mal griechische Naturphilosophie in den römischen Kulturbereich einführt und somit eine Art Bindeglied zur griechischen Welt bildet, andererseits, weil es bei der Wiederentdeckung antiker Erkenntnisse in der Renaissance eine bedeutende Rolle spielt. Für seine Darlegungen hat Lukrez die zunächst archaisch anmutende Form des Lehrgedichtes gewählt, dessen kraftvolle dichterische Sprache zu würdigen hier nicht der Ort ist. Er greift damit — über hellenistische Vorbilder hinaus — auf die vordemokriteische Tradition, auf Parmenides und vor allem auf Empedokles zurück, dem er denn auch 1, 712—733 ein begeistertes Lob zollt: „Sizilien ... hat nie etwas Großartigeres, Heiligeres und Bewundernswerteres beherbergt als diesen Mann. Seine Lieder von göttlicher Eingebung berichten so großartige Erkenntnisse, daß es fast scheint, er stamme nicht von Menschen ab.“

Für unseren Zusammenhang liegt die Bedeutung des Werkes von Lukrez darin, daß es — besonders im 1. und 2. Buch — die umfangreichste und eingehendste Darstel-

112) Vgl. W. Heisenberg, Physik der Atomkerne 23; 41ff.

lung der Atomistik aus der ganzen Literatur der Antike enthält. So ist es zunächst unentbehrlich für die Kenntnis der Atomvorstellungen Epikurs, wozu wir es oben des öftern heranziehen mußten[113]). Darüber hinaus aber bietet Lukrez eine Fülle von Material zu diesem Thema, das — abgesehen von eigenen Beobachtungen und der Aufnahme neuerer Erkenntnisse[114]) — über Epikur hinaus auf Demokrit und seine Umgebung zurückgeht: So kann der Buchstabenvergleich (Lucr. 2, 1113ff.: Nr. 45), der Sonnenstrahlvergleich (Lucr. 2, 112ff.: Nr. 41) und aller Wahrscheinlichkeit nach die Salzwasserdialyse (Lucr. 2, 464ff.: Nr. 43) direkt auf Demokrit zurückgeführt werden[115]), während für die Ausführungen über die Stofflichkeit der Luft (Lucr. 1, 271ff.: Nr. 39) dank einer Parallele in Corpus Hippocraticum[116]) und für das Beispiel der witternden Hunde (Lucr. 4, 680f.) durch ein Empedoklesfragment[117]) jedenfalls die vorepikureische Tradition gesichert ist. Die Frage, auf welchem Weg Lukrez zu solchem atomistischen Material gekommen ist, das er schwerlich bei Epikur gefunden hat, ist schwierig zu beantworten. Möglich ist, daß jener Atomist unter den Medizinern, Asklepiades, der etwa zur gleichen Zeit wie Lukrez in Rom gewirkt hat und dort sehr bekannt gewesen ist, der Vermittler gewesen ist.[118])

113) Vgl. o. S. 40ff.
114) Vgl. o. Anm. 108.
115) Buchstabenvergleich: s. Nr. 7; Sonnenstrahlvergleich s. o. Anm. 43; Salzwasserdialyse s. o. S. 23f.
116) Corp. Hipp.: Περὶ φυσῶν 3: s. dazu Stückelberger, Empirische Ansätze, 129f.
117) Empedokl. Fr. B 101 D.
118) Dazu Stückelberger, a. O., 140: ein Argument dafür ist u. a. die Tatsache, daß Lukrez 6, 794ff. über die Wirkung des Kastoreion (Bibergeil, eine wahrhaft ausgefallene, zu medizinischen Zwecken verwendete Biberessenz) spricht,

Gemeinsam mit Epikur, seinem göttlich verehrten Lehrmeister[119]), hat Lukrez die wesentlichsten Grundzüge seiner Weltanschauung, insbesondere den Zug, daß er die ganze Naturbetrachtung darauf ausrichtet, mit Hilfe rationaler Erklärungen aller Vorgänge in der Natur den Menschen vom Terror zu befreien.[120]) Sein Werk unterscheidet sich dagegen von Epikur dadurch, daß es ein ganz anderes Gewicht auf Vorgänge und Beobachtungen aus dem Erfahrungsbereich der Materie legt. So beschäftigt sich Lukrez sehr viel mehr als Epikur mit der Beweisführung zur Existenz von Atomen (Nr. 39): in einer langen Beispielreihe werden Naturbeobachtungen zusammengestellt, welche das Vorhandensein von Atomen veranschaulichen sollen, so über die Wirkung der Luft, die — völlig unsichtbar — sich doch als Materie erweist, oder über Verflüchtigungserscheinungen etwa bei Verdunstungen oder Gerüchen, die — ebenso unsichtbar — doch auf stoffliche Vorgänge schließen lassen[121]). Daß Lukrez die Beispielreihen zuweilen mit eigenen Beobachtungen erweitert, zeugt, selbst wenn sie mitunter weniger beweiskräftig sind, von seinem eigenständigen Arbeitswillen.[122])

Ebenfalls eingehender als Epikur behandelt Lukrez die verschiedenen Atomformen und die sich daraus ergebenden Sekundäreigenschaften der Stoffe (Nr. 43): Ähnlich wie bei Demokrit (Nr. 16) werden die zahlreichen ver-

über dessen Wirkung Asklepiades nach dem Anon. Lond. 37, 54ff. gehandelt hat.

119) Vgl. die Prooemien 1, 62ff., 3, 1ff.

120) S. o. S. 40.

121) S. o. S. 22; 36f.

122) So ist etwa das Beispiel von der Kraft des Windes durch ein Bild von der Gewalt des Wassers (Lucr. 2, 281—289) erweitert, das dichterisch sehr schön hineinpaßt, mit dem Thema aber, Beweis der Stofflichkeit von etwas Unsichtbarem, wenig zu tun hat: s. dazu Stückelberger, a. O. 129.

schiedenen Eigenschaften wie Geschmack, Farbe, Festigkeit in für uns recht naiv erscheinender Weise durch eckige, runde, spitze, gehäkelte Atome erklärt. Daß man dabei doch auch zu beachtlichen Erkenntnissen gelangt ist, zeigt die Schlußfolgerung aus der Salzwasserdialyse, daß die im Wasser gelösten Salzteilchen im filtrierenden Medium steckenbleiben und demnach also größer oder eckiger sind als die Wasserteilchen[123]).

5. Spuren der Atomistik in der Spätantike

Man hat sich von jeher darüber gewundert, daß die vielversprechenden Ansätze der antiken Atomphysik in der Spätantike derart verdrängt werden und in Vergessenheit geraten konnten, daß sie über ein Jahrtausend auf ihre Wiederentdeckung und Weiterführung warten mußten. In Fachkreisen hat man sich zwar noch tief in unsere Zeitrechnung hinein — freilich meist in polemischem Sinn — mit Demokrit und Epikur befaßt; das beweisen die ausführlichen Darstellungen und Zitate bei Galen (vor 200 n. Chr.: s. Nr. 21), bei Diogenes Laërtios (3. Jh.: Nr. 1/5) und Simplikios (Anf. 6. Jh.: Nr. 11—15), die alle offensichtlich über recht gutes Quellenmaterial verfügen. Indessen hatte innerhalb der Philosophie die seit Platon und Aristoteles vorherrschende teleologische Naturauffassung eine derart gesicherte Vormachtstellung errungen, daß für die Vorstellung einer nach dem Gesetz des Zufalls aus Atomen zusammengesetzten Materie kaum mehr Platz blieb. Im lateinischen Sprachbereich kommt — abgesehen von allgemeinen Zerfallserscheinungen in der ganzen ausgehenden Antike — dazu noch ein ausgespro-

123) Dazu s. o. S. 24 mit Anm. 55.

chen geringes Interesse an naturwissenschaftlichen Fragen überhaupt. So ist es kein Zufall, daß Lukrez mit seiner Atomlehre nur wenig Anerkennung gefunden hat; Vergils berühmtes Lob „Glücklicher (Lukrez), der die Ursachen der Dinge zu erkennen vermochte“ [124]) steht vereinzelt da: Quintilian bezeichnet ihn zwar als „lesenswerten, aber schwierigen“ Autor [125]), und von der ausgehenden Spätantike an bleibt er — abgesehen von letzten Spuren in der Karolingerzeit — das Mittelalter hindurch verschollen.

Um sich eine Vorstellung von der Nachwirkung der Atomistik in breiteren Kreisen zu machen, ist es im Hinblick auf die Tradition von besonderem Interesse, ihre spärlichen Spuren im lateinischen Sprachbereich bei allgemein verbreiteten Autoren zu verfolgen, die durch das ganze Mittelalter hindurch zugänglich waren:

So hat Vitruv (um 25 n. Chr.), der in seinem vielgelesenen Werk *De architectura* einen weit über die Fachgrenzen hinausgehenden Horizont verrät und gerne betont, wie wichtig für einen Architekten eine breite Allgemeinbildung sei [126]), im Zusammenhang mit der Besprechung von Baumaterialien die Frage der Urmaterie aufgeworfen und dabei eine kurze, durchaus zutreffende Beschreibung des Atoms angeführt, die jedenfalls eine gewisse Kenntnis beweist (Nr. 47). — Eine recht eingehende Vertrautheit mit Demokrit verrät Seneca in seinen *Naturales Quaestiones* (um 62 n. Chr.): Obwohl er als Stoiker nichts mit dessen Weltanschauung gemeinsam hat, bezeichnet er ihn doch als „feinsinnigsten aller

124) Verg. Georg. 2, 490ff.: *Felix, qui potuit rerum cognoscere causas, atque metus omnis et inexorabile fatum/subiecit pedibus strepitumque Acherontis avari.*

125) Quint. inst. or. 10, 1, 87.

126) Vgl. Vitr. 1, 1, 1ff.

älteren Philosophen“[127]) und zitiert ihn ab und zu. In nat. quaest. 5, 2 (Nr. 48) beschreibt er eine einleuchtende Erklärung Demokrits zur Entstehung der Winde, die nach ihm mit der Dichte der Atome in einem bestimmten Raum — wir würden heute sagen mit dem Luftdruck — zusammenhängt. Interessant ist, daß kurz vorher, ohne Bezugnahme auf die Atomistik, der von Demokrit begründete und von Lukrez wieder aufgenommene Vergleich mit den Stäubchen im Sonnenstrahl angeführt wird, der von hier an — oft bis zur Unkenntlichkeit verändert — immer wieder im Zusammenhang mit Atombeschreibungen in der Spätantike und Renaissance auftaucht: „Wenn das Sonnenlicht sich in einen geschlossenen Raum ergießt, sehen wir kleinste Teilchen in mannigfacher Weise bald quer, bald aufwärts, bald abwärts schweben[128]).“

Daß die Atomistik auch im frühen Christentum auf Widerstand stoßen mußte, lag auf der Hand: Dabei erregte nicht so sehr die Lehre von den Atomen an sich Anstoß, als vielmehr der ganze weltanschauliche Hintergrund der Atomistik, der einen kompromißlosen Materialismus vorauszusetzen und jede göttliche Vorsehung auszuschließen schien. So galt etwa Demokrit gemeinhin als Atheist, Epikur als Schlemmer. Aber gerade die Kritik an der Atomistik etwa bei Laktanz (Anf. 4. Jh.) oder Augustin (354—430) in vielbeachteten Werken haben deren Spuren ins Mittelalter hinein gerettet. Dabei ist bezeichnend für das allmähliche Versickern dieser Kennt-

127) Sen. nat. quaest. 7, 3. 2: *subtilissimus antiquorum omnium.*

128) Sen. nat. quaest. 5, 1, 2; vgl. o. Anm. 43 (Demokrit), Lucr. 2, 112ff. (Nr. 41); der Vergleich kehrt später wieder bei Isidor von Sevilla (Nr. 52), in der Suda (Suidas Nr. 53), dann bei Leonardo da Vinci, bei Basso und Magnien: s. u. Anm. 2 zu Nr. 41.

nisse, daß Laktanz noch recht ausführlich die einzelnen Argumente der Atomisten anführt und sie einzeln widerlegt (Nr. 49), während Augustin ein knappes Jahrhundert später in der *Civitas Dei,* also gerade in dem Werk, in welchem er sich besonders ausführlich mit der heidnischen Antike auseinandersetzt, sie nur noch ganz am Rande streift (Nr. 51).

Letzte Spuren antiker Atomvorstellungen haben sich im lateinischen wie im griechischen Sprachbereich in den zwei für das ganze Mittelalter bedeutsamen Lexika erhalten, die beide unter dem Stichwort 'Atom' einen Artikel anführen: In den *Etymologiae* des Isidor von Sevilla (ca. 560—636), der als Bischof den ganzen Wissensstoff in seinem Lexikon zusammenzutragen versuchte, hat sich ein kleiner Abriß erhalten, der veranschaulicht, was um das Jahr 600 von der Lehre Demokrits noch übriggeblieben ist (Nr. 52): Der ursprünglich fast ausschließlich für den kleinsten Materieteil verwendete Begriff Atom ist nun bedenkenlos als kleinste Einheit auf andere Gebiete übertragen worden: es gibt nun Zeitatome, Zahlenatome, Schriftatome. Damit ist die Entwicklung vorgezeichnet, daß sich im Mittelalter der Begriff Atom von jeder physikalischen Vorstellung entfernt. — Noch spärlicher ist die Notiz aus der Suda (Suidas), dem etwa um 1000 entstandenen byzantinischen Lexikon (Nr. 53): Der Artikel beschränkt sich gerade auf eine Worterklärung und versteht auch den Hinweis auf die Staubteilchen im Sonnenstrahl [129]) — im Gegensatz zum Artikel in den *Etymologiae* — nicht mehr als Vergleich.

Diese besprochenen Stellen mögen genügen, um einerseits das allmähliche Zusammenschrumpfen atomistischer Kenntnisse zu veranschaulichen, andererseits aber doch zu

129) Vgl. o. Anm. 128.

beweisen, daß das ganze Mittelalter hindurch wenigstens einige rudimentäre Hinweise auf die Atomlehre zugänglich waren.

6. Wiederaufnahme der antiken Atomistik in der Renaissance und der Aufklärung

Für die Wiederentdeckung der antiken Atomtheorie[130]), die im ganzen Mittelalter trotz einigen immer zugänglichen Hinweisen[131]) derart aus der Gedankenwelt entschwunden war, daß der Begriff Atom jede Beziehung zu einer physikalischen Größe der Materie verloren hatte[132]), mußten zunächst zwei Voraussetzungen, eine mehr äußere und eine mehr psychologische, geschaffen werden. Die eine bahnte sich an mit dem sensationellen Fund von Poggio, als dieser im Jahre 1417 eine Handschrift des bis dahin verschollenen Lukrez entdeckte[133]), auf die sich sogleich die damaligen Gelehrten, unter ihnen Nicolaus Nicoli, mit brennendem Interesse stürzten und emsig eigenhändig Abschriften herstellten[134]). 1473, also nur 4 Jahre nach Vergil, dem ersten im Druck erschienenen lateinischen Autor, erschien dann in Brescia die Erstausgabe von Lukrez, der in den folgenden Jahrzehnten in kurzen Ab-

130) Zum ganzen Thema s. A. Stückelberger, Lucretius reviviscens. Von der antiken zur neuzeitlichen Atomphysik: Archiv für Kulturgeschichte 54, 1972, 1—25.

131) S. o. S. 49ff.

132) Du Cange, Glossarium mediae et infimae Latinitatis, Bd. 1, 462 gibt unter dem Stichwort *athomus* die Erklärung: 1 Stunde = 22 560 atomi.

133) S. dazu Georg Voigt, Die Wiederbelebung des klassischen Altertums, Bd. 1, Berlin 1893, 244.

134) Heute sind noch über 20 solcher Renaissanceabschriften des leider verschollenen Poggio-Codex erhalten.

ständen weitere Neuausgaben folgten[135]). Fast gleichzeitig mit der Drucklegung von Lukrez wurde ein weiterer für die Kenntnis der antiken Atomistik bedeutsamer Text zugänglich gemacht, erschien doch um 1470 in Rom die von Ambrosius Traversarius verfaßte lateinische Übersetzung des Diogenes Laërtios, der im 9. Buch einen Abriß der Lehre von Leukipp und Demokrit (Nr. 1/5) und im 10. Buch Epikurs Darstellung der Atomlehre (Nr. 32) enthält; auch hier zeugen die rasch aufeinanderfolgenden weiteren Auflagen vom Interesse, das diesen Autoren entgegengebracht wird[136]). 1533 erschien schließlich in Basel die griechische Erstausgabe des Diogenes Laërtios. Damit liegen zu Beginn des 16. Jahrhunderts die wesentlichen Quellen zur antiken Atomistik einer breiteren Schicht vor, die nun nicht mehr auf die polemischen Darstellungen bei Aristoteles und die spärlichen Angaben der Patristen angewiesen ist.

Eine zweite Voraussetzung für die Wiederaufnahme der Atomistik liegt auf weltanschaulicher Ebene, galt es doch, sich vom aristotelischen Weltbild, das sich die Kirche seit dem Mittelalter zu eigen gemacht hatte, zu lösen. Zu Beginn des 16. Jahrhunderts hatte ja noch das mittelalterlich-scholastische Bild vom Aufbau der Welt Gültigkeit: der von göttlicher Vorsehung gelenkte Kosmos mit seiner himmlischen, vom Äther erfüllten Region des Unveränderlichen und Ewigen und der sublunaren Zone des Werdens und Vergehens; die Materie, die aus den vier empedokleischen Elementen besteht, die letztlich eine Einheit bilden, indem „Feuer, Luft, Wasser und Erde in-

135) 1495 Lukrezausgabe von Venedig, 1500 von Verona, 1511 von Bologna, 1512 von Florenz, 1514 von Paris, 1531 von Basel.

136) 1475 Diogenes Laërtiusausgabe von Venedig, 1476 von Nürnberg usw.

einander übergehen können und jedes im andern potentiell vorhanden ist" [137]); die Lehre von den an sich leichten oder schweren Stoffen, die aufgrund ihrer „natürlichen Bewegung" aufwärts oder abwärts zu ihrem „natürlichen Ort" hinstreben [138]). Unter diesen Voraussetzungen mußte auf den Naturwissenschaftler der Renaissance die Physik, wie sie ihm bei Demokrit und Epikur entgegentrat, eine besondere Anziehungskraft ausüben, die ihn freilich in Konflikt mit der gültigen Lehre der Kirche brachte: hier gab es nicht mehr einen nach dem Gesetz der Zweckmäßigkeit eingerichteten Kosmos, sondern unbegrenzte, den Naturgesetzen unterworfene Welten [139]), nicht mehr einen alles erfüllenden Äther, sondern Materie und Vakuum [140]), nicht mehr schwerelose oder gar aufwärtsstrebende Körper, sondern gleiche Fallgeschwindigkeit im Vakuum für alle Körper [141]), nicht mehr ein undefinierbares Kontinuum von Stoffen, die sich beliebig ineinander verwandeln, sondern unveränderliche Atome.

Erste Spuren der Atomistik, vorläufig mehr nur eine beiläufige Erwähnung des Begriffes und eine Ahnung vom partikularen Aufbau gewisser Stoffe, noch ohne jede dogmatische Auseinandersetzung mit anderen Vorstellungen, finden sich an der Schwelle zum 16. Jahrhundert bei keinem Geringeren als Leonardo da Vinci (1452 bis 1519). Er, jener universalste Geist der Renaissance, der sich neben seinem reichen künstlerischen Schaffen für alle Bereiche der Naturwissenschaft, der Medizin und der Technik interessiert hat und als Forscher wie Erfinder in so manchen Teilen seinen Zeitgenossen voraus war, hat

137) Arist. Meteorol. 1, 3, 339 a 36.
138) Arist. de caelo 4, 1, 307 b 28ff.
139) Vgl. Lucr. 2, 707ff.; 2, 1084ff.
140) Vgl. etwa Nr. 32, 35; Nr. 1/5.
141) Vgl. Lucr. 2, 238f. (Nr. 42); s. dazu o. S. 43.

offensichtlich — auf welchem Wege auch immer[142]) — Kenntnis von der antiken Atomvorstellung erhalten und macht sie sich zur Erklärung von Vorgängen in der Natur zunutze: So denkt er sich etwa — im Zusammenhang mit seinen Überlegungen zur Luftperspektive — die in die Luft aufgenommene Feuchtigkeit in „winzige und nicht wahrnehmbare Atome" zerteilt (Nr. 54) oder spricht verschiedentlich — zweifellos in Anlehnung an Lukrez[143]) — von Atomen, die man im Sonnenstrahl sieht, der in ein dunkles Zimmer einfällt (Nr. 55). Wenn auch hier von einer eigentlichen Rezeption der Atomlehre mit all ihren physikalischen und weltanschaulichen Konsequenzen nicht die Rede sein kann — dazu ist er viel zu sehr Empiriker, als daß er diese Lehre als Ganzes hätte dogmatisch vertreten wollen —, so zeugen doch diese Spuren bei Leonardo, die in seinem riesigen, meist recht ungeordneten und nur notizenhaft niedergeschriebenen handschriftlichen Material da und dort wieder auftauchen, von einem ersten Wiederaufleben antiker Atomvorstellungen.

Die erste eingehendere Auseinandersetzung mit der

142) E. Solmi, Fonti dei manoscritti di Leonardo da Vinci, Turin 1908, hat gezeigt, daß Leonardo da Vinci ein ausgezeichneter Kenner antiker Quellen gewesen ist. Für unseren Zusammenhang wichtig ist die Tatsache, daß durch Zitate oder Hinweise in seinen Aufzeichnungen u. a. die Kenntnis von Aristoteles, *De generatione et corruptione*, *De caelo* (Solmi p. 73ff.), Diogenes Laërtios (a. O. 137), Lukrez (a. O. 202; vgl. Fragment Nr. 1492 Richter) nachgewiesen ist. Die griechischen Quellen hat er zweifellos in lateinischer Übersetzung gelesen und ist hier auch dem latinisierten Begriff, *atomus*, begegnet, den er bei Lukrez nicht finden konnte. Daß Leonardo über Lateinkenntnisse und sogar elementare Griechischkenntnisse verfügt, hat Solmi (a. O. 6—16) eindeutig gezeigt.

143) Zum Sonnenstrahlvergleich bei Lukrez 2, 112ff. s. Nr. 41, Anm. 2; vgl. auch Anm. 1 zu Nr. 55.

antiken Atomphysik, bei welcher unter ausdrücklicher Bezugnahme auf Demokrit, Epikur und Lukrez in einem naturwissenschaftlichen Werk die antike Korpuskulartheorie wieder aufgegriffen und zur Erklärung stofflicher Wechselbeziehungen herangezogen wird, finde ich bei Girolamo Fracastoro (1483—1553), einem italienischen Arzt und Naturphilosophen aus Verona. In seiner 1545 erschienenen, noch stark von Aristoteles beeinflußten Schrift *De sympathia et antipathia rerum* geht er auf den Magnetismus ein und versucht, diese merkwürdige Anziehungskraft mit Hilfe der atomistischen Effluxionslehre zu erklären (Nr. 56). Er knüpft damit an die von Lukrez 6, 906ff. gerade im Zusammenhang mit der Effluxionslehre angeführte Erklärung des Magneten an, die er sich durch eine eigene Umdeutung zurechtlegt, wobei er einen Widerspruch zu Aristoteles zu meiden sucht. Trotz seiner Zurückhaltung hat das Werk seine Wirkung auf spätere Vertreter der Atomistik nicht verfehlt: in den Dialogen des Giordano Bruno tritt Fracastoro als Gesprächspartner auf[144]), und in den Werken von Daniel Sennert wird er gerne zitiert[145]).

Besonders heftig wird der Kampf gegen Aristoteles und damit auch gegen die damalige Kirche bei Giordano Bruno (1548—1600), der denn auch seine Kühnheit mit dem Tod auf dem Scheiterhaufen bezahlen mußte. Schon in dem 1584 erschienenen Werk *De l'infinito* versucht er, das in der Aristotelesschrift *De caelo* entworfene Weltbild durch den Beweis zu erschüttern, daß die Welt unbegrenzt ist, wobei er sich der Argumente aus Lukrez bedient[146]). Da in der genannten Aristotelesschrift auch

144) S. gleich unten.

145) Etwa practicae medicinae lib. 6, 2, 1, wo Sennert sich auf die eben zitierte Stelle von Fracostoro beruft.

146) So De l'infinito praef. 1, 294 (ed. Paolo de Lagarde,

Demokrits Atomlehre kurz gestreift wird[147]), ist es kein Zufall, daß bereits in *De l'infinito* eine Anspielung auf die Atomistik zu finden ist, die bezeichnenderweise Fracastoro in den Mund gelegt wird[148]). Ausführlicher geht Bruno in seiner 1591 erschienenen Schrift *De triplici minimo,* einem ganz in lukrezischem Stil gehaltenen Lehrgedicht mit Prosaerklärungen, auf die Atomlehre ein, woraus hier eine Stelle genügen mag, an welcher er sich eines Lukrezvergleiches bedient, um die Kleinheit der Atome zu veranschaulichen (Nr. 57).

Die Auseinandersetzung mit dem aristotelisch-scholastischen Weltbild erreicht ihren Höhepunkt mit Galileo Galilei (1564—1642). Bereits in seiner hart angefochtenen Jugendschrift *Discorso intorno alle cose che stanno in su l'aqua, o che in quella si muovono* verteidigt er Demokrit gegen Aristoteles in der Erklärung, warum Metallplättchen auf dem Wasser schwimmen können[149]), was ihm denn auch von seiten des Jesuitenpaters P. Horatius Grassi den Vorwurf eingetragen hat, er sei „Anhänger des Demokrit und Epikur"[150]). Daß zu dieser Zeit bereits

2 Bde. Göttingen 1888), wo Lucr. 1, 968ff. angeführt wird.

147) Arist. de caelo 303 a 3: Nr. 6.

148) De l'infinito 4, Bd. 1, 375f., nach der Übersetzung von L. Kuhlenbeck, Leipzig 1904/09, 3, 135: „Aber mir scheint noch das Beste an diesen Dingen zu sein, daß die Atome (gl'atomi), wenn sie in räumlichen Sukzessionen einer unbegrenzten Bewegung unterliegen, von Zeit zu Zeit hier ausströmen und dort einströmen, sich bald hiermit verbinden, bald damit und bald diese, bald jene Konfiguration bewirken."

149) S. o. Anm. 49.

150) Lotharius Sarsius (Pseudonym für Horatius Grassius), *Ratio ponderum librae ac simbellae, in:* Galilei, Opere, ediz. nazionale Bd. 6, 486. Aus taktischen Gründen meidet später Galilei die Namen von Demokrit und Lukrez.

auch die demokriteische Atomlehre zur Diskussion stand, zeigt die im Jahr 1612 als Entgegnung auf Galileis *Sidereus nuntius* von Julius Caesar La Galla verfaßte Schrift *De phaenomenis in orbe lunae* (Nr. 58), die Galilei eigenhändig kommentiert hat: zum erstenmal wird hier der aristotelische dem demokriteischen Materiebegriff grundsätzlich gegenübergestellt — La Galla verteidigt natürlich den ersteren — und hat damit eine Diskussion ins Rollen gebracht, die nicht mehr verstummen sollte. Zwar tritt bei Galilei die Frage nach der Struktur der Materie hinter dem Problem der Bewegungsgesetze und dem Aufbau des Kosmos zurück, die später in den zwei Hauptwerken, dem *Dialogo* (1632) und den *Discorsi* (1638), ihre reife Bearbeitung gefunden haben. Dennoch hat er, zweifellos beeinflußt von Demokrit, auf den er in der auch hier im Zentrum der Auseinandersetzung stehenden Schrift *De caelo* gestoßen war[151]), in der Diskussion um die Materie in den *Discorsi* eindeutig zugunsten der Atomistik Stellung bezogen (Nr. 59—61), ein Bekenntnis in einem derart epochemachenden Werk, das nicht verborgen bleiben konnte.

Das Verdienst, die Atomlehre ins Zentrum der Betrachtung gestellt und durch eigene Beobachtungen und Versuche zum erstenmal über den Stand der Antike weitergeführt zu haben, kommt dem deutschen Arzt und Chemiker Daniel Sennert (1572—1637) zu. Im Jahre 1619, also kurz nach Galileis ersten Äußerungen über Demokrit[152]), erschien seine Schrift *De consensu ac dis-*

151) Vgl. o. Anm. 147; zum ganzen Themakreis s. L. Löwenheim, Der Einfluß Demokrits auf Galilei: Archiv für Geschichte der Philosophie 7, 1894, 230—268; Ders., Die Wissenschaft Demokrits, a. a. O. 26, 1913, Beilage.

152) Löwenheim, a. a. O. Bd. 26 Beilage S. 4, glaubt sogar an einen direkten Einfluß von Galilei auf Sennert.

sensu chymicorum cum Galenicis et Peripateticis, die geradezu als Neuanfang der Atomistik bezeichnet werden kann (Nr. 62). Diese Schrift enthält schon alle wesentlichen Gedanken, die er 1636 in seinem *Hypomnema physicum* in dem Kapitel *De atomis* zusammenstellt (Nr. 63). Auf Schritt und Tritt verrät er, wie ausgiebig er antike Quellen studiert hat und über Aristoteles und Lukrez auf Demokrit gestoßen ist, den er gegen die ungerechtfertigte Kritik verteidigt. Die besondere Leistung von Sennert ist, daß er die von Aristoteles begründete und von der Scholastik aufgenommene Alloiosistheorie der sich ineinander verwandelnden Elemente[153]) widerlegt und mit Hilfe der Atomisten eine ganz neue Möglichkeit zur Erklärung chemischer Vorgänge aufzeigt: diese hatten doch gelehrt, daß alle materiellen Veränderungen, das Werden und Vergehen von Stoffen, auf ein Zusammentreffen oder eine Trennung von unveränderlichen Bestandteilen zurückzuführen seien. Zum erstenmal gelingt es nun, diese Lehre durch chemische Versuche zu erhärten. Beobachtungen, wie daß Kalk sich im Wasser völlig unsichtbar lösen kann und in Tuffsteinablagerungen wieder sichtbar wird, daß Schwefelgase sich wieder zu Schwefel verflüssigen oder Quecksilberlösungen das Quecksilber mit seinen ursprünglichen charakteristischen Eigenschaften wieder aussondern lassen, ließen doch auf das Vorhandensein kleinster, unsichtbarer, unveränderlicher Bausteine der Materie schließen. Besonders eindrücklich ist wohl sein Versuch mit der Scheidung einer Gold-Silber-Legierung in Salpetersäure, bei der das Gold unversehrt bleibt, das Silber dagegen völlig unsichtbar in der Salpetersäure aufgelöst wird, so daß keine Spur mehr vom metallischen Charakter

153) S. o. Anm. 137; diese Vorstellung war ihm als Arzt bes. aus der Galenschrift *De elementis* vertraut.

feststellbar ist, hernach aber wieder herausgefällt werden kann, wobei es seine ursprüngliche Natur beibehält [154]).

Interessant ist, daß sich Sennert, besonders durch Verdampfungsvorgänge, eine konkretere Vorstellung von der Winzigkeit des Atoms, bzw. von der riesigen Anzahl von Atomen etwa in einem Tropfen Schwefelsäure zu machen sucht [155]), ein Ansatz, den wenig später Joh. Chrysostomus Magnien (1661) in seiner Schrift mit dem bezeichnenden Titel *Democritus reviviscens* präzisiert, indem er die Anzahl von Atomen durch Messungen zu berechnen versucht (Nr. 66). Zum erstenmal ist hier in der Geschichte der Atomphysik der Schritt vom qualitativen zum quantitativen Denken gemacht worden, mit einer übrigens durchaus brauchbaren Methode — später sind allgemein Atomgewichte durch Gase errechnet worden —, die auch zu einer erstaunlich zutreffenden Größenordnung führt: er errechnet eine Anzahl von ca. $7{,}7 \times 10^{17}$ Atomen in einem Weihrauchkorn [156]).

Im Verlaufe des 17. Jahrhunderts hatte die Atomtheorie jedenfalls in naturwissenschaftlichen Kreisen festen Fuß gefaßt, so daß man von diesen Erkenntnissen ausgehen und weiterforschen konnte, wobei der Zusammenhang mit der Antike, der immerhin noch da und dort sichtbar wird [157]), allmählich dem Bewußtsein entschwindet. Für die ganze weitere Entwicklung von entscheidender Bedeutung war es, daß die Korpuskulartheorie an der Schwelle zum 18. Jahrhundert von Isaak Newton

154) S. Nr. 62 Schluß, Nr. 63, 118.
155) Nr. 63, 118.
156) Ein mm^3 Wasser enthält vergleichsweise $3{,}33 \cdot 10^{19}$ Wassermoleküle.
157) Etwa R. Boyle, *Chymista scepticus*, ed. Rotterdam 1668, 190 beruft sich ausdrücklich auf 'die Anschauung des Leukipp, des Demokrit und anderer erstklassiger Atomisten des Altertums'. Vgl. auch Newton: Nr. 68.

(1642—1727) wiederaufgenommen wurde[158]). So ist bereits in der 23. Propositio seiner *Philosophiae naturalis principia mathematica* (1687) eine atomare Vorstellung, hier von Gasen und Flüssigkeiten, belegt (Nr. 67), die deutlicher und ausführlicher an einer Stelle aus der Optik (1704) zum Ausdruck kommt (Nr. 69), wo auch das aus Lukrez und Demokrit bekannte Argument der Beständigkeit der Materie für den Erweis eines atomaren Aufbaus der Stoffe herangezogen wird[159]). Diese Bemerkungen von Newton sind deshalb von entscheidender Bedeutung gewesen, weil sie dem eigentlichen Begründer der neuzeitlichen Atomphysik, John Dalton (1766—1844), nach dessen eigenen Aussagen einen wesentlichen Impuls zu seiner Neukonzeption der Atomtheorie gegeben haben. In einer am 27. Januar 1810 gehaltenen Vorlesung kommt er auf die Entstehung seiner Theorie zu sprechen und sagt da: „Newton hat in der 23. Propositio des zweiten Buches seiner Principia deutlich auseinandergesetzt, daß eine elastische Flüssigkeit aus kleinen Partikeln oder Atomen

158) S. dazu S. I. Vavilov, Newton and the atomic theory, in: Newton Trecentenary Celebrations, Cambridge 1947, 43—55; H. Guerlac, Newton et Epicure, Paris 1963.

159) S. o. S. 21; das Argument wird u. a. auch von W. Heisenberg und Niels Bohr wieder aufgegriffen: Heisenberg, Der Teil und das Ganze, 66, referiert ein Gespräch mit Niels Bohr über das „Wunder von der Stabilität der Materie“: „Für mich (N. Bohr) war der Ausgangspunkt die Stabilität der Materie, die ja vom Standpunkt der bisherigen Physik aus ein reines Wunder ist. Ich meine mit dem Wort Stabilität, daß immer wieder die gleichen Stoffe mit den gleichen Eigenschaften auftreten, daß die gleichen Kristalle gebildet werden, die gleichen chemischen Verbindungen entstehen usw. Das muß doch bedeuten, daß nach vielen Veränderungen, die durch äußere Wirkungen zustande kommen mögen, ein Eisenatom schließlich wieder ein Eisenatom mit genau den gleichen Eigenschaften ist.“

von Materie besteht, welche sich mit einer Kraft abtoßen, die mit der Abnahme ihrer gegenseitigen Entfernung proportional wächst. Da nun durch neuere Entdeckungen nachgewiesen ist, daß die Atmosphäre aus drei oder mehr elastischen Flüssigkeiten von verschiedenem spezifischem Gewicht besteht, so wollte es mir nicht klarwerden, wie dieser Satz Newtons auf einen Fall, von dem er natürlich noch gar nichts wissen konnte, anzuwenden ist." [160])

Mit Newton und Dalton hat die Entwicklung, die sich vom Altertum in die Neuzeit erstreckt und die Atomphysik der klassischen Antike mit der 'klassischen' Atomphysik des 19. Jahrhunderts verbindet, ihren Endpunkt erreicht und zugleich auch den Ausgangspunkt geschaffen für die ganz neuen Entdeckungen der Kernphysik des 20. Jahrhunderts, die freilich über alles hinausgehen, was sich antike Denker vorzustellen vermochten.

160) Abgedruckt bei E. Roscoe-A. Harden, A new View of the Origin of Dalton's Atomic Theory, 1896, ins Deutsche übertragen von G. A. Kahlbaum, Leipzig 1898, 46f.

TEXTSTELLEN UND ÜBERSETZUNG

I Die Begründung der Atomistik

1. Leukipp (um 450 v. Chr.)

Nr. 1: *Diogenes Laërtius 9, 30ff.* (= Leuk. Fr. A 1)

Λεύκιππος Ἐλεάτης, ὡς δέ τινες, Ἀβδηρίτης, 30
κατ' ἐνίους δὲ Μιλήσιος·[1]) οὗτος ἤκουσε Ζήνωνος.

Ἤρεσκε δ' αὐτῷ ἄπειρα εἶναι τὰ πάντα καὶ εἰς ἄλληλα μεταβάλλειν, τό τε πᾶν εἶναι κενὸν καὶ πλῆρες [σωμάτων].[2]) τούς τε κόσμους γίνεσθαι σωμάτων εἰς τὸ κενὸν ἐμπιπτόντων καὶ ἀλλήλοις περιπλεκομένων· ἔκ τε τῆς κινήσεως κατὰ τὴν αὔξησιν αὐτῶν γίνεσθαι τὴν τῶν ἀστέρων φύσιν. φέρεσθαι δὲ τὸν ἥλιον ἐν μείζονι κύκλῳ περὶ τὴν σελήνην· τὴν γῆν ὀχεῖσθαι περὶ τὸ μέσον δινουμένην. σχῆμά τε αὐτῆς τυμπανῶδες εἶναι. πρῶτός τε ἀτόμους ἀρχὰς ὑπεστήσατο. ⟨καὶ⟩ κεφαλαιωδῶς μὲν ταῦτα.

Ἐπὶ μέρους δὲ ὧδε ἔχει. τὸ μὲν πᾶν ἄπειρόν φησιν, 31
ὡς προείρηται· τούτου δὲ τὸ μὲν πλῆρες εἶναι, τὸ δὲ κενόν, ⟨ἃ⟩ καὶ στοιχεῖά φησι. κόσμους τε ἐκ τούτων[3]) ἀπείρους εἶναι καὶ διαλύεσθαι εἰς ταῦτα.

1) Μήλιος *codd., correxit Diels* 2) σωμάτων *delevit Diels* 3) τούτων *Diels*, τούτου *codd.*

I Die Begründung der Atomistik

1. Leukipp (um 450 v. Chr.)

Nr. 1: *Abriß der Lehre bei Diogenes Laërtius 9, 30ff.*

Leukipp stammt aus Elea, nach anderen aus Abdera, nach einigen aus Milet; er war Schüler des Zenon ⟨von Elea⟩.

Seine Lehre war folgende: Unbegrenzt ist die Summe aller Dinge, und diese verändern sich ineinander. Das All besteht aus Leerem und Vollem. Die Welten entstehen dadurch, daß Korpuskeln in den leeren Raum fallen und sich miteinander verflechten. Vergrößern sich nun diese Konglomerate aufgrund der Bewegung, entstehen daraus die Gebilde der Gestirne. — Die Sonne bewegt sich in einem größeren Kreis außerhalb der Mondbahn[1]) ⟨um die Erde⟩. Die Erde schwebt in der Mitte und dreht sich um ihre Achse; sie hat die Gestalt einer Kesselpauke. Als erster hat er auch die Hypothese von den Atomen als den Urbestandteilen aufgestellt. Soweit die hauptsächlichsten Grundzüge seiner Lehre.

Im einzelnen verhält es sich nach ihm folgendermaßen: Das All ist unbegrenzt, wie eben gesagt worden ist; dieses ist zum Teil ⟨von Materie⟩ gefüllt, zum Teil leerer Raum; diese zwei Komponenten bezeichnet er auch als Elemente: aus diesen entstehen unzählige Welten und in diese lösen sie sich wieder auf. Die Welten aber entstehen folgender-

γίνεσθαι δὲ τοὺς κόσμους οὕτω· φέρεσθαι κατὰ
ἀποτομὴν ἐκ τῆς ἀπείρου πολλὰ σώματα παντοῖα
τοῖς σχήμασιν εἰς μέγα κενόν, ἅπερ ἀθροισθέντα
δίνην ἀπεργάζεσθαι μίαν, καθ' ἣν προσκρούοντα
⟨ἀλλήλοις⟩[4]) καὶ παντοδαπῶς κυκλούμενα διακρίνε-
σθαι χωρὶς τὰ ὅμοια πρὸς τὰ ὅμοια. ἰσορρόπων δὲ
διὰ τὸ πλῆθος μηκέτι δυναμένων περιφέρεσθαι, τὰ
μὲν λεπτὰ χωρεῖν εἰς τὸ ἔξω κενόν, ὥσπερ διαττώ-
μενα· τὰ δὲ λοιπὰ συμμένειν καὶ περιπλεκόμενα
συγκατατρέχειν ἀλλήλοις καὶ ποιεῖν πρῶτόν τι σύ-
στημα σφαιροειδές. τοῦτο δ' οἷον ὑμένα ἀφίστασθαι 32
περιέχοντα ἐν ἑαυτῷ παντοῖα σώματα· ὧν κατὰ τὴν
τοῦ μέσου ἀντέρεισιν περιδινουμένων λεπτὸν γενέσθαι τὸν πέριξ ὑμένα συρρεόντων ἀεὶ τῶν συνεχῶν
κατ' ἐπίψαυσιν τῆς δίνης. καὶ οὕτω γενέσθαι τὴν
γῆν, συμμενόντων τῶν ἐνεχθέντων ἐπὶ τὸ μέσον.
αὐτόν τε πάλιν τὸν περιέχοντα οἷον ὑμένα αὔξεσθαι
κατὰ τὴν ἐπέκκρισιν[5]) τῶν ἔξωθεν σωμάτων· δίνῃ
τε φερόμενον αὐτόν, ὧν ἂν ἐπιψαύσῃ, ταῦτα ἐπι-
κτᾶσθαι. τούτων δέ τινα συμπλεκόμενα ποιεῖν σύ-
στημα, τὸ μὲν πρῶτον κάθυγρον καὶ πηλῶδες,
ξηρανθέντα καὶ περιφερόμενα σὺν τῇ τοῦ ὅλου δίνῃ,
εἶτ' ἐκπυρωθέντα τὴν τῶν ἀστέρων ἀποτελέσαι
φύσιν.

4) ἀλλήλοις *addidit Diels*

5) ἐπέκκρισιν *Heidel*, ἐπέκρυσιν *vel sim. codd.*

maßen: Durch die Ablösung aus dem Unendlichen gelangen zahlreiche Korpuskeln verschiedenartigster Gestalt in den großen leeren Raum, welche sich anhäufen und einen einzigen Wirbel entstehen lassen, durch welchen diese Korpuskeln, aufeinanderprallend und vielfach im Kreis herumgeschleudert, sich sondern und gleiche zu gleichen sich gesellen. Wenn sie nun wegen ihrer Menge nicht mehr im Gleichgewicht sich im Kreise bewegen können, entweichen die leichteren wie ausgesiebt in den äußeren leeren Raum; die übrigen dagegen bleiben zusammen und ziehen miteinander verflochten ihre Bahn weiter und bilden ein erstes kugelförmiges Gebilde. Dieses sondert eine Art Haut[2]) von sich ab, welche in sich all die mannigfachen Korpuskeln umschließt. Wenn nun diese durch den von der Mitte ausgehenden Gegendruck[3]) herumgewirbelt werden, verdünnt sich die umgebende Hülle, weil jeweils die angrenzenden Korpuskeln durch die Berührung mit dem Wirbel in seine Strömung hineinkommen. Und so ist die Erde entstanden, indem die nach der Mitte gelangten Korpuskeln zusammengeblieben sind. Die hautartige Hülle selbst nimmt wiederum zu durch das Hinzukommen ausgesonderter Korpuskeln von außen, da sie durch ihre Wirbelbewegung alles in sich aufnimmt, was sie berührt. Von diesen Korpuskeln erzeugen einige durch Verflechtung ein Gebilde, das zuerst feucht und schlammig ist, dann, ausgetrocknet und durch die Wirbelbewegung des Alls in Drehung versetzt, sich entzündet und die Substanz der Sterne bildet.

Nr. 2: *Aristoteles, de gen. et corr. 324 b 35 ff.* (= Leuk. Fr. A 7)

Ὁδῷ δὲ μάλιστα καὶ περὶ πάντων ἑνὶ λόγῳ διωρίκασι Λεύκιππος καὶ Δημόκριτος, ἀρχὴν ποιησάμενοι 325a
κατὰ φύσιν ἥπερ ἐστίν.

Ἐνίοις γὰρ τῶν ἀρχαίων ἔδοξε τὸ ὂν ἐξ ἀνάγκης ἓν εἶναι καὶ ἀκίνητον· τὸ μὲν γὰρ κενὸν οὐκ ὄν, κινηθῆναι δ' οὐκ ἂν δύνασθαι μὴ ὄντος κενοῦ κεχωρισμένου. οὐδ' αὖ πολλὰ εἶναι μὴ ὄντος τοῦ διείργοντος· ...

Λεύκιππος δ' ἔχειν ᾠήθη λόγους οἵτινες πρὸς τὴν αἴσθησιν ὁμολογούμενα λέγοντες οὐκ ἀναιρήσουσιν οὔτε γένεσιν οὔτε φθορὰν οὔτε κίνησιν καὶ τὸ πλῆθος τῶν ὄντων. ὁμολογήσας δὲ ταῦτα μὲν τοῖς φαινομένοις, τοῖς δὲ τὸ ἓν κατασκευάζουσιν ὡς οὐκ ἂν κίνησιν οὖσαν ἄνευ κενοῦ, τό τε κενὸν μὴ ὄν, καὶ τοῦ ὄντος οὐθὲν μὴ ὄν φησιν εἶναι. τὸ γὰρ κυρίως ὂν παμπλῆρες ὄν· ἀλλ' εἶναι τὸ τοιοῦτον οὐχ ἕν, ἀλλ' ἄπειρα τὸ πλῆθος καὶ ἀόρατα διὰ σμικρότητα τῶν ὄγκων. ταῦτα δ' ἐν τῷ κενῷ φέρεσθαι — κενὸν γὰρ εἶναι —, καὶ συνιστάμενα μὲν γένεσιν ποιεῖν, διαλυόμενα δὲ φθοράν. ποιεῖν δὲ καὶ πάσχειν ᾗ τυγχάνουσιν ἁπτόμενα· ταύτῃ γὰρ οὐχ ἓν εἶναι. καὶ συντιθέμενα δὲ καὶ περιπλεκόμενα γεννᾶν· ἐκ δὲ τοῦ κατ'

Nr. 2: *Bericht des Aristoteles über Leukipps Vorstellungen von der Materie*
(Über Werden und Vergehen 324 b 35ff.)[1])

Sehr methodisch sind Leukipp und Demokrit vorgegangen, die alle Dinge mit einem einzigen Prinzip erklärten: Ausgangspunkt bei ihnen ist die Natur wie sie ist.

Einige ältere Philosophen waren nämlich der Auffassung, das Seiende müsse Eines sein und unbeweglich[2]); denn der leere Raum [Vakuum] existiere nicht; eine Bewegung sei aber nicht möglich ohne die Existenz eines besonderen leeren Raumes; und ferner könne es keine Vielheit geben, da nichts Trennendes da sei. . . .

Leukipp dagegen glaubte eine Erklärung gefunden zu haben, die mit der Sinneswahrnehmung im Einklang steht und weder das Werden noch das Vergehen noch die Bewegung noch die Vielheit der existierenden Dinge in Frage stellt. Er befindet sich damit im Einklang mit den Phänomenen der Natur, verträgt sich andererseits aber auch mit den Vertretern der Einheitstheorie, daß eine Bewegung ohne leeren Raum nicht existiere und das Vakuum das 'Nicht-Seiende' sei und nichts Seiendes ein 'Nicht-Seiendes' sei. Denn was im eigentlichen Sinn des Wortes *ist*, das ist nach ihm das vollkommen Volle. Aber ein solches vollkommen Volles kann nicht *eines* sein, sondern es muß der Zahl nach unbegrenzt viele, wegen der Kleinheit ihrer Masse unsichtbare Bestandteilchen[3]) geben. Diese bewegen sich im leeren Raum — ein solcher Raum existiert nämlich nach ihm — und bewirken durch ihr Zusammentreten das Entstehen, durch ihre Auflösung das Vergehen. Sie verursachen und erleiden ferner Beeinflussungen, soweit sie miteinander in Berührung kommen. Daher kann das Seiende nicht *eines* sein. Ferner lassen diese Massenteilchen durch Zusammensetzung und Verflechtung die Dinge entstehen;

ἀλήθειαν ἑνὸς οὐκ ἂν γενέσθαι πλῆθος, οὐδ' ἐκ τῶν
ἀληθῶς πολλῶν ἕν, ἀλλ' εἶναι τοῦτ' ἀδύνατον, ἀλλ'
ὥσπερ Ἐμπεδοκλῆς καὶ τῶν ἄλλων τινές φασι 325b
πάσχειν διὰ πόρων, οὕτω πᾶσαν ἀλλοίωσιν καὶ πᾶν
τὸ πάσχειν τοῦτον γίνεσθαι τὸν τρόπον, διὰ τοῦ
κενοῦ γινομένης τῆς διαλύσεως καὶ τῆς φθορᾶς,
ὁμοίως δὲ καὶ τῆς αὐξήσεως, ὑπεισδυομένων στερεῶν.

Σχεδὸν δὲ καὶ Ἐμπεδοκλεῖ ἀναγκαῖον λέγειν, ὥσπερ καὶ Λεύκιππός φησιν· εἶναι γὰρ ἄττα στερεά, ἀδιαίρετα δέ, εἰ μὴ πάντη πόροι συνεχεῖς εἰσιν. τοῦτο δ' ἀδύνατον· οὐθὲν γὰρ ἔσται ἕτερον στερεὸν παρὰ τοὺς πόρους, ἀλλὰ πᾶν κενόν. ἀνάγκη ἄρα τὰ μὲν ἁπτόμενα εἶναι ἀδιαίρετα, τὰ δὲ μεταξὺ αὐτῶν κενά, οὓς ἐκεῖνος λέγει πόρους. οὕτως δὲ καὶ Λεύκιππος λέγει περὶ τοῦ ποιεῖν καὶ πάσχειν. . . .

Τοσοῦτον γὰρ διαφέρει [sc. Πλάτων] τοῦ μὴ τὸν αὐτὸν τρόπον Λευκίππῳ λέγειν, ὅτι ὁ μὲν στερεὰ ὁ δ' ἐπίπεδα λέγει τὰ ἀδιαίρετα, καὶ ὁ μὲν ἀπείροις ὡρίσθαι σχήμασι τῶν ἀδιαιρέτων στερεῶν ἕκαστον ὁ δὲ ὡρισμένοις, ἐπεὶ ἀδιαίρετά γε ἀμφότεροι λέγουσι καὶ ὡρισμένα σχήμασιν. ἐκ δὴ τούτων αἱ γενέσεις καὶ αἱ διακρίσεις Λευκίππῳ μὲν δύο τρόποι ἂν εἶεν, διά τε τοῦ κενοῦ καὶ διὰ τῆς ἁφῆς — ταύτῃ γὰρ διαιρετὸν ἕκαστον —, Πλάτωνι δὲ κατὰ τὴν ἁφὴν μόνον· κενὸν γὰρ οὐκ εἶναί φησιν.

aus einer wirklichen Einheit kann dagegen nicht eine Vielheit entstehen, sowenig wie aus einer wirklichen Vielheit eine Einheit: dies ist unmöglich. Sondern wie Empedokles und einige andere die physikalischen Vorgänge durch Poren erklären[4]), so wird nach Leukipp jede Veränderung ⟨eines Stoffes⟩ und jeder physikalische Vorgang dadurch bewirkt, daß durch den leeren Raum eine Auflösung ⟨der Teilchen⟩ und damit ein Vergehen oder — wenn feste Teilchen eintrömen — ein Wachsen eintritt.

Empedokles kommt zwangsläufig zu einer ähnlichen Auffassung wie Leukipp: Nach ihm gibt es auch gewisse feste, unteilbare Bestandteile[5]), sonst wäre ja alles ein zusammenhängendes Feld von Poren, was unmöglich ist; denn dann gäbe es ja nichts Festes außerhalb der Poren, sondern alles wäre leerer Raum. Folglich müssen die sich berührenden Teile unteilbar sein, ihre Zwischenräume aber leer, die jener als Poren bezeichnet. Auf diese Art erklärt auch Leukipp das Verursachen und Erleiden ⟨von physikalischen Vorgängen⟩. ...

Platon ist weit davon entfernt, ⟨in der Frage der Materie⟩ die gleiche Ansicht wie Leukipp zu vertreten: letzterer versteht unter Atomen feste Körper, jener dagegen ⟨geometrische⟩ Flächen;[6]) dieser [Leukipp] behauptet, daß die Zahl dieser festen unteilbaren Körper entsprechend der grenzenlosen Zahl von Formen unbegrenzt sei, jener [Platon] dagegen, sie sei begrenzt. Beide stimmen aber in der Annahme von unteilbaren Größen und ihrer Bestimmung durch die Form überein. Aus dem Gesagten ergibt sich, daß Leukipp zwei Arten von Entstehen und Auflösung kennt, durch Vakuum und durch Berührung, — denn im Berührungspunkt kann jeder Teil getrennt werden —, Platon dagegen nur die durch Berührung; denn die Existenz eines Vakuums lehnt er ab.

Nr. 3: *Plutarchus (Aëtius) plac. philos. 1, 4 p. 289 D.* (= Leukipp Fr. A 24; Epicur Fr. 308 Us.)

Ὁ τοίνυν κόσμος συνέστη περικεκλασμένῳ σχή- 1
ματι ἐσχηματισμένος τὸν τρόπον τοῦτον· τῶν ἀτόμων
σωμάτων ἀπρονόητον καὶ τυχαίαν ἐχόντων τὴν
κίνησιν συνεχῶς τε καὶ τάχιστα κινουμένων, εἰς τὸ
αὐτὸ πολλὰ σώματα συνηθροίσθη [καὶ] διὰ τοῦτο
ποικιλίαν ἔχοντα καὶ σχημάτων καὶ μεγεθῶν.[1])
ἀθροιζομένων δ' ἐν ταὐτῷ τούτων τὰ μὲν ὅσα μείζονα 2
ἦν καὶ βαρύτερα πάντως ὑπεκάθιζεν· ὅσα δὲ μικρὰ
καὶ περιφερῆ καὶ λεῖα καὶ εὐόλισθα, ταῦτα καὶ
ἐξεθλίβετο κατὰ τὴν σύνοδον τῶν σωμάτων εἴς τε τὸ
μετέωρον ἀνεφέρετο. ὡς δ' οὖν ἐξέλειπε μὲν ἡ πληκ-
τικὴ δύναμις μετεωρίζουσα οὐκέτι τε ἦγεν ἡ πληγὴ
πρὸς τὸ μετέωρον, ἐκωλύετο δὲ ταῦτα κάτω φέρεσθαι, ἐπιέζετο πρὸς τοὺς τόπους τοὺς δυναμένους
δέξασθαι· οὗτοι δὲ ἦσαν οἱ πέριξ, καὶ πρὸς τούτοις
τὸ πλῆθος τῶν σωμάτων περιεκλᾶτο. περιπλεκόμενά
τε ἀλλήλοις κατὰ τὴν περίκλασιν τὸν οὐρανὸν ἐγέν-
νησε.

Τῆς δ' αὐτῆς ἐχόμεναι φύσεως αἱ ἄτομοι ποικίλαι 3
οὖσαι, καθὼς εἴρηται, πρὸς τὸ μετέωρον ἐξωθούμεναι τὴν τῶν ἀστέρων φύσιν ἀπετέλουν. τὸ δὲ πλῆθος τῶν ἀναθυμιωμένων σωμάτων ἔπληττε τὸν ἀέρα καὶ τοῦτον ἐξέθλιβε. πνευματούμενος δὲ οὗτος κατὰ τὴν κίνησιν καὶ συμπεριλαμβάνων τὰ ἄστρα συμπεριῆγεν αὐτὰ καὶ τὴν νῦν περιφορὰν αὐτῶν μετέωρον ἐφύλαττε.

Κἄπειτα ἐκ μὲν τῶν ὑποκαθιζόντων ἐγεννήθη ἡ

1) ⟨καὶ βαρῶν⟩ *addidit Usener*

Nr. 3: *Epikureischer Auszug aus der 'Großen Weltordnung' des Leukipp* (Plutarch, Philosoph. Lehrmeinungen 1, 4, 1ff.)

Die Welt ist folgendermaßen in rundum gewölbter Gestalt entstanden: Von den Atomkörpern, die sich unentwegt in einer unberechenbaren, zufälligen und sehr raschen Bewegung befinden, sammelten sich viele an einem Ort und bildeten so ein an Formen und Größen ⟨der Atome⟩ buntes Konglomerat. Wie sie nun an einem Ort versammelt waren, setzten sich die größeren und schwereren von ihnen ganz unten. Die kleinen, runden, glatten und schlüpfrigen dagegen wurden bei diesem Zusammenschluß der Atome herausgedrängt und in die Höhe emporgeschleudert. Wie nun die beschleunigende Kraft, die sie emporhob, aufhörte und sie kein Impuls mehr aufwärts trieb, sie aber doch ⟨wegen ihrer Leichtigkeit⟩ gehindert wurden herabzufallen, wurden sie zu den Orten abgedrängt, die sie aufnehmen konnten; dies waren die rundum liegenden Orte, und um diese legten sich die Atomkörper in einer Wölbung rundherum. Indem sie sich nun in dieser Wölbung verflochten, ließen sie den Himmel entstehen.

Atome von gleicher, wie gesagt sehr mannigfacher Beschaffenheit, die in die Höhe emporgeschleudert worden waren, ließen auch die Welt der Sterne entstehen. Die Mehrzahl der aufsteigenden Atomkörper aber stieß an die Luft und verdrängte sie. Diese geriet nun durch die Bewegung in Strömung und erfaßte die Sterne und führte sie mit sich in einer Kreisbewegung hoch oben, die sie bis heute beibehalten hat.

Und darauf entstand aus den Atomen, die sich unten

γῆ, ἐκ δὲ τῶν μετεωριζομένων οὐρανός, πῦρ, ἀήρ.
πολλῆς δὲ ὕλης ἔτι περιειλημμένης ἐν τῇ γῇ πυκνου- 4
μένης τε ταύτης κατὰ τὰς ἀπὸ τῶν πνευμάτων[2])
πληγὰς καὶ τὰς ἀπὸ τῶν ἀστέρων αὔρας προσεθλί-
βετο πᾶς ὁ μικρομερὴς σχηματισμὸς ταύτης καὶ τὴν
ὑγρὰν φύσιν ἐγέννα· ῥευστικῶς δὲ αὕτη διακειμένη
κατεφέρετο πρὸς τοὺς κοίλους τόπους καὶ δυναμένους χωρῆσαί τε καὶ στέξαι, ἢ καθ' αὑτὸ τὸ ὕδωρ
ὑποστὰν ἐκοίλαινε τοὺς ὑποκειμένους τόπους· τὰ μὲν
οὖν κυριώτατα μέρη τοῦ κόσμου τὸν τρόπον τοῦτον
ἐγεννήθη.

2. Demokrit (ca. 460—400 v. Chr.)

Nr. 4: *Fr. B 9* (cf. Fr. B 125), überliefert bei Sextus Emp. adv. math. 7, 135; Galen, de medic. empir. 1259, 8 Schöne; Galen, de elementis sec. Hipp. 1, 417 K.; Diog. Laërt. 9, 72

'Νόμῳ' γάρ φησι [sc. Δημόκριτος] 'γλυκύ, νόμῳ πικρόν, νόμῳ θερμόν, νόμῳ ψυχρόν, νόμῳ χροιή, ἐτεῇ δὲ ἄτομα καὶ κενόν'.

Nr. 5: *Diogenes Laërtius 9, 44f.* (cf. Demokr. Fr. A 1)

Δοκεῖ δ' αὐτῷ [sc. Δημοκρίτῳ] τάδε· ἀρχὰς εἶναι τῶν ὅλων ἀτόμους καὶ κενόν, τὰ δ' ἄλλα πάντα νενομίσθαι. ἀπείρους τε εἶναι κόσμους καὶ γενητοὺς καὶ φθαρτούς. μηδέν τε ἐκ τοῦ μὴ ὄντος γίνεσθαι μηδὲ

2) πνευμάτων *codd.*; σωμάτων *Eusebius/Usener*

angesetzt hatten, die Erde, aus den in der Höhe schwebenden der Himmel, das Feuer, die Luft. Als nun viel Materie in der Erde eingeschlossen war und sich unter der Einwirkung der Winde und der Ausströmungen der Sterne verdichtete, wurden all ihre kleingliedrigen Teile unter Druck gesetzt und erzeugten den Stoff der Nässe. Da dieser einen flüssigen [Aggregat-]Zustand hatte, floß er herab in die Hohlräume und die Orte, die Raum geben und ihn fassen konnten; oder das Wasser selbst, das sich unten ansammelte, höhlte sich die tieferen Orte aus. — So sind die wichtigsten Bestandteile der Welt entstanden.

2. Demokrit (ca. 460—400 v. Chr.)

Nr. 4: *Grundsatz der demokriteischen Atomlehre* (Fr. B 9)

„Nur der Meinung nach“, sagt Demokrit, „gibt es süß, nur der Meinung nach bitter, warm, kalt, nur der Meinung nach Farbe, in Wahrheit gibt es nur Atome und leeren Raum.“[1])

Nr. 5: *Abriß der Lehre* (Diogenes Laërtios 9, 44f.)[1])

Demokrits Lehre lautet folgendermaßen: Die Ursprünge des Alls sind die Atome und der leere Raum; alles andere sind nur Vorstellungen. Welten gibt es unzählige; sie können entstehen und vergehen. Nichts entsteht aus dem Nichts, und nichts zerfällt ins Nichts. Auch die Atome sind

εἰς τὸ μὴ ὂν φθείρεσθαι. καὶ τὰς ἀτόμους δὲ ἀπείρους εἶναι κατὰ μέγεθος καὶ πλῆθος, φέρεσθαι δ' ἐν τῷ ὅλῳ δινουμένας, καὶ οὕτω πάντα τὰ συγκρίματα γεννᾶν, πῦρ, ὕδωρ, ἀέρα, γῆν. εἶναι γὰρ καὶ ταῦτα ἐξ ἀτόμων τινῶν συστήματα. ἅπερ εἶναι ἀπαθῆ καὶ ἀναλλοίωτα διὰ τὴν στερρότητα. τόν τε ἥλιον καὶ τὴν σελήνην ἐκ τοιούτων λείων καὶ περιφερῶν ὄγκων συγκεκρίσθαι, καὶ τὴν ψυχὴν ὁμοίως· ἣν καὶ νοῦν ταὐτὸν εἶναι. ὁρᾶν δ' ἡμᾶς κατ' εἰδώλων ἐμπτώσεις· πάντα τε κατ' ἀνάγκην γίνεσθαι, τῆς δίνης αἰτίας οὔσης τῆς γενέσεως πάντων, ἣν ἀνάγκην λέγει. ... ποιότητας δὲ νόμῳ[1]) εἶναι, φύσει δ' ἄτομα καὶ κενόν.

1) ποιότητας δὲ νόμῳ *Zeller*, ποιητὰ δὲ νόμιμα *codd.*

Nr. 6: *Aristoteles, de caelo 303 a 3ff.* (cf. Leuk. Fr. A 15)

303 a 3 Ἀλλὰ μὴν οὐδ' ὡς ἕτεροί τινες λέγουσιν, οἷον Λεύκιππός τε καὶ Δημόκριτος ὁ Ἀβδηρίτης, εὔλογα τὰ συμβαίνοντα· φασὶ γὰρ εἶναι τὰ πρῶτα μεγέθη πλήθει μὲν ἄπειρα, μεγέθει δὲ ἀδιαίρετα, καὶ οὔτ' ἐξ ἑνὸς πολλὰ γίγνεσθαι οὔτε ἐκ πολλῶν ἕν, ἀλλὰ τῇ τούτων συμπλοκῇ καὶ περιπαλάξει[1]) πάντα γεννᾶσθαι. τρόπον γάρ τινα καὶ οὗτοι πάντα τὰ ὄντα ποιοῦσιν ἀριθμοὺς καὶ ἐξ ἀριθμῶν· καὶ γὰρ εἰ μὴ σαφῶς δηλοῦσιν, ὅμως τοῦτο βούλονται λέγειν. καὶ πρὸς τούτοις, ἐπεὶ διαφέρει τὰ σώματα σχήμασιν, ἄπειρα δὲ τὰ σχήματα, ἄπειρα καὶ τὰ ἁπλᾶ σώματά φασιν εἶναι. ποῖον δὲ καὶ τί ἑκάστου τὸ σχῆμα τῶν

1) περιπαλάξει *Simplicius*; ἐπαλλάξει *vel* περιπλέξει *codd.*

unbegrenzt in bezug auf Größe und Menge; sie bewegen sich im All in einem Wirbel[2]) und erzeugen so all die Zusammensetzungen, Feuer, Wasser, Luft, Erde; denn auch diese sind 'Systeme' [Zusammensetzungen] von bestimmten Atomen. Diese sind unbeeinflußbar und unveränderlich wegen ihrer Festigkeit. Auch die Sonne und der Mond sind aus solchen glatten und runden Massenteilchen zusammengesetzt, ebenso auch die Seele. Diese und der Verstand sind dasselbe. Unser Sehvermögen beruht auf dem Auftreffen von Abbildern. Alles entsteht aufgrund der Notwendigkeit, wobei die Wirbelbewegung Ursache alles Werdens ist, die er als Notwendigkeit bezeichnet. ... Eigenschaften bestehen nur der Meinung nach, von Natur aus gibt es nur Atome und Raum.

Nr. 6: *Auseinandersetzung des Aristoteles mit Demokrit* (Über den Himmel 303 a 3ff.)

Die Ansicht jedoch, wie sie einige andere vertreten, so Leukipp und Demokrit von Abdera, führt zu keinen logischen Ergebnissen: Sie behaupten nämlich, die Ureinheiten der Materie seien der Zahl nach unbegrenzt, der Größe nach aber unteilbar, und aus einer solchen Ureinheit [= Atom] könnten nicht viele werden noch aus vielen eine, sondern alles entstehe aus deren Verflechtung und Verkettung. Auf eine gewisse Art führen auch sie alle Dinge auf Zahlen zurück oder leiten sie aus Zahlen ab; denn wenn sie dies auch nicht offen so sagen, ist es doch ihre Meinung. Und da nun obendrein die Körper sich durch ihre Form unterscheiden, es aber unbegrenzt viele Formen gibt, gibt es nach ihrer Auffassung auch unbegrenzt viele einfache Korpuskeln. Welches nun aber die

στοιχείων, οὐθὲν ἐπιδιώρισαν, ἀλλὰ μόνον τῷ πυρὶ τὴν σφαῖραν ἀπέδωκαν· ἀέρα δὲ καὶ ὕδωρ καὶ τἆλλα μεγέθει καὶ μικρότητι διεῖλον, ὡς οὖσαν αὐτῶν τὴν φύσιν οἷον πανσπερμίαν πάντων τῶν στοιχείων.

Πρῶτον μὲν οὖν καὶ τούτοις ταὐτὸν ἁμάρτημα τ` μὴ πεπερασμένας λαβεῖν τὰς ἀρχάς, ἐξὸν ἅπαντα ταὐτὰ λέγειν. — ἔτι δ' εἰ μὴ ἄπειροι τῶν σωμάτων αἱ διαφοραί, δῆλον ὅτι οὐκ ἔσται τὰ στοιχεῖα ἄπειρα. — πρὸς δὲ τούτοις ἀνάγκη μάχεσθαι ταῖς μαθηματικαῖς ἐπιστήμαις ἄτομα σώματα λέγοντας, καὶ πολλὰ τῶν ἐνδόξων καὶ τῶν φαινομένων κατὰ τὴν αἴσθησιν ἀναιρεῖν, περὶ ὧν εἴρηται πρότερον ἐν τοῖς περὶ χρόνου καὶ κινήσεως.

Ἅμα δὲ καὶ ἐναντία λέγειν αὐτοὺς αὑτοῖς ἀνάγκη· ἀδύνατον γὰρ ἀτόμων ὄντων τῶν στοιχείων μεγέθει καὶ μικρότητι διαφέρειν ἀέρα καὶ γῆν καὶ ὕδωρ· οὐ γὰρ οἷόν τ' ἐξ ἀλλήλων γίγνεσθαι· ὑπολείψει γὰρ ἀεὶ τὰ μέγιστα σώματα ἐκκρινόμενα, φασὶ δ' οὕτω γίγνεσθαι ὕδωρ καὶ ἀέρα καὶ γῆν ἐξ ἀλλήλων.

Ἔτι οὐδὲ κατὰ τὴν τούτων ὑπόληψιν δόξειεν ἂν ἄπειρα γίγνεσθαι τὰ στοιχεῖα, εἴπερ τὰ μὲν σώματα διαφέρει σχήμασι, τὰ δὲ σχήματα πάντα σύγκειται ἐκ πυραμίδων, τὰ μὲν εὐθύγραμμα ἐξ εὐθυγράμμων,
ἡ δὲ σφαῖρα ἐξ ὀκτὼ μορίων. ἀνάγκη γὰρ εἶναί τινας 303b
ἀρχὰς τῶν σχημάτων. ὥστε εἴτε μία εἴτε δύο εἴτε

Form ⟨der Korpuskeln⟩ eines jeden Elementes und wie diese beschaffen ist, haben sie in keiner Weise definiert, sondern einzig dem Feuer die Kugelform zugewiesen; die Luft, das Wasser und die übrigen Stoffe haben sie nach Größe und Kleinheit ⟨der Korpuskeln⟩ geschieden, in der Annahme, daß die Ursubstanz dieser Körper eine Art Universalsamenvorrat[1]) für alle Elemente sei.

Zuerst einmal ist ihnen der gleiche Fehler[2]) unterlaufen, daß sie nicht eine begrenzte Zahl ⟨verschiedener⟩ Urteilchen annahmen, was sie ja hätten tun können, ohne ihre übrige Lehre aufzugeben. — Ferner, wenn es nicht unbegrenzt verschiedene Körperformen gibt, ist offenbar auch die Zahl der Elementarteilchen nicht unbegrenzt. — Außerdem steht die Lehre von ‘atomaren’ Körperchen notgedrungen im Widerspruch zur Wissenschaft der Mathematik und hebt zudem viele allgemein anerkannte, aufgrund der Wahrnehmung gemachte Feststellungen auf, worüber schon vorher in den Ausführungen ‘über Zeit und Bewegung’ gesprochen worden ist.[3])

Zugleich widersprechen sie sich auch selbst: es ist nämlich unmöglich, daß, wenn die Elemente aus ‘Atomen’ bestehen, Luft, Erde und Wasser sich durch die Größe bzw. Kleinheit ⟨ihrer Korpuskeln⟩ unterscheiden; denn so könnten diese Dinge nicht eins aus dem andern entstehen; es sondern sich nämlich immer die größten Korpuskeln aus und bleiben übrig, während sie doch behaupten, daß auf diese Weise Wasser, Luft und Erde auseinander entstehen.

Ferner scheint es auch nach ihrem Grundsatz nicht unbegrenzt viele Elemente zu geben, da die Korpuskeln sich doch durch ihre Form unterscheiden, alle Formen aber aus Pyramiden zusammengesetzt sind, die geradlinigen Formen aus geradlinigen Pyramiden, die Kugel aber aus acht Teilen.[4]) Notwendigerweise gibt es eine bestimmte Zahl von Urformen, so daß es — sei es eine, seien es zwei oder

πλείους, καὶ τὰ ἁπλᾶ σώματα τοσαῦτα ἔσται τὸ πλῆθος.

Nr. 7: *Aristoteles, metaph. 985 b 3ff.* (= Leuk. Fr. A 6)

Λεύκιππος δὲ καὶ ὁ ἑταῖρος αὐτοῦ Δημόκριτος στοιχεῖα μὲν τὸ πλῆρες καὶ τὸ κενὸν εἶναί φασι, [λέγοντες τὸ μὲν ὂν τὸ δὲ μὴ ὄν,][1]) τούτων δὲ τὸ μὲν πλῆρες καὶ στερεὸν τὸ ὄν, τὸ δὲ κενὸν[2]) τὸ μὴ ὄν· διὸ καὶ οὐθὲν μᾶλλον τὸ ὂν τοῦ μὴ ὄντος εἶναί φασιν, ὅτι οὐδὲ τὸ κενὸν τοῦ σώματος. αἴτια δὲ τῶν ὄντων ταῦτα ὡς ὕλην. καὶ καθάπερ οἱ ἓν ποιοῦντες τὴν ὑποκειμένην οὐσίαν τἆλλα τοῖς πάθεσιν αὐτῆς γεννῶσι, τὸ μανὸν καὶ τὸ πυκνὸν ἀρχὰς τιθέμενοι τῶν παθημάτων, τὸν αὐτὸν τρόπον καὶ οὗτοι τὰς διαφορὰς αἰτίας τῶν ἄλλων εἶναί φασιν. ταύτας μέντοι τρεῖς εἶναι λέγουσι, σχῆμά τε καὶ τάξιν καὶ θέσιν· διαφέρειν γάρ φασι τὸ ὂν ῥυσμῷ καὶ διαθιγῇ καὶ τροπῇ μόνον· τούτων δὲ ὁ μὲν ῥυσμὸς σχῆμά ἐστιν, ἡ δὲ διαθιγὴ τάξις, ἡ δὲ τροπὴ θέσις. διαφέρει γὰρ τὸ μὲν Α τοῦ Ν σχήματι, τὸ δὲ ΑΝ τοῦ ΝΑ τάξει, τὸ δὲ Ζ τοῦ Η θέσει. περὶ δὲ κινήσεως, ὅθεν ἢ πῶς ὑπάρξει τοῖς οὖσι, καὶ οὗτοι παραπλησίως τοῖς ἄλλοις ῥᾳθύμως ἀφεῖσαν.

1) λέγοντες — ὄν *seclusit Jaeger* 2) κενόν τε καὶ μανόν *codd.*, τε καὶ μανόν *seclusit Jaeger*

mehrere — zahlenmäßig ebenso viele einfache Korpuskeln geben wird.

Nr. 7: *Die drei Unterscheidungsfaktoren der Atome* (nach Aristoteles, Metaphysik 985 b 3ff.)

Leukipp aber und sein Anhänger Demokrit bezeichnen als Elemente das Volle und das Leere [indem sie das eine das Seiende, das andere das Nicht-Seiende nennen]; von diesen sei das Volle und Feste das 'Seiende', das Leere dagegen das 'Nicht-Seiende'. Deswegen sagen sie auch, daß das Seiende nicht in höherem Grade existiere als das Nichtseiende, weil auch das Leere nicht mehr existiert als das Körperhafte. Diese zwei Komponenten seien, was das Materielle betrifft, die Ursachen der Dinge. Und wie diejenigen, die eine einzige Grundsubstanz ⟨allem⟩ zugrunde legen und alle anderen Dinge auf Veränderungen dieser Grundsubstanz zurückführen [1]), indem sie Verdünnung und Verdichtung als die Ursprünge dieser Veränderungen angeben, so halten auch Leukipp und Demokrit bestimmte ⟨variable⟩ Unterscheidungsfaktoren als Ursache ⟨der Verschiedenheit⟩ von allem Übrigen. Es gibt nach ihnen drei Unterscheidungsfaktoren: die Form, die Anordnung und die Lage ⟨der Atome⟩. Sie behaupten nämlich, daß sich das Seiende einzig durch 'Gestalt', durch 'Berührung' und durch 'Wendung' unterscheide. Mit 'Gestalt' meinen sie Form, mit 'Berührung' Anordnung, mit 'Wendung' Lage: [2]) Es unterscheidet sich nämlich das A vom N durch die Form, das AN vom NA durch die Anordnung, das Ɪ vom H durch die Lage. — Um die Frage der Bewegung, woher sie kommt und wie sie sich an den Dingen auswirkt, haben sich auch diese Philosophen, ähnlich wie die übrigen, recht leichtfertig gedrückt.

Nr. 8: *Aristoteles, de gen. et corr. 314 a 21ff.* (= Leuk. Fr. A 9)

Δημόκριτος δὲ καὶ Λεύκιππος ἐκ σωμάτων ἀδιαιρέτων τἄλλα συγκεῖσθαί φασι, ταῦτα δ' ἄπειρα καὶ τὸ πλῆθος εἶναι καὶ τὰς μορφάς, αὐτὰ δὲ πρὸς αὐτὰ διαφέρειν τούτοις ἐξ ὧν εἰσὶ καὶ θέσει καὶ τάξει τούτων.

Nr. 9: *Aristoteles, de gen. et corr. 315 a 29ff.* (cf. Demokr. Fr. A 35; Leuk. Fr. A 9)

Πλάτων μὲν οὖν μόνον περὶ γενέσεως ἐσκέψατο καὶ φθορᾶς, ὅπως ὑπάρχει τοῖς πράγμασι, καὶ περὶ γενέσεως οὐ πάσης, ἀλλὰ τῆς τῶν στοιχείων· πῶς δὲ σάρκες ἢ ὀστᾶ ἢ τῶν ἄλλων τι τῶν τοιούτων, οὐδέν· ἔτι οὔτε περὶ ἀλλοιώσεως οὔτε περὶ αὐξήσεως, τίνα τρόπον ὑπάρχουσι τοῖς πράγμασιν. ὅλως δὲ παρὰ τὰ ἐπιπολῆς περὶ οὐδενὸς οὐδεὶς ἐπέστησεν ἔξω Δημοκρίτου. οὗτος δ' ἔοικε μὲν περὶ ἁπάντων φροντίσαι, ἤδη δὲ ἐν τῷ πῶς διαφέρειν. οὔτε γὰρ περὶ αὐξήσεως οὐδεὶς οὐδὲν διώρισεν, ὥσπερ λέγομεν, ὅ τι μὴ κἂν ὁ τυχὼν εἴπειεν, ὅτι προσιόντος αὐξάνονται τῷ ὁμοίῳ — πῶς δὲ τοῦτο, οὐκέτι —, οὐδὲ περὶ μίξεως, οὔτε περὶ τῶν ἄλλων ὡς εἰπεῖν οὐδενός, οἷον τοῦ ποιεῖν καὶ τοῦ πάσχειν, τίνα τρόπον τὸ μὲν ποιεῖ τὸ

Nr. 8: *Unbegrenztheit der Atome*
(Aristoteles, Über Werden und Vergehen 314 a 21ff.)

Demokrit und Leukipp sagen, daß die anderen Dinge aus unteilbaren Körperchen zusammengesetzt seien; diese seien unbegrenzt in bezug auf die Menge und Vielfalt ihrer Formen; sie selbst [die zusammengesetzten Dinge] unterschieden sich voneinander durch die Teilchen, aus denen sie bestünden, sowie durch deren Lage und Anordnung.

Nr. 9: *Werden und Vergehen von Stoffen*
(Aristoteles a. O. 315 a 29ff.)

Platon hat sich mit dem Vorgang des Werdens und Vergehens nur soweit befaßt, wie dieser im 〈Natur-〉 Geschehen vorkommt, und hat dabei nicht jede Art des Werdens ins Auge gefaßt, sondern nur das der Elemente; wie Fleisch und Knochen und anderes derartige entstehen, damit hat er sich nicht abgegeben [1]), sowenig wie mit der Frage, wie Veränderung und Wachstum in den 〈Natur-〉 Vorgängen auftritt. Überhaupt hat sich mit diesem Problem niemand mehr als nur oberflächlich befaßt mit Ausnahme von Demokrit. Dieser scheint nicht nur über all diese Probleme nachgedacht zu haben, sondern sich auch 〈in der Ansicht〉, wie dies geschieht, zu unterscheiden. Denn über das Wachstum hat, wie gesagt, niemand etwas dargelegt, was nicht jeder beliebige auch sagen könnte, daß nämlich Wachstum dann eintrete, wenn Gleiches sich zu Gleichem gesellt; wie dies aber geschieht, führen sie nicht weiter aus. Auch über die Mischung wie sozusagen über alle anderen Probleme 〈gibt es keine gründlicheren Darlegungen〉, wie etwa über die Frage von Aktion und Re-

δὲ πάσχει τὰς φυσικὰς ποιήσεις. Δημόκριτος δὲ καὶ Λεύκιππος ποιήσαντες τὰ σχήματα τὴν ἀλλοίωσιν καὶ τὴν γένεσιν ἐκ τούτων ποιοῦσι, διακρίσει μὲν καὶ συγκρίσει γένεσιν καὶ φθοράν, τάξει δὲ καὶ θέσει ἀλλοίωσιν. ἐπεὶ δ' ᾤοντο τἀληθὲς ἐν τῷ φαίνεσθαι, ἐναντία δὲ καὶ ἄπειρα τὰ φαινόμενα, τὰ σχήματα ἄπειρα ἐποίησαν, ὥστε ταῖς μεταβολαῖς τοῦ συγκειμένου τὸ αὐτὸ ἐναντίον δοκεῖν ἄλλῳ καὶ ἄλλῳ, καὶ μετακινεῖσθαι μικροῦ ἐμμιγνυμένου καὶ ὅλως ἕτερον φαίνεσθαι ἑνὸς μετακινηθέντος· ἐκ τῶν αὐτῶν γὰρ τραγῳδία καὶ κωμῳδία γίνεται γραμμάτων.

Nr. 10: *Aristoteles, de gen. et corr. 315 b 28ff.* (cf. Demokr. Fr. A 48 b)

Καὶ πάλιν εἰ μεγέθη [sc. ἀδιαίρετα ὑπάρχει, 315b
διαφέρει πλεῖστον], πότερον, ὡς Δημόκριτος καὶ Λεύκιππος, σώματα ταῦτ' ἐστίν, ἢ ὥσπερ ἐν τῷ Τιμαίῳ ἐπίπεδα. τοῦτο μὲν οὖν αὐτό, καθάπερ καὶ ἐν ἄλλοις εἰρήκαμεν, ἄλογον μέχρι ἐπιπέδων διαλῦσαι. διὸ μᾶλλον εὔλογον σώματα εἶναι ἀδιαίρετα. ἀλλὰ καὶ ταῦτα πολλὴν ἔχει ἀλογίαν. ὅμως δὲ τούτοις ἀλλοίωσιν καὶ γένεσιν ἐνδέχεται ποιεῖν, καθάπερ εἴρηται, τροπῇ καὶ διαθιγῇ μετακινοῦντα τὸ αὐτὸ καὶ

aktion, wie nämlich die einen Dinge physikalische Vorgänge verursachen, die andern erleiden. Demokrit dagegen und Leukipp, welche die Theorie der Formkörper[2]) begründeten, führen die Veränderung und Entstehung ⟨der Materie⟩ auf ebendiese Formkörper zurück: Entstehen und Vergehen erklären sie mit Vereinigung und Trennung ⟨der Körperchen⟩, Veränderung dagegen mit deren Anordnung und Lage. Da sie nun die Wahrheit im Sichtbaren zu finden glaubten, alle sichtbaren Dinge aber gegensätzlich und unbegrenzt sind, haben sie auch unbegrenzt viele Formkörper angenommen. Daher erscheint durch die Umstellung ⟨der Körperchen⟩ in einer Zusammensetzung derselbe Stoff dem einen anders als dem andern, und er verändert sich, wenn nur ein kleiner Bestandteil beigemischt wird, und erhält ein völlig anderes Gesicht, wenn nur ein einziger Bestandteil umgestellt wird; denn aus den gleichen Buchstaben entsteht eine Tragödie so gut wie eine Komödie.[3])

Nr. 10: *Das Problem der Teilbarkeit ins Unendliche* (Aristoteles, a. O. 315 b 28ff.)[1])

Und ferner, wenn es unteilbare Größen gibt, besteht ein großer Unterschied, ob das Körper sind, wie Demokrit und Leukipp annehmen, oder Flächen, wie ⟨Platon⟩ im 'Timaios'.[2]) Diese letztere Ansicht nämlich, die Materie könne bis auf Flächen zerlegt werden, ist widersinnig, wie wir auch andernorts gesagt haben[3]). Es ist daher ⟨in dieser Beziehung⟩ sinnvoller, unteilbare Körper anzunehmen. Aber auch diese Hypothese birgt viel Widersinn in sich. Immerhin ist es, wie gesagt, möglich, mittels dieser Hypothese Veränderungen und Werden zu erklären, wie es Demokrit tut, nämlich durch Variation in Lage und

ταῖς τῶν σχημάτων διαφοραῖς, ὅπερ ποιεῖ Δημόκριτος. διὸ καὶ χροιὰν οὔ φησιν εἶναι· τροπῇ γὰρ χρωματίζεσθαι. τοῖς δ' εἰς ἐπίπεδα διαιροῦσιν οὐκέτι· οὐδὲν γὰρ γίνεται πλὴν στερεὰ συντιθεμένων· πάθος γὰρ οὐδ' ἐγχειροῦσι γεννᾶν οὐδὲν ἐξ αὐτῶν. 316a

Αἴτιον δὲ τοῦ ἐπ' ἔλαττον δύνασθαι τὰ ὁμολογούμενα συνορᾶν ἡ ἀπειρία. διὸ ὅσοι ἐνῳκήκασι μᾶλλον ἐν τοῖς φυσικοῖς μᾶλλον δύνανται ὑποτίθεσθαι τοιαύτας ἀρχὰς αἳ ἐπὶ πολὺ δύνανται συνείρειν· οἱ δ' ἐκ τῶν πολλῶν λόγων ἀθεώρητοι τῶν ὑπαρχόντων ὄντες, πρὸς ὀλίγα βλέψαντες, ἀποφαίνονται ῥᾷον. ἴδοι δ' ἄν τις καὶ ἐκ τούτων ὅσον διαφέρουσιν οἱ φυσικῶς καὶ λογικῶς σκοποῦντες· περὶ γὰρ τοῦ ἄτομα εἶναι μεγέθη οἱ μέν φασιν ὅτι τὸ αὐτοτρίγωνον πολλὰ ἔσται, Δημόκριτος δ' ἂν φανείη οἰκείοις καὶ φυσικοῖς λόγοις πεπεῖσθαι. δῆλον δ' ἔσται ὃ λέγομεν προιοῦσιν.

Ἔχει γὰρ ἀπορίαν, εἴ τις θείη σῶμά τι εἶναι καὶ μέγεθος πάντῃ διαιρετόν, καὶ τοῦτο δυνατόν. τί γὰρ ἔσται ὅπερ τὴν διαίρεσιν διαφεύγει; εἰ γὰρ πάντῃ διαιρετόν, καὶ τοῦτο δυνατόν, κἂν ἅμα εἴη τοῦτο

Anordnung ⟨der Atome⟩ bei demselben Stoff und durch die Unterschiede in deren Formen. Daher behauptet auch Demokrit, Farbe an sich gebe es nicht: der Farbeffekt entstehe durch die Lage ⟨der Atome⟩[4]). Denjenigen, welche die Materie in Flächen zerlegen, ist diese Erklärung nicht mehr möglich; denn durch Zusammensetzung ⟨von Flächen⟩ können lediglich feste Körper entstehen; sie versuchen aber nicht einmal, aus diesen irgendeine Eigenschaft abzuleiten.

Die Ursache für die verminderte Fähigkeit, diese Zusammenhänge zu überblicken, ist die Unerfahrenheit. Daher können diejenigen, die in naturwissenschaftlichen Fragen mehr zu Hause sind, eher solche Prinzipien zugrunde legen, die viel umfassen können. Jene aber, die vor lauter Theoretisieren die Fakten außer acht lassen, legen ihre Ansichten, von einer schmalen Beobachtungsgrundlage ausgehend, allzu leichtfertig dar. Auch aus dem Folgenden kann man ersehen, wie sehr sich die Methode der Naturwissenschaftler von derjenigen der Dialektiker unterscheidet: In der Frage nach der Existenz von atomaren Größen führen die letzteren den Beweis damit, daß, ⟨gäbe es nicht solche unteilbaren Größen⟩, sich das Urdreieck aus mehreren Teilen zusammensetzen würde; Demokrit dagegen hat sich offenbar auf fachgerechte und der Naturwissenschaft entsprechende Überlegungen gestützt[5]). Dies wird im Laufe der folgenden Darstellung klarwerden *(Referat von Demokrits Beweisführung)*:

Es hat nämlich seine Schwierigkeit, wenn jemand die These aufstellt, ein Körper sei auch eine Größe, die durch und durch teilbar ist, und diese Teilung könne verwirklicht werden; denn was könnte dann der Teilung entgehen und übrigbleiben? Wenn nämlich ein Körper durch und durch teilbar ist und diese Teilung verwirklicht werden kann, dann könnte er auch ⟨zu einem bestimmten Zeit-

πάντη[1]) διῃρημένον, καὶ εἰ μὴ ἅμα διῄρηται· κἂν εἰ τοῦτο γένοιτο, οὐδὲν ἂν εἴη ἀδύνατον. οὐκοῦν καὶ κατὰ τὸ μέσον ὡσαύτως, καὶ ὅλως δέ, εἰ πάντη πέφυκε διαιρετόν, ἂν διαιρεθῇ, οὐδὲν ἔσται ἀδύνατον γεγονός, ἐπεὶ οὐδ' ἂν εἰς μυρία μυριάκις διῃρημένα ᾖ, οὐδὲν ἀδύνατον· καίτοι ἴσως οὐδεὶς ἂν διέλοι. ἐπεὶ τοίνυν πάντη τοιοῦτόν ἐστι τὸ σῶμα, διῃρήσθω. τί οὖν ἔσται λοιπόν; μέγεθος; οὐ γὰρ οἷόν τε· ἔσται γάρ τι οὐ διῃρημένον, ἦν δὲ πάντη διαιρετόν. ἀλλὰ μὴν εἰ μηδὲν ἔσται σῶμα μηδὲ μέγεθος, διαίρεσις δ' ἔσται, ἢ ἐκ στιγμῶν ἔσται, καὶ ἀμεγέθη ἐξ ὧν σύγκειται, ἢ οὐδὲν παντάπασιν, ὥστε κἂν γίνοιτο ἐκ μηδενὸς κἂν εἴη συγκείμενον, καὶ τὸ πᾶν δὴ οὐδὲν ἀλλ' ἢ φαινόμενον. ὁμοίως δὲ κἂν ᾖ ἐκ στιγμῶν, οὐκ ἔσται ποσόν. ὁπότε γὰρ ἥπτοντο καὶ ἓν ἦν μέγεθος καὶ ἅμα ἦσαν, οὐδὲν ἐποίουν μεῖζον τὸ πᾶν. διαιρεθέντος γὰρ εἰς δύο καὶ πλείω, οὐδὲν ἔλαττον οὐδὲ μεῖζον τὸ πᾶν τοῦ πρότερον, ὥστε κἂν πᾶσαι συντεθῶσιν, οὐδὲν ποιήσουσι μέγεθος.

'Αλλὰ μὴν καὶ εἴ τι διαιρουμένου οἷον ἔκπρισμα
γίνεται τοῦ σώματος, καὶ οὕτως ἐκ τοῦ μεγέθους 316b
σῶμά τι ἀπέρχεται, ὁ αὐτὸς λόγος, ἐκεῖνο πῶς διαιρετόν. εἰ δὲ μὴ σῶμα ἀλλ' εἶδός τι χωριστὸν ἢ πάθος

1) πάντη *om. codd. complures*

punkt⟩ gleichzeitig in all seine Teile zerteilt sein, auch wenn diese Teilung nicht in einem Augenblick vor sich gegangen ist; und wenn dies geschehen würde, dann wäre nichts mehr unmöglich. Und ebenso verhält es sich also mit der ⟨ins Unendliche fortgesetzten⟩ Teilung in die Hälfte und überhaupt mit der Teilung: wenn etwas ins Unendliche teilbar ist, dann wird nichts Unmögliches geschehen sein, wenn es tatsächlich geteilt wäre, nicht einmal dann, wenn es ins Milliardenfache geteilt wird; freilich wird eine solche Teilung wohl kaum jemand verwirklichen. Wenn nun also ein Körper absolut teilbar ist, nehmen wir einmal an, diese Teilung sei tatsächlich durchgeführt: was bleibt dann dabei übrig? Eine Größe? Dies ist nicht möglich; sie wäre ja etwas, was nicht geteilt worden wäre, während doch der Körper absolut teilbar war. Aber auch wenn kein Körper und keine Größe übrigbleibt, eine Teilung ⟨ins Unendliche⟩ jedoch besteht, dann bestünde die Materie entweder aus Punkten und würde sich aus ausdehnungslosen Bestandteilen zusammensetzen, oder aus überhaupt nichts, so daß sie aus nichts entstehen und sich zusammensetzen würde; das ganze All wäre somit nichts anderes als ein Scheingebilde. Ebenso unsinnig wäre es, wenn ⟨ein Körper⟩ aus Punkten bestehen würde: er hätte dann keine Ausdehnung; denn immer, wenn diese Punkte sich berührten und miteinander eine Einheit bildeten, würden sie das Ganze um nichts größer machen. Wenn nämlich das Ganze in zwei oder mehr Teile geteilt würde, wäre es um nichts kleiner oder größer als vorher, so daß selbst wenn alle Punkte zusammengesetzt würden, sie keine Ausdehnung bewirken könnten.

Aber auch wenn bei der Teilung eines Körpers eine Art Späne entstehen und seinem gesamten Volumen ein Bestandteil abgeht, bleibt dieselbe Frage, wie dieser Bestandteil teilbar ist. Wenn aber nicht etwas Körperliches,

ὃ ἀπῆλθεν, καὶ ἔστι τὸ μέγεθος στιγμαὶ ἢ ἁφαὶ τοδὶ παθοῦσαι, ἄτοπον ἐκ μὴ μεγεθῶν μέγεθος εἶναι. ἔτι δὲ ποῦ ἔσονται, καὶ ἀκίνητοι ἢ κινούμεναι αἱ στιγμαί; ἁφή τε ἀεὶ μία δυοῖν τινων, ὡς ὄντος τινὸς παρὰ τὴν ἁφὴν καὶ τὴν διαίρεσιν καὶ τὴν στιγμήν.

Εἰ δή τις θήσεται ὁτιοῦν ἢ ὁπηλικονοῦν σῶμα εἶναι πάντη διαιρετόν, πάντα ταῦτα συμβαίνει. ἔτι ἐὰν διελὼν συνθῶ τὸ ξύλον ἤ τι ἄλλο, πάλιν ἴσον τε καὶ ἕν. οὐκοῦν οὕτως ἔχει δηλονότι κἂν τέμω τὸ ξύλον καθ' ὁτιοῦν σημεῖον. πάντη ἄρα διῄρηται δυνάμει. τί οὖν ἔστι παρὰ τὴν διαίρεσιν; εἰ γὰρ καὶ ἔστι τι πάθος, ἀλλὰ πῶς εἰς ταῦτα διαλύεται καὶ γίνεται ἐκ τούτων; ἢ πῶς χωρίζεται ταῦτα; ὥστ' εἴπερ ἀδύνατον ἐξ ἁφῶν ἢ στιγμῶν εἶναι τὰ μεγέθη, ἀνάγκη εἶναι σώματα ἀδιαίρετα καὶ μεγέθη.

Οὐ μὴν ἀλλὰ καὶ ταῦτα θεμένοις οὐχ ἧττον συμβαίνει ἀδύνατα. ἔσκεπται δὲ περὶ αὐτῶν ἐν ἑτέροις.

sondern nur ein loslösbares Abbild oder eine Eigenschaft abgeht, und wenn die Größe aus Punkten oder Berührungen von Punkten, den Trägern dieser Eigenschaften, besteht, dann ist es widersinnig, daß aus Nicht-Größen Größen entstehen. Ferner, wo werden dann diese Punkte sein? Sind sie unbeweglich oder bewegt? Und schließlich, eine Berührung kommt immer nur zwischen zwei Dingen zustande; so gibt es also noch etwas neben Berührung und Trennung und Punkt.

Wenn also jemand die These aufstellt, daß jeder beliebige Körper von beliebiger Größe durch und durch teilbar ist, ergeben sich ihm alle diese ⟨absurden⟩ Konsequenzen. Wenn ich ferner Holz oder etwas anderes zerlege und wieder zusammensetze, ist es ⟨dem ursprünglichen Zustand⟩ wieder gleich und bildet eine Einheit; so verhält es sich offenbar, gleichgültig, bis zu welchem Grade ich das Holz zerteile: es ist ja ⟨dieser These nach⟩ potentiell absolut teilbar. Was gibt es nun außerhalb einer solchen Teilung? Denn auch wenn es noch eine Eigenschaft gibt, wie kann sich etwas in solche Eigenschaften auflösen und wieder daraus entstehen? Oder wie können sich ⟨solche Eigenschaften⟩ ablösen? — Folglich, wenn es unmöglich ist, daß Größen aus Berührungen oder Punkten bestehen, muß es unteilbare Körper und Größen geben.

Aber auch bei dieser Hypothese ergeben sich nicht weniger unmögliche Konsequenzen; diese Frage haben wir jedoch andernorts behandelt.[6])

Nr. 11: *Simplicius in Arist. de caelo CAG 7, 242, 14* (= Leuk. Fr. A 14)

Δείξας, ὅτι οὐδὲν σῶμα φυσικὸν ἁπλοῦν συνεχές, οἷαπερ τὰ στοιχεῖά ἐστιν, ἄπειρον εἶναι δυνατόν, δείκνυσιν ἐφεξῆς, ὅτι οὐδὲ ὡς διωρισμένα ἄπειρα τῷ πλήθει δυνατὸν εἶναι τὰ στοιχειώδη σώματα, ὡς οἱ περὶ Λεύκιππον καὶ Δημόκριτον ὑπετίθεντο πρὸ αὐτοῦ γεγονότες καὶ μετ' αὐτὸν Ἐπίκουρος. οὗτοι γὰρ ἔλεγον ἀπείρους εἶναι τῷ πλήθει τὰς ἀρχάς, ἃς καὶ ἀτόμους καὶ ἀδιαιρέτους ἐνόμιζον καὶ ἀπαθεῖς διὰ τὸ ναστὰς εἶναι καὶ ἀμοίρους τοῦ κενοῦ· τὴν γὰρ διαίρεσιν κατὰ τὸ κενὸν τὸ ἐν τοῖς σώμασιν ἔλεγον γίνεσθαι, ταύτας δὲ τὰς ἀτόμους ἐν ἀπείρῳ τῷ κενῷ κεχωρισμένας ἀλλήλων καὶ διαφερούσας σχήμασί τε καὶ μεγέθεσι καὶ θέσει καὶ τάξει φέρεσθαι ἐν τῷ κενῷ καὶ ἐπικαταλαμβανούσας ἀλλήλας συγκρούεσθαι, καὶ τὰς μὲν ἀποπάλλεσθαι, ὅπῃ ἂν τύχωσι, τὰς δὲ περιπλέκεσθαι ἀλλήλαις κατὰ τὴν τῶν σχημάτων καὶ μεγεθῶν καὶ θέσεων καὶ τάξεων συμμετρίαν, καὶ συμβαίνειν [καὶ] [1]) οὕτως τὴν τῶν συνθέτων γένεσιν ἀποτελεῖσθαι.

1) καὶ *seclusit Heiberg*

Nr. 11: *Unteilbarkeit der Atome* (Simplikios, Kommentar zu Aristoteles „Über den Himmel“, CAG 7, 242)

Nachdem Aristoteles dargelegt hat, daß kein einfacher, zusammenhängender physikalischer Körper, wie die Elemente es sind, unbegrenzt sein kann, zeigt er im Folgenden, daß die elementaren Körper[1]) auch in getrenntem Zustand der Menge nach nicht unbegrenzt viele sein können, wie es die Schule von Leukipp und Demokrit vor ihm und Epikur nach ihm angenommen hat. Diese lehrten nämlich, daß es der Menge nach unbegrenzt viele Urbestandteile gebe, die unteilbar und unzertrennbar und unbeeinflußbar seien, da sie absolut fest und ohne jeden leeren Zwischenraum seien; eine Teilung kann nämlich nach ihnen nur durch den leeren Raum innerhalb der Körper entstehen. Diese Atome nun, die im unendlichen leeren Raum voneinander getrennt sind und sich in bezug auf Form, Größe, Lage und Anordnung voneinander unterscheiden, schweben im leeren Raum umher, holen dabei einander ein und stoßen zusammen. Dabei prallen die einen ab, wohin es sich gerade trifft, die andern verflechten sich miteinander, je nachdem ihre Form, Größe, Lage und Anordnung zusammenpaßt, und bewirken dadurch die Entstehung der zusammengesetzten Stoffe.

Nr. 12: *Simplicius in Arist. de caelo CAG 7, 294f.* (= Demokr. Fr. A 37)

Ὀλίγα δὲ ἐκ τῶν Ἀριστοτέλους περὶ Δημοκρίτου παραγραφέντα δηλώσει τὴν τῶν ἀνδρῶν ἐκείνων διάνοιαν. Δημόκριτος ἡγεῖται τὴν τῶν ἀιδίων φύσιν εἶναι μικρὰς οὐσίας πλῆθος ἀπείρους, ταύταις δὲ τόπον ἄλλον ὑποτίθησιν ἄπειρον τῷ μεγέθει· προσαγορεύει δὲ τὸν μὲν τόπον τοῖσδε τοῖς ὀνόμασι τῷ τε κενῷ καὶ τῷ οὐδενὶ καὶ τῷ ἀπείρῳ, τῶν δὲ οὐσιῶν ἑκάστην τῷ τε δὲν καὶ τῷ ναστῷ καὶ τῷ ὄντι. νομίζει δὲ εἶναι οὕτω μικρὰς τὰς οὐσίας ὥστε ἐκφυγεῖν τὰς ἡμετέρας αἰσθήσεις, ὑπάρχειν δὲ αὐταῖς παντοίας μορφὰς καὶ σχήματα παντοῖα καὶ κατὰ μέγεθος διαφοράς· ἐκ τούτων οὖν ἤδει καθάπερ ἐκ στοιχείων γεννᾶν καὶ συγκρίνειν τοὺς ἀφθαλμοφανεῖς καὶ τοὺς αἰσθητοὺς ὄγκους· στασιάζειν δὲ καὶ φέρεσθαι ἐν τῷ κενῷ διά τε τὴν ἀνομοιότητα καὶ τὰς ἄλλας τὰς εἰρημένας διαφοράς, φερομένας δὲ ἐμπίπτειν καὶ περιπλέκεσθαι περιπλοκὴν τοσαύτην, ἣ συμψαύειν μὲν αὐτὰ καὶ πλησίον ἀλλήλων εἶναι ποιεῖ, φύσιν μέντοι μίαν ἐξ ἐκείνων κατ' ἀλήθειαν οὐδ' ἡντιναοῦν γεννᾷ· κομιδῇ γὰρ εὔηθες εἶναι τὸ δύο ἢ τὰ πλείονα γενέσθαι ἄν ποτε ἕν. τοῦ δὲ συμμένειν τὰς οὐσίας μετ' ἀλλήλων μέχρι τινὸς αἰτιᾶται τὰς ἐπαλλαγὰς καὶ τὰς ἀντιλήψεις τῶν σωμάτων· τὰ μὲν γὰρ αὐτῶν εἶναι σκαληνά, τὰ δὲ ἀγκιστρώδη, τὰ δὲ κοῖλα, τὰ δὲ κυρτά, τὰ δὲ ἄλλας ἀναρίθμους ἔχοντα διαφοράς· ἐπὶ τοσοῦτον οὖν χρόνον σφῶν αὐτῶν ἀντέχεσθαι

Nr. 12: *Bildung und Auflösung von Atomkonglomeraten* (Simplikios, Kommentar zu Aristoteles a.O., CAG 7, 294f.)

Einige wenige Stellen aus den Darlegungen des Aristoteles über Demokrit [1]) werden die Ansicht dieser Leute [der Demokriteer] erhellen: Demokrit nimmt an, das Wesen der unvergänglichen Dinge liege in winzigen, der Menge nach unbegrenzten Bestandteilchen; diesen ordnet er einen der Größe nach unbegrenzten Raum zu. Den Raum benennt er mit folgenden Bezeichnungen: 'das Leere', 'das Nichts' und 'das Unendliche', die einzelnen Bestandteilchen mit 'das Etwas', 'das Feste' und 'das Seiende'. Er glaubt, daß diese Bestandteilchen derart winzig sind, daß sie unseren Sinneswahrnehmungen entgehen; sie haben aber nach ihm vielfältige Strukturen und Formen und unterschiedliche Größen. Aus diesen Bestandteilchen entstehen und verbinden sich nach ihm wie aus Bausteinen die dem Auge sichtbaren und sinnlich wahrnehmbaren Stoffmassen. Diese Bestandteilchen aber schweben im leeren Raum und befinden sich im Aufruhr wegen ihrer Ungleichheit und den andern genannten Verschiedenheiten. Wenn sie nun so im Raume umherschweben, treffen sie aufeinander und verflechten sich derart, daß sie sich gegenseitig berühren und eng aneinander angrenzen, aber keineswegs deswegen wirklich irgendein einheitliches Wesen bilden; es wäre doch ganz unvernünftig anzunehmen, daß aus einer Zwei- oder Vielzahl plötzlich eine Einheit entstehen sollte. Daß diese Bestandteilchen bis zu einem gewissen Zeitpunkt beieinander bleiben, erklärt Demokrit mit den Verbindungen und dem Aneinanderhaften der Urkörper untereinander: denn die einen sind höckrig, andere gehäkelt, andere konkav, andere konvex, andere mit ungezählten weiteren Merkmalen [2]). So lange nun, nimmt er

νομίζει καὶ συμμένειν, ἕως ἰσχυροτέρα τις ἐκ τοῦ περιέχοντος ἀνάγκη παραγενομένη διασείσῃ καὶ χωρὶς αὐτὰς διασπείρῃ. λέγει δὲ τὴν γένεσιν καὶ τὴν ἐναντίαν αὐτῇ διάκρισιν οὐ μόνον περὶ ζῴων, ἀλλὰ καὶ περὶ φυτῶν καὶ περὶ κόσμων καὶ συλλήβδην περὶ τῶν αἰσθητῶν σωμάτων ἁπάντων. εἰ τοίνυν ἡ μὲν γένεσις σύγκρισις τῶν ἀτόμων ἐστίν, ἡ δὲ φθορὰ διάκρισις, καὶ κατὰ Δημόκριτον ἀλλοίωσις ἂν εἴη ἡ γένεσις.

Nr. 13: *Simplicius in Arist. phys. CAG 9, 28, 4* (cf. Leuk. Fr. A 8; Demokr. Fr. A 38)

Λεύκιππος δὲ ὁ Ἐλεάτης ἢ Μιλήσιος — ἀμφοτέρως γὰρ λέγεται περὶ αὐτοῦ — κοινωνήσας Παρμενίδῃ τῆς φιλοσοφίας, οὐ τὴν αὐτὴν ἐβάδισε Παρμενίδῃ καὶ Ξενοφάνει περὶ τῶν ὄντων ὁδόν, ἀλλ᾽ ὡς δοκεῖ τὴν ἐναντίαν. ἐκείνων γὰρ ἓν καὶ ἀκίνητον καὶ ἀγένητον καὶ πεπερασμένον ποιούντων τὸ πᾶν, καὶ τὸ μὴ ὂν μηδὲ ζητεῖν συγχωρούντων, οὗτος ἄπειρα καὶ ἀεὶ κινούμενα ὑπέθετο στοιχεῖα τὰς ἀτόμους καὶ τῶν ἐν αὐτοῖς σχημάτων ἄπειρον τὸ πλῆθος διὰ τὸ μηδὲν μᾶλλον τοιοῦτον ἢ τοιοῦτον εἶναι καὶ γένεσιν καὶ μεταβολὴν ἀδιάλειπτον ἐν τοῖς οὖσι θεωρῶν. ἔτι δὲ οὐδὲν μᾶλλον τὸ ὂν ἢ τὸ μὴ ὂν ὑπάρχειν, καὶ αἴτια ὁμοίως εἶναι τοῖς γινομένοις ἄμφω. τὴν γὰρ τῶν ἀτόμων οὐσίαν ναστὴν καὶ πλήρη ὑποτιθέμενος

an, halten sie zusammen und bleiben beieinander, bis eine größere Kraft von außen her sie erschüttert und zerstreut. Demokrit spricht vom Werden und dessen Gegenteil, der Auflösung, nicht nur im Bereich der Lebewesen, sondern auch bei den Pflanzen und den Welten und überhaupt bei allen wahrnehmbaren körperlichen Dingen. Wenn also das Werden eine Vereinigung von Atomen, das Vergehen eine Auflösung ist, dann ist auch nach Demokrit das Werden eine Veränderung.

Nr. 13: *Atome als Grundlage der Materie* (Simplikios, Kommentar zu Aristoteles 'Physik', CAG 9, 28)

Leukipp von Elea oder Milet — beides wird nämlich als seine Geburtsstätte angegeben — hat vieles gemeinsam mit der Philosophie des Parmenides; er ging aber in der Frage nach den seienden Dingen nicht den gleichen Weg wie Parmenides und Xenophanes, sondern offenbar den entgegengesetzten: Jene nahmen an, das All sei eine einzige Einheit, es sei unbeweglich, ohne Anfang und begrenzt, und sie waren sich auch darin einig, daß man nach dem Nichts nicht einmal fragen kann.[1]) Leukipp dagegen legte ⟨allem⟩ die Atome als Urbestandteile zugrunde, die unbegrenzt sind und sich immer bewegen, die eine unbegrenzt große Zahl von Formen haben, da keine Form eher existiert als eine andere. Nach seiner Theorie unterliegen die stofflichen Dinge einem ununterbrochenen Werde- und Veränderungsprozeß. Ferner existiert das Seiende um nichts mehr als das Nichts, und beides sind gleichermaßen Grundvoraussetzungen für das Entstehen ⟨der stofflichen Dinge⟩. Die Atome sind nach ihm ihrer Natur nach fest und vollkommen kompakt; er nennt sie 'Seiend' und

ὃν ἔλεγεν εἶναι καὶ ἐν τῷ κενῷ φέρεσθαι, ὅπερ μὴ ὂν ἐκάλει καὶ οὐκ ἔλαττον τοῦ ὄντος εἶναί φησι.

Παραπλησίως δὲ καὶ ὁ ἑταῖρος αὐτοῦ Δημόκριτος ὁ Ἀβδηρίτης ἀρχὰς ἔθετο τὸ πλῆρες καὶ τὸ κενόν, ὧν τὸ μὲν ὄν, τὸ δὲ μὴ ὂν ἐκάλει· ὡς ⟨γὰρ⟩[1] ὕλην τοῖς οὖσι τὰς ἀτόμους ὑποτιθέντες τὰ λοιπὰ γεννῶσι ταῖς διαφοραῖς αὐτῶν. τρεῖς δέ εἰσιν αὗται ῥυσμὸς τροπὴ διαθιγή, ταὐτὸν δὲ εἰπεῖν σχῆμα καὶ θέσις καὶ τάξις. πεφυκέναι γὰρ τὸ ὅμοιον ὑπὸ τοῦ ὁμοίου κινεῖσθαι καὶ φέρεσθαι τὰ συγγενῆ πρὸς ἄλληλα καὶ τῶν σχημάτων ἕκαστον εἰς ἑτέραν ἐγκοσμούμενον σύγκρισιν ἄλλην ποιεῖν διάθεσιν· ὥστε εὐλόγως ἀπείρων οὐσῶν τῶν ἀρχῶν πάντα τὰ πάθη καὶ τὰς οὐσίας ἀποδώσειν ἐπηγγέλλοντο, ὑφ' οὗ τέ τι γίνεται καὶ πῶς· διὸ καί φασι μόνοις τοῖς ἄπειρα ποιοῦσι τὰ στοιχεῖα πάντα συμβαίνειν κατὰ λόγον. καὶ τῶν ἐν ταῖς ἀτόμοις σχημάτων ἄπειρον τὸ πλῆθός φασι διὰ τὸ μηδὲν μᾶλλον τοιοῦτον ἢ τοιοῦτον εἶναι. ταύτην γὰρ αὐτοὶ τῆς ἀπειρίας αἰτίαν ἀποδιδόασι.

1) γὰρ *Ald.; deest in codd.*

glaubt, daß sie sich im leeren Raum bewegen, den er als das 'Nicht-Seiende' bezeichnet, der aber, wie gesagt, ebensosehr existiert wie das Seiende.

Ähnlich hat auch Demokrit von Abdera, sein Jünger, das Volle und das Leere als die Grundvoraussetzungen aufgestellt, von denen er das eine als das 'Seiende', das andere als das 'Nicht-Seiende' bezeichnet. So legen denn Leukipp und Demokrit den stofflichen Dingen die Atome als Ausgangssubstanz zugrunde und erklären die Entstehung aller übrigen Dinge aus deren Verschiedenheiten. Es gibt nach ihnen drei solche Unterscheidungsfaktoren ⟨der Atome⟩: die 'Gestalt', die 'Wendung', die 'Berührung'[2]), oder — was dasselbe besagt — die Form, Lage und Anordnung ⟨der Atome⟩. Es verhält sich nämlich so: das Gleichartige wird vom Gleichartigen bewegt und Verwandtes zieht sich gegenseitig an; jeder dieser Formkörper nun, der in eine andere Verbindung eingeordnet wird, bewirkt einen neuen Zustand. Mit der Theorie der unbegrenzt vielen Urbestandteile machen sie sich daher anheischig, alle physikalischen Vorgänge und alle Stoffe widerspruchslos zu erklären, weswegen und wie etwas entsteht. Daher sind sie auch der Meinung, daß einzig durch die Theorie der ungezählt vielen Urbestandteile alles ohne Widerspruch aufgeht. Die unbeschränkt große Anzahl von Atomformen begründen sie damit, daß nicht die eine Form eher existieren kann als die andere; dies führen sie als Ursache für die Unbegrenzheit an.

Nr. 14: *Simplicius in Arist. phys. CAG 9, 36, 1* (= Leuk. Fr. A 14)

Οἱ δὲ περὶ Λεύκιππον καὶ Δημόκριτον τὰ ἐλάχιστα πρῶτα σώματα ἄτομα καλοῦντες κατὰ τὴν τῶν σχημάτων αὐτῶν καὶ τῆς θέσεως καὶ τῆς τάξεως διαφορὰν τὰ μὲν θερμὰ γίνεσθαι καὶ πύρια τῶν σωμάτων, ὅσα ἐξ ὀξυτέρων καὶ λεπτομερεστέρων καὶ κατὰ ὁμοίαν θέσιν κειμένων σύγκειται τῶν πρώτων σωμάτων, τὰ δὲ ψυχρὰ καὶ ὑδατώδη, ὅσα ἐκ τῶν ἐναντίων, καὶ τὰ μὲν λαμπρὰ καὶ φωτεινά, τὰ δὲ ἀμυδρὰ καὶ σκοτεινά.

Nr. 15: *Simplicius in Arist. phys. CAG 10, 925, 10* (= Leuk. Fr. A 13)

Οἱ δὲ τῆς ἐπ' ἄπειρον τομῆς ἀπεγνωκότες, ὡς οὐ δυναμένων ἡμῶν ἐπ' ἄπειρον τεμεῖν καὶ ἐκ τούτου πιστώσασθαι τὸ ἀκατάληκτον τῆς τομῆς, ἐξ ἀδιαιρέτων ἔλεγον ὑφεστάναι τὰ σώματα καὶ εἰς ἀδιαίρετα διαιρεῖσθαι. πλὴν ὅτι Λεύκιππος μὲν καὶ Δημόκριτος οὐ μόνον τὴν ἀπάθειαν αἰτίαν τοῖς πρώτοις σώμασι τοῦ μὴ διαιρεῖσθαι νομίζουσιν, ἀλλὰ καὶ τὸ σμικρὸν καὶ ἀμερές.

Ἐπίκουρος δὲ ὕστερον ἀμερῆ μὲν οὐχ ἡγεῖται, ἄτομα δὲ αὐτὰ διὰ τὴν ἀπάθειαν εἶναί φησι. καὶ πολλαχοῦ μὲν τὴν Λευκίππου καὶ Δημοκρίτου δόξαν ὁ Ἀριστοτέλης διήλεγξεν, καὶ δι' ἐκείνους ἴσως τοὺς ἐλέγχους πρὸς τὸ ἀμερὲς ἐνισταμένους ὁ Ἐπίκουρος

Nr. 14: *Anordnung und Form der Atome*
(Simplikios, a. O. CAG 9, 36)

Die Anhänger von Leukipp und Demokrit nennen die kleinsten Urkörper Atome; sie behaupten, daß durch deren ⟨verschiedene⟩ Formen und die unterschiedliche Lage und Anordnung ⟨die verschiedenen Stoffe⟩ entstehen: die warmen und feuerhaltigen nämlich sind aus spitzeren, feinerteiligen und gleichmäßig angeordneten Urteilchen zusammengesetzt, die kalten und wäßrigen dagegen aus entgegengesetzten; und entsprechend die leuchtenden und hellen Stoffe, sowie die dunkeln und finstern.[1])

Nr. 15: *Atome ohne innere Differenzierung*
(Simplikios, a. O. CAG 10, 925)

Diejenigen nun, die eine ins Unendliche fortgesetzte Teilung ablehnen in der Meinung, daß wir nicht imstande sind, etwas unendlich zu teilen, um damit eine endlose Teilung zu beweisen, die waren der Ansicht, daß die ⟨sichtbaren⟩ Körper aus unteilbaren Körperchen bestehen und sich in unteilbare zerlegen lassen. Außerdem glaubten Leukipp und Demokrit, daß nicht nur die Unveränderlichkeit der Urkörperchen Ursache für deren Unteilbarkeit sei, sondern auch der Umstand, daß sie so winzig und ohne ⟨innere⟩ Unterteile[1]) sind.

Epikur dagegen hält später die Urkörperchen ⟨theoretisch⟩ nicht mehr für undifferenzierbar, glaubt aber, daß sie wegen ihrer Unveränderlichkeit ⟨faktisch⟩ unteilbar sind. Auch Aristoteles hat an verschiedenen Orten die Lehre des Leukipp und Demokrit widerlegt. Wohl durch diese gegen die Undifferenzierbarkeit der Atome vorge-

ὕστερον μὲν γενόμενος, συμπαθῶν δὲ τῇ Λευκίππου καὶ Δημοκρίτου δόξῃ περὶ τῶν πρώτων σωμάτων, ἀπαθῆ μὲν ἐφύλαξεν αὐτά, τὸ δὲ ἀμερὲς αὐτῶν παρείλετο, ὡς διὰ τοῦτο ὑπὸ τοῦ Ἀριστοτέλους ἐλεγχομένων.

Nr. 16: *Theophrastus, de sensu 49ff.* (cf. Demokr. Fr. A 135)

Δημόκριτος δὲ περὶ μὲν αἰσθήσεως οὐ διορίζει, 49
πότερα τοῖς ἐναντίοις ἢ τοῖς ὁμοίοις ἐστίν. εἰ μὲν γὰρ ⟨τῷ⟩ ἀλλοιοῦσθαι ποιεῖ τὸ αἰσθάνεσθαι, δόξειεν ἂν τοῖς διαφόροις· οὐ γὰρ ἀλλοιοῦται τὸ ὅμοιον ὑπὸ τοῦ ὁμοίου· πάλιν δ' ⟨εἰ⟩ τὸ μὲν αἰσθάνεσθαι καὶ ἁπλῶς ἀλλοιοῦσθαι ⟨τῷ⟩ πάσχειν, ἀδύνατον δέ, φησί, τὰ μὴ ταὐτὰ πάσχειν, ἀλλὰ κἂν ἕτερα ὄντα ποιῇ οὐχ ⟨ᾗ⟩ ἑτέρα ἀλλ' ᾗ ταὐτόν τι ὑπάρχει, τοῖς ὁμοίοις. διὸ περὶ μὲν τούτων ἀμφοτέρως ἔστιν ὑπολαβεῖν. περὶ ἑκάστης δ' ἤδη τούτων ἐν μέρει πειρᾶται λέγειν.

Ὁρᾶν μὲν οὖν ποιεῖ τῇ ἐμφάσει· ταύτην δὲ ἰδίως 50
λέγει· τὴν γὰρ ἔμφασιν οὐκ εὐθὺς ἐν τῇ κόρῃ γίνε-

brachten Beweise veranlaßt, hat Epikur, der ja später lebte und der mit Leukipps und Demokrits Lehre von den Urkörperchen sympathisierte, die Unveränderlichkeit der Atome zwar beibehalten, die Undifferenzierbarkeit jedoch aufgegeben, da durch diese Aristoteles die Atomlehre widerlegt hatte.[2])

Nr. 16: *Referat des Theophrast über Demokrits Vorstellungen von den Sinneswahrnehmungen und den Wahrnehmungsgegenständen* (de sensu 49ff.)[1])

Demokrit legt in seinen Erörterungen über die Sinneswahrnehmung nicht fest, ob diese auf dem Prinzip der Verschiedenartigkeit oder Gleichartigkeit ⟨von Wahrnehmungsorgan und Wahrnehmungsgegenstand⟩ beruht[2]). Denn insofern er den Wahrnehmungsvorgang durch die Veränderung erklärt, scheint er ihn auf die Verschiedenartigkeit zurückzuführen; denn Gleiches wird nicht von Gleichem verändert[3]). Andererseits ⟨beruht die Wahrnehmung⟩ doch wieder auf dem Prinzip der Gleichartigkeit, wenn er den Wahrnehmungsvorgang und überhaupt die Veränderung durch die Beeinflussung erklärt; denn, wie er selbst sagt, kann sich Verschiedenartiges unmöglich gegenseitig beeinflussen; wenn sich aber verschiedenartige Dinge beeinflussen, dann nicht darin, worin sie verschieden, sondern darin, worin sie gleich sind. Daher kann man seine Ausführungen in dieser Frage nach beiden Richtungen hin verstehen. — Er unternimmt es nun, die einzelnen Sinneswahrnehmungen der Reihe nach zu erörtern.

Den Vorgang des Sehens erklärt Demokrit mit dem Abbild ⟨eines Gegenstandes im Auge des Betrachters⟩; dieses Wort verwendet er in einer ganz speziellen Bedeutung: das Abbild entsteht nach ihm nicht unmittelbar in

σθαι, ἀλλὰ τὸν ἀέρα τὸν μεταξὺ τῆς ὄψεως καὶ τοῦ ὁρωμένου τυποῦσθαι συστελλόμενον ὑπὸ τοῦ ὁρωμένου καὶ τοῦ ὁρῶντος· ἅπαντος γὰρ ἀεὶ γίνεσθαί τινα ἀπορροήν· ἔπειτα τοῦτον στερεὸν ὄντα καὶ ἀλλόχρων ἐμφαίνεσθαι τοῖς ὄμμασιν ὑγροῖς· καὶ τὸ μὲν πυκνὸν οὐ δέχεσθαι τὸ δ' ὑγρὸν διιέναι. διὸ καὶ τοὺς ὑγροὺς τῶν σκληρῶν ὀφθαλμῶν ἀμείνους εἶναι πρὸς τὸ ὁρᾶν, εἰ ὁ μὲν ἔξω χιτὼν ὡς λεπτότατος καὶ πυκνότατος εἴη, τὰ δ' ἐντὸς ὡς μάλιστα σομφὰ καὶ κενὰ πυκνῆς καὶ ἰσχυρᾶς σαρκός, ἔτι δὲ ἰκμάδος παχείας τε καὶ λιπαρᾶς ⟨μεστά⟩,[1]) καὶ αἱ φλέβες αἱ κατὰ τοὺς ὀφθαλμοὺς εὐθεῖαι καὶ ἄνικμοι, ὡς ὁμοσχημονεῖν τοῖς ἀποτυπουμένοις· τὰ γὰρ ὁμόφυλα μάλιστα ἕκαστον γνωρίζειν. . . .

Τὴν δ' ἀκοὴν παραπλησίως ποιεῖ τοῖς ἄλλοις. εἰς 55
γὰρ τὸ κενὸν ἐμπίπτοντα τὸν ἀέρα κίνησιν ἐμποιεῖν,
πλὴν ὅτι κατὰ πᾶν μὲν ὁμοίως τὸ σῶμα εἰσιέναι,
μάλιστα δὲ καὶ πλεῖστον διὰ τῶν ὤτων, ὅτι διὰ
πλείστου τε κενοῦ διέρχεται καὶ ἥκιστα διαμίμνει.
διὸ καὶ κατὰ μὲν τὸ ἄλλο σῶμα οὐκ αἰσθάνεσθαι,
ταύτῃ δὲ μόνον. ὅταν δὲ ἐντὸς γένηται, σκίδνασθαι
διὰ τὸ τάχος· τὴν γὰρ φωνὴν εἶναι πυκνουμένου τοῦ
ἀέρος καὶ μετὰ βίας εἰσιόντος. ὥσπερ οὖν ἐκτὸς
ποιεῖ τῇ ἀφῇ τὴν αἴσθησιν, οὕτω καὶ ἐντός. ὀξύ- 56
τατον δ' ἀκούειν, εἰ ὁ μὲν ἔξω χιτὼν εἴη πυκνός, τὰ
δὲ φλεβία κενὰ καὶ ὡς μάλιστα ἄνικμα καὶ εὔτρητα
κατά τε τὸ ἄλλο σῶμα καὶ τὴν κεφαλὴν καὶ τὰς

1) μεστά *addidit Diels, dissuasit Stratton*

der Pupille, sondern die Luft zwischen dem Sehorgan und dem gesehenen Gegenstand zieht sich zusammen und wird geprägt sowohl vom Gesehenen wie vom Sehenden; von allen Dingen gibt es nämlich immerfort eine Art Ausströmung[4]); darauf läßt diese ⟨so geprägte Luft⟩, die eine räumliche Tiefe hat und andersfarbig ist als das Auge, in den feuchten Augen ein Abbild entstehen. Ein dichter Stoff würde ja ⟨solche Abbilder⟩ nicht aufnehmen, aber ein feuchter läßt sie hindurch; daher sind auch feuchte Augen besser geeignet zum Sehen als trockene, vorausgesetzt nämlich, daß die äußere ⟨Horn-⟩Haut sehr fein und dicht ist, das Innere des Auges jedoch möglichst porös und frei von dichtem, zähem Fleisch, ferner ⟨voll⟩[5]) von dickflüssiger, salbenartiger Flüssigkeit, und wenn ferner die Kanäle an den Augen gerade und trocken sind, so daß sie sich den Abbildungen anpassen können. Denn alles kann das Gleichartige am besten erkennen.[6])

Den Vorgang des Hörens erklärt Demokrit ähnlich wie die anderen Wissenschaftler[7]): Wenn die Luft in den Hohlraum ⟨des Ohres⟩ einströmt, verursacht sie eine Bewegung. Sie dringt zwar gleichermaßen auf den ganzen Körper ein, am meisten und vollsten jedoch durch die Ohren, weil sie dort durch den größten Hohlraum strömt und am wenigsten steckenbleibt. Daher hat man auch am übrigen Körper keine Gehörsempfindung, sondern allein dort ⟨an den Ohren⟩. Sobald nun diese ⟨bewegte⟩ Luft ins Innere gelangt, verbreitet sie sich wegen ihrer Geschwindigkeit; der Schall besteht nämlich nach ihm aus verdichteter und unter Druck einströmender Luft. So erklärt er die innerliche Wahrnehmung, gleich wie die äußerliche, durch die Berührung[8]). Am genauesten hört man, wenn die äußere Membran dicht ist, die Kanäle leer und möglichst ohne Feuchtigkeit und gut durchgängig sind am übrigen Körper sowie am Kopf und den Ohren; ferner

ἀκοάς, ἔτι δὲ τὰ ὀστᾶ πυκνὰ καὶ ὁ ἐγκέφαλος εὔκρατος καὶ τὸ περὶ αὐτὸν ὡς ξηρότατον· ἀθρόον γὰρ ἂν οὕτως εἰσιέναι τὴν φωνὴν ἅτε διὰ πολλοῦ κενοῦ καὶ ἀνίκμου καὶ εὐτρήτου εἰσιοῦσαν, καὶ ταχὺ σκίδνασθαι καὶ ὁμαλῶς κατὰ τὸ σῶμα καὶ οὐ διεκπίπτειν ἔξω. . . .

Περὶ δὲ τῶν αἰσθητῶν, τίς ἡ φύσις καὶ ποῖον ἕκαστόν ἐστιν, οἱ μὲν ἄλλοι παραλείπουσιν. τῶν μὲν γὰρ ὑπὸ τὴν ἁφὴν περὶ βαρέος καὶ κούφου καὶ θερμοῦ καὶ ψυχροῦ λέγουσιν, οἷον ὅτι τὸ μὲν μανὸν καὶ λεπτὸν θερμόν, τὸ δὲ πυκνὸν καὶ παχὺ ψυχρόν, ὥσπερ 'Αναξαγόρας διαιρεῖ τὸν ἀέρα καὶ τὸν αἰθέρα. σχεδὸν δὲ καὶ τὸ βαρὺ καὶ τὸ κοῦφον τοῖς αὐτοῖς καὶ ἔτι ταῖς ἄνω καὶ κάτω φοραῖς, καὶ πρὸς τούτοις περί τε φωνῆς ὅτι κίνησις τοῦ ἀέρος, καὶ περὶ ὀσμῆς ὅτι ἀπορροή τις. 'Εμπεδοκλῆς δὲ καὶ περὶ τῶν χρωμάτων, καὶ ὅτι τὸ μὲν λευκὸν τοῦ πυρὸς τὸ δὲ μέλαν τοῦ ὕδατος. οἱ δ' ἄλλοι τοσοῦτον μόνον, ὅτι τό τε λευκὸν καὶ τὸ μέλαν ἀρχαί, τὰ δ' ἄλλα μειγνυμένων γίνεται τούτων. καὶ γὰρ 'Αναξαγόρας ἁπλῶς εἴρηκε περὶ αὐτῶν. 59

Δημόκριτος δὲ καὶ Πλάτων ἐπὶ πλεῖστόν εἰσιν ἡμμένοι, καθ' ἕκαστον γὰρ ἀφορίζουσι· πλὴν ὁ μὲν οὐκ ἀποστερῶν τῶν αἰσθητῶν τὴν φύσιν, Δημόκριτος δὲ πάντα πάθη τῆς αἰσθήσεως ποιῶν. ποτέρως μὲν οὖν ἔχει τἀληθὲς οὐκ ἂν εἴη λόγος. ἐφ' ὅσον δὲ ἑκάτερος ἧπται καὶ πῶς ἀφώρικε πειραθῶμεν 60

wenn die ⟨Gehör-⟩Knochen dicht, das Gehirn gut temperiert und seine Hülle [d. h. der Schädel] möglichst trocken ist. So nämlich dringt der Schall geschlossen ein, da er einen weiten, trockenen und gut durchgängigen Hohlraum durchläuft, und verbreitet sich rasch gleichmäßig im ganzen Körper und entweicht nicht mehr. . . .

Das Problem der Wahrnehmungsgegenstände dagegen, ihrer Beschaffenheit und ihrer jeweiligen Eigenschaften, haben die andern Philosophen übergangen. Denn zum Tastsinn rechnen diese, was mit Schwer und Leicht und Warm und Kalt zusammenhängt, daß etwa das Dünne und Feine warm, das Dichte und Dicke kalt ist, nach welchen Gesichtspunkten Anaxagoras Luft und Äther unterscheidet. Auch Schwer und Leicht erklären diese so ziemlich mit den gleichen Ursachen, wobei hier noch die Tendenz zur Aufwärts- bzw. Abwärtsbewegung hinzukommt. Den Schall halten sie außerdem für eine Bewegung der Luft, den Duft für eine Art Ausströmung. Empedokles freilich spricht auch über die Farben und behauptet, daß Weiß vom Feuer, Schwarz vom Wasser herkomme[9]). Die andern dagegen sagen lediglich, daß Weiß und Schwarz die Ursprungsfarben sind, alle übrigen Farben aber aus deren Mischungen entstehen. Auch Anaxagoras hat nur ganz summarisch darüber gehandelt.

Demokrit und Platon dagegen haben sich eingehendst ⟨mit dem Problem der Wahrnehmungsgegenstände⟩ befaßt und beschreiben sie im einzelnen. Während jedoch Platon den Wahrnehmungsgegenständen ihre wirklichen Eigenschaften beläßt, erklärt Demokrit alles durch ⟨subjektiv empfundene⟩ Wirkungen auf die Sinnesorgane. Wie es sich in Wahrheit verhält, davon ist jetzt nicht die Rede. Vielmehr versuchen wir darzulegen, wie weit sich jeder von ihnen mit diesem Problem befaßt hat und was

ἀποδοῦναι, πρότερον εἰπόντες τὴν ὅλην ἔφοδον ἑκατέρου.

Δημόκριτος μὲν οὖν οὐχ ὁμοίως λέγει περὶ πάντων, ἀλλὰ τὰ μὲν τοῖς μεγέθεσι, τὰ δὲ τοῖς σχήμασιν, ἔνια δὲ τάξει καὶ θέσει διορίζει. Πλάτων δὲ σχεδὸν ἅπαντα πρὸς τὰ πάθη καὶ τὴν αἴσθησιν ἀποδίδωσιν. ὥστε δόξειεν ἂν ἑκάτερος ἐναντίως τῇ ὑποθέσει
λέγειν. ὁ μὲν γὰρ πάθη ποιῶν τῆς αἰσθήσεως καθ' 61
αὑτὰ διορίζει τὴν φύσιν· ὁ δὲ καθ' αὑτὰ ποιῶν ταῖς οὐσίαις πρὸς τὰ πάθη τῆς αἰσθήσεως ἀποδίδωσι.

Βαρὺ μὲν οὖν καὶ κοῦφον τῷ μεγέθει διαιρεῖ Δημόκριτος· εἰ γὰρ διακριθείη καθ' ἓν ἕκαστον, εἰ καὶ κατὰ σχῆμα διαφέροι, σταθμὸν ἂν ἐπὶ μεγέθει τὴν φύσιν[2]) ἔχειν. οὐ μὴν ἀλλ' ἔν γε τοῖς μεικτοῖς κουφότερον μὲν εἶναι τὸ πλέον ἔχον κενόν, βαρύτερον δὲ τὸ
ἔλαττον. ἐν ἐνίοις μὲν οὕτως εἴρηκεν. ἐν ἄλλοις δὲ 62
κοῦφον εἶναί φησιν ἁπλῶς τὸ λεπτόν. παραπλησίως δὲ καὶ περὶ σκληροῦ καὶ μαλακοῦ. σκληρὸν μὲν γὰρ εἶναι τὸ πυκνόν, μαλακὸν δὲ τὸ μανόν, καὶ τὸ μᾶλλον δὲ καὶ ἧττον καὶ τὰ λοιπά[3]) κατὰ λόγον. διαφέρειν δέ τι τὴν θέσιν καὶ τὴν ἐναπόληψιν[4]) τῶν κενῶν τοῦ σκληροῦ καὶ μαλακοῦ καὶ βαρέος καὶ κούφου. διὸ σκληρότερον μὲν εἶναι σίδηρον, βαρύτερον δὲ μόλυβδον· τὸν μὲν γὰρ σίδηρον ἀνωμάλως συγκεῖσθαι καὶ τὸ κενὸν ἔχειν πολλαχῇ καὶ κατὰ μεγάλα,

2) φύσιν *codd.*; κρίσιν *Preller*

3) μάλιστα *codd.*; τὰ λοιπά *coniecit Diels, cui Stratton assensus est*

4) ἐναπόλειψιν *codd.*; *corr. Diels*

sie ausgeführt haben, indem wir zunächst auf ihre grundsätzliche Methode eingehen:

Demokrit erklärt nicht alle Wahrnehmungen nach dem gleichen Prinzip, sondern führt die einen auf Größen, andere auf Formen, einige auf Anordnung und Lage ⟨der Atome⟩ zurück. Platon dagegen schreibt fast alles unseren Empfindungen und unserem Wahrnehmungsvermögen zu. So scheinen beide im Widerspruch zu ihrer Hypothese zu sprechen: Denn der eine [Demokrit], der alle Wirkungen der Wahrnehmungsgegenstände auf subjektive Empfindung zurückführt, beschreibt sie als etwas in der Materie an sich Vorhandenes, während der andere [Platon], der die Wahrnehmung als etwas in den stofflichen Dingen an sich Vorhandenes angenommen hatte, sie schließlich auf die subjektive Empfindung zurückführt.

Schwer und Leicht unterscheidet Demokrit aufgrund der Größe ⟨der Atome⟩; denn zerlegt man einen Stoff in seine Einzelteile, dann verdanken doch diese Atome[10]), auch wenn sie sich der Form nach unterscheiden, ihr Gewicht der Größe. In gemischten Stoffzusammensetzungen jedoch ist das leichter, was mehr Hohlraum hat, schwerer dagegen, was weniger hat. So hat er sich an verschiedenen Stellen ausgedrückt; an anderen dagegen bezeichnet er als Leicht einfacht das Feine. Ähnlich hat er sich auch über Hart und Weich geäußert: hart ist nach ihm das Dichte, weich das Lockere; die Zwischenstufen von mehr und weniger hart und das übrige erklärt er entsprechend. Allerdings unterscheiden sich die Lage und Anordnung der eingeschlossenen Hohlräume bei harten und weichen, beziehungsweise bei schweren und leichten Stoffen. Daher ist auch Eisen zwar härter, Blei jedoch schwerer; denn das Eisen ist nämlich unregelmäßig zusammengesetzt und hat zahlreiche ausgedehnte Hohlräume, an einigen Stellen

πεπυκνῶσθαι δὲ κατὰ ἔνια, ἁπλῶς δὲ πλέον ἔχειν
κενόν. τὸν δὲ μόλυβδον ἔλαττον ἔχοντα κενὸν ὁμαλῶς
συγκεῖσθαι κατὰ πᾶν ὁμοίως· διὸ βαρύτερον μέν,
μαλακώτερον δ' εἶναι τοῦ σιδήρου. περὶ μὲν ⟨οὖν⟩ 63
βαρέος καὶ κούφου καὶ σκληροῦ καὶ μαλακοῦ ἐν τούτοις ἀφορίζει.

Τῶν δὲ ἄλλων αἰσθητῶν οὐδενὸς εἶναι φύσιν, ἀλλὰ
πάντα πάθη τῆς αἰσθήσεως ἀλλοιουμένης, ἐξ ἧς
γίνεσθαι τὴν φαντασίαν. οὐδὲ γὰρ τοῦ ψυχροῦ καὶ
τοῦ θερμοῦ φύσιν ὑπάρχειν, ἀλλὰ τὸ σχῆμα μετα-
πῖπτον ἐργάζεσθαι καὶ τὴν ἡμετέραν ἀλλοίωσιν· ὅ
τι γὰρ ἂν ἄθρουν ᾖ, τοῦτ' ἐνισχύειν ἑκάστῳ, τὸ
δ' εἰς μακρὰ διανενεμημένον ἀναίσθητον εἶναι.
σημεῖον δ' ὡς οὐκ εἰσὶ φύσει τὸ μὴ ταὐτὰ πᾶσι φαίνεσθαι τοῖς ζῴοις, ἀλλ' ὃ ἡμῖν γλυκύ, τοῦτ' ἄλλοις
πικρὸν καὶ ἑτέροις ὀξὺ καὶ ἄλλοις δριμὺ τοῖς δὲ
στρυφνόν, καὶ τὰ ἄλλα δ' ὡσαύτως. ἔτι δ' αὐτοὺς 64
μεταβάλλειν τῇ κρίσει[5]) κατὰ τὰ πάθη καὶ τὰς ἡλι-
κίας· ᾗ καὶ φανερὸν ὡς ἡ διάθεσις αἰτία τῆς φαντα-
σίας.

Ἁπλῶς μὲν οὖν περὶ τῶν αἰσθητῶν οὕτω δεῖν ὑπολαμβάνειν. οὐ μὴν ἀλλ' ὥσπερ καὶ τὰ ἄλλα καὶ ταῦτα ἀνατίθησι τοῖς σχήμασι· πλὴν οὐχ ἁπάντων ἀποδίδωσι τὰς μορφάς, ἀλλὰ μᾶλλον τῶν χυλῶν καὶ τῶν χρωμάτων, καὶ τούτων ἀκριβέστερον διορίζει

5) κρίσει *codd.*, κρήσει *Diels*

aber auch Verdichtungen, hat aber im ganzen mehr Hohlraum; das Blei dagegen hat weniger Hohlraum und ist durch und durch von homogener Struktur. Daher ist es zwar schwerer, aber weicher als Eisen. Soweit seine Ausführungen über Schwer und Leicht und Hart und Weich.

Alle übrigen wahrnehmbaren Eigenschaften dagegen bestehen ⟨nach Demokrit⟩ nicht an sich ⟨an der Materie⟩, sondern sind Wirkungen ⟨der Materie⟩ auf die Sinnesorgane, die dadurch eine Veränderung erfahren, woraus die Sinneseindrücke entstehen. Auch Warm und Kalt existieren nicht an sich, sondern die Formveränderung ⟨der Atomanordnung⟩ bewirkt in uns eine Veränderung ⟨der Wahrnehmung⟩; denn was in einem Stoff konzentriert ist, dies kommt darin zur Geltung[11]), was aber weit zertrennt liegt, ist nicht mehr wahrnehmbar. Als Beweis, daß diese wahrnehmbaren Eigenschaften nicht an sich existieren, führt er die Tatsache an, daß nicht alle Lebewesen gleich empfinden, sondern daß, was uns süß vorkommt, anderen bitter, wieder anderen scharf oder stechend oder sauer erscheint, und ebenso bei den anderen Sinneswahrnehmungen. Aber auch die Menschen selbst verändern sich in ihrem Urteil je nach den äußern Einflüssen und ihrem Alter. Daher ist es auch klar, daß die ⟨momentane⟩ innere Verfassung ⟨eines Menschen⟩ maßgebend ist für die Sinneseindrücke.

So muß man sich also nach Demokrit im allgemeinen die wahrnehmbaren Eigenschaften vorstellen. Er ordnet diese jedoch nicht, wie in den übrigen Fällen, bestimmten Atomformen zu, abgesehen davon, daß er auch sonst nicht bei allen Stoffen die betreffende Atomform darlegt, sondern vornehmlich bei Säften und Farben; besonders eingehend befaßt er sich mit ⟨stark riechenden bzw.

τὰ περὶ τοὺς χυλοὺς ἀναφέρων τὴν φαντασίαν πρὸς ἄνθρωπον.

Τὸν μὲν οὖν ὀξὺν εἶναι τῷ σχήματι γωνοειδῆ τε 65
καὶ πολυκαμπῆ καὶ μικρὸν καὶ λεπτόν. διὰ γὰρ τὴν δριμύτητα ταχὺ καὶ πάντῃ διαδύεσθαι, τραχὺν δ' ὄντα καὶ γωνοειδῆ συνάγειν καὶ συσπᾶν· διὸ καὶ θερμαίνειν τὸ σῶμα κενότητας ἐμποιοῦντα· μάλιστα γὰρ θερμαίνεσθαι τὸ πλεῖστον ἔχον κενόν. τὸν δὲ γλυκὺν ἐκ περιφερῶν συγκεῖσθαι σχημάτων οὐκ ἄγαν μικρῶν· διὸ καὶ διαχεῖν ὅλως τὸ σῶμα καὶ οὐ βιαίως καὶ οὐ ταχὺ πάντα περαίνειν· τοὺς ⟨δ'⟩ ἄλλους ταράττειν, ὅτι διαδύνων πλανᾷ τὰ ἄλλα καὶ ὑγραίνει· ὑγραινόμενα δὲ καὶ ἐκ τῆς τάξεως κινούμενα συρρεῖν εἰς τὴν κοιλίαν· ταύτην γὰρ εὐπορώτατον εἶναι διὰ τὸ ταύτῃ πλεῖστον εἶναι κενόν.

Τὸν δὲ στρυφνὸν ἐκ μεγάλων σχημάτων καὶ πολυ- 66
γωνίων καὶ περιφερὲς ἥκιστ' ἐχόντων· ταῦτα γὰρ ὅταν εἰς τὰ σώματα ἔλθῃ, ἐπιτυφλοῦν ἐμπλάττοντα τὰ φλεβία καὶ κωλύειν συρρεῖν· διὸ καὶ τὰς κοιλίας ἱστάναι. τὸν δὲ πικρὸν ἐκ μικρῶν καὶ λείων καὶ περιφερῶν τὴν περιφέρειαν εἰληχότα καὶ καμπὰς ἔχουσαν· διὸ καὶ γλισχρὸν καὶ κολλώδη. ἁλμυρὸν δὲ τὸν ἐκ μεγάλων καὶ οὐ περιφερῶν, ἀλλ' ἐπ' ἐνίων μὲν σκαληνῶν, ⟨ἐπὶ δὲ πλείστων οὐ σκαληνῶν⟩[6]), διὸ οὐδὲ πολυκαμπῶν — βούλεται δὲ σκαληνὰ λέγειν ἅπερ περιπάλαξιν[7]) ἔχει πρὸς ἄλληλα καὶ συμπλοκήν —· μεγάλων μέν, ὅτι ἡ ἁλμυρὶς ἐπιπολάζει· μικρὰ γὰρ ὄντα καὶ τυπτόμενα τοῖς περιέχουσι μεί-

6) *addidit Diels*
7) παράλλαξιν *codd.*; περιπάλαξιν *Dyroff, Diels*

schmeckenden⟩ Säften und untersucht ihre Einwirkung auf die Sinnesempfindung des Menschen:

Der Stoff des Sauren besteht nach ihm aus der Form nach eckigen und gewundenen, kleinen und feinen ⟨Atomen⟩; denn durch seine Schärfe dringt er überall rasch ein, durch seine Rauheit und Eckigkeit hat er eine zusammenziehende Wirkung. Daher erwärmt er auch den Körper, da er Hohlräume schafft; am leichtesten erwärmt sich nämlich, was am meisten Hohlraum hat. — Der Stoff des Süßen besteht aus runden und nicht übermäßig kleinen ⟨Atom-⟩Formen; daher durchströmt er auch den ganzen Körper und durchdringt alles sanft und gemächlich. Er stört aber die anderen ⟨Stoffe⟩, da er durch sein Eindringen die übrigen ⟨Atomformen⟩ verwirrt und befeuchtet. Was nun feucht geworden und aus der Anordnung gebracht ist, fließt in der Bauchhöhle zusammen; diese ist nämlich am besten zugänglich, da sie am meisten Hohlraum hat.

Der Geschmack des Herben rührt von ⟨verhältnismäßig⟩ großen, polygonartigen ⟨Atom-⟩Formen her, die am wenigsten Rundungen haben. Wenn nun diese in den Körper eindringen, verkleben und verstopfen sie die Gefäße und verhindern ein Zusammenfließen; daher hemmen sie die ⟨Funktionen der⟩ Därme. — Der Stoff des Bitteren hat seinen Geschmack von kleinen, glatten und rundlichen ⟨Atomformen⟩ mit einer Oberfläche, die auch Krümmungen aufweist; daher ist er klebrig und zäh. — Der Stoff des Salzigen dagegen besteht aus großen, nicht runden Atomformen, die gelegentlich höckerig ⟨größtenteils aber ebenmäßig⟩ sind und daher auch nicht viele Krümmungen haben — unter 'höckerig' versteht Demokrit, was gegenseitige Verzahnungen und Verflechtungen hat —: aus großen Atomen, weil die salzige Substanz an die Oberfläche dringt; wären sie nämlich klein, würden sie durch die

γνυσθαι ἂν τῷ παντί· οὐ περιφερῶν δ' ὅτι τὸ μὲν ἁλμυρὸν τραχὺ τὸ δὲ περιφερὲς λεῖον· οὐ σκαληνῶν δὲ διὰ τὸ μὴ περιπαλάττεσθαι, διὸ ψαφαρὸν εἶναι.

Τὸν δὲ δριμὺν μικρὸν καὶ περιφερῆ καὶ γωνιοειδῆ, 67
σκαληνὸν δὲ οὐκ ἔχειν. τὸν μὲν γὰρ δριμὺν πολυγώνιόν τε ὄντα[8]) τῇ τραχύτητι θερμαίνειν καὶ διαχεῖν διὰ τὸ μικρὸν εἶναι καὶ περιφερῆ καὶ γωνιοειδῆ[9])· καὶ γὰρ τὸ γωνιοειδὲς εἶναι τοιοῦτον.

Ὡσαύτως δὲ καὶ τὰς ἄλλας ἑκάστου δυνάμεις ἀποδίδωσιν ἀνάγων εἰς τὰ σχήματα. ἁπάντων δὲ τῶν σχημάτων οὐδὲν ἀκέραιον εἶναι καὶ ἀμιγὲς τοῖς ἄλλοις, ἀλλ' ἐν ἑκάστῳ πολλὰ εἶναι καὶ τὸν αὐτὸν ἔχειν λείου καὶ τραχέος καὶ περιφεροῦς καὶ ὀξέος καὶ τῶν λοιπῶν. οὗ δ' ἂν ἐνῇ πλεῖστον, τοῦτο μάλιστα ἐνισχύειν πρός τε τὴν αἴσθησιν καὶ τὴν δύναμιν, ἔτι δὲ εἰς ὁποίαν ἕξιν ἂν εἰσέλθῃ· διαφέρειν γὰρ οὐκ ὀλίγον καὶ τοῦτο διὰ τὸ αὐτὸ τἀναντία, καὶ τἀναντία τὸ αὐτὸ πάθος ποιεῖν ἐνίοτε. . . .

Τῶν δὲ χρωμάτων ἁπλᾶ μὲν λέγει τέτταρα. λευκὸν 73
μὲν οὖν εἶναι τὸ λεῖον. ὃ γὰρ ἂν μὴ τραχὺ μηδ' ἐπισκιάζον ᾖ μηδὲ δυσδίοδον, τὸ τοιοῦτο[10]) πᾶν λαμπρὸν εἶναι. δεῖ δὲ καὶ εὐθύτρυπα[11]) καὶ διαυγῆ

8) ποιεῖν *codd.*; τε ὄντα *Diels*
9) ἀγωνιειδῆ *codd.*; *correxit Diels*
10) ἀποσκιάζῃ μηδὲ δυσδίοδόν τι τοιοῦτον *codd.*; *corr. Diels*
11) εὐρύτρυπα *codd.*; *corr. Schneider*

Stöße der umliegenden Teilchen sich mit dem ganzen übrigen Stoff verbinden; aus nicht runden, weil das Salzige rauh, das Runde aber glatt ist; aus nicht höckrigen, weil sich die Salzteilchen nicht miteinander verflechten; daher zerbröckelt auch das Salzige leicht [12]).

Der Geschmack des Stechenden rührt von kleinen, rundlichen und mit eckigen Vorsprüngen versehenen Atomformen her, die aber nichts Höckriges haben. Da nun der stechende Stoff polygonartig ist, erwärmt er durch seine Rauheit und durchdringt alles dank der Kleinheit und Rundlichkeit und der Ecken der Atome; denn auch das Eckige hat diese Eigenschaft ⟨des Durchdringens⟩.

Ebenso erklärt Demokrit auch die Wirkungen der anderen Stoffe, indem er sie auf die Formen der Atome zurückführt. Aber keiner von all diesen Stoffen ist nach ihm rein und unvermischt mit den anderen, sondern in jedem sind viele ⟨verschiedene⟩ vorhanden, so daß derselbe Stoff glatte und rauhe, runde und spitze und andere Atome enthalten kann. Von welchem Stoff aber am meisten vorhanden ist, der bestimmt hauptsächlich die Wirkung auf die Geschmacksempfindung und auch den Zustand, den er annimmt [13]); denn auch dies spielt nämlich eine nicht geringe Rolle, da manchmal dasselbe verschiedene und Verschiedenes dieselbe Empfindung hervorrufen kann. ...

Grundfarben gibt es nach Demokrit vier: Weiß ist, was glatt ist; denn was nicht rauh und schattenreich und undurchlässig ist, all das leuchtet. Denn leuchtende Substanzen müssen gerade Poren haben und lichtdurchlässig

τὰ λαμπρὰ εἶναι. τὰ μὲν οὖν σκληρὰ τῶν λευκῶν ἐκ τοιούτων σχημάτων συγκεῖσθαι οἷον ἡ ἐντὸς πλὰξ τῶν κογχυλίων· οὕτω γὰρ ἂν ἄσκια καὶ εὐαγῆ καὶ εὐθύπορα εἶναι. τὰ ⟨δὲ⟩ ψαθυρὰ καὶ εὔθρυπτα ἐκ περιφερῶν μέν, λοξῶν δὲ τῇ θέσει πρὸς ἄλληλα καὶ κατὰ δύο συζεύξει, τὴν δ' ὅλην τάξιν ἔχειν ὅτι μάλιστα ὁμοίαν. τοιούτων δ' ὄντων ψαθυρὰ μὲν εἶναι, διότι κατὰ μικρὸν ἡ σύναψις· εὐθύπορα[12]) δέ, ὅτι ὁμοίως κεῖνται· ἄσκια δέ, διότι λεῖα καὶ πλατέα· λευκότερα δ' ἀλλήλων τῷ τὰ σχήματα τὰ εἰρημένα καὶ ἀκριβέστερα καὶ ἀμιγέστερα εἶναι καὶ τὴν τάξιν
καὶ τὴν θέσιν ἔχειν μᾶλλον τὴν εἰρημένην. τὸ μὲν 74
οὖν λευκὸν ἐκ τοιούτων εἶναι σχημάτων.

Τὸ δὲ μέλαν ἐκ τῶν ἐναντίων, ἐκ τραχέων καὶ σκαληνῶν καὶ ἀνομοίων· οὕτω γὰρ ἂν σκιάζειν καὶ οὐκ εὐθεῖς εἶναι τοὺς πόρους οὐδ' εὐδιόδους. ἔτι δὲ τὰς ἀπορροίας νωθεῖς καὶ ταραχώδεις· διαφέρειν γάρ τι καὶ τὴν ἀπορροὴν τῷ ποιὰν εἶναι πρὸς τὴν φαντασίαν, ἣν γίνεσθαι διὰ τὴν ἐναπόληψιν τοῦ ἀέρος ἀλλοίαν.

Ἐρυθρὸν δ' ἐξ οἵωνπερ καὶ τὸ θερμόν, πλὴν ἐκ 75
μειζόνων. ἐὰν γὰρ αἱ συγκρίσεις ὦσι μείζους ὁμοίων ὄντων τῶν σχημάτων, μᾶλλον ἐρυθρὸν εἶναι. σημεῖον δ' ὅτι ἐκ τοιούτων τὸ ἐρυθρόν· ἡμᾶς τε γὰρ θερμαινομένους ἐρυθραίνεσθαι καὶ τὰ ἄλλα τὰ πυρούμενα, μέχρις ἂν οὗ ἔχῃ τὸ τοῦ πυροειδοῦς. ἐρυθρότερα δὲ τὰ ἐκ μεγάλων ὄντα σχημάτων οἷον τὴν φλόγα καὶ τὸν ἄνθρακα τῶν χλωρῶν ξύλων ἢ τῶν αὔων. καὶ τὸν σίδηρον δὲ καὶ τὰ ἄλλα τὰ πυρούμενα·

12) εὐθύπορα *pro* εὔθρυπτα *substitui*

sein. Die harten unter den weißen Stoffen bestehen aus solchen Atomformen, wie etwa die Innenfläche einer Muschel; denn so sind sie schattenlos, zerbrechlich und haben gerade Poren. Zerbrechliche und spröde Stoffe bestehen nämlich aus runden, paarweise versetzt angeordneten Atomen, die aber als Ganzes eine möglichst gleichmäßige Anordnung haben [14]). Aufgrund dieser Beschaffenheit ist ein solcher Stoff nun leicht zerbrechlich, weil die Atome nur eine kleine Berührungsfläche haben; ferner hat er gerade Poren, weil sie gleichmäßig angeordnet sind; schließlich hat er keine Schatten, weil sie glatt und eben sind. Stoffe sind um so weißer, je reiner und unvermischter sie sind und je mehr die Lage und Anordnung der Atome der genannten entspricht. Aus solchen Atomformen also bestehen weiße Stoffe.

Das Schwarze dagegen besteht aus entgegengesetzten Atomen: aus rauhen, höckerigen und unebenen. So lassen sie nämlich Schatten entstehen und haben keine geraden und durchgängigen Poren. Auch die Ausströmungen [Reflexe] sind träge und diffus. Es spielt nämlich für die Wirkung der Ausströmung auf unser Wahrnehmungsvermögen eine Rolle, was für eine Veränderung sie durch das Abfangen der ⟨dazwischenliegenden⟩ Luft erfährt.

Rot besteht aus denselben Atomformen wie das Warme, jedoch aus größeren. Denn wenn Stoffkonglomerate größer sind und die gleichen Atomformen haben, sind sie mehr rot ⟨als warm⟩. Ein Hinweis, daß Rot aus solchen Atomformen besteht, ist folgendes: auch wir erröten, wenn wir uns erhitzen, und auch andere Dinge, die man ins Feuer legt, werden rot, bis sie feuerfarbig sind. Röter sind Dinge aus großen Atomformen, wie etwa die Flamme und die ⟨glühende⟩ Kohle von grünem Holz, die röter ist als von dürrem Holz. Auch das Eisen und anderes, das ins Feuer gelegt wird, ⟨wird rot⟩. Am leuchtendsten

λαμπρότατα μὲν γὰρ εἶναι τὰ πλεῖστον ἔχοντα καὶ λεπτότατον πῦρ, ἐρυθρότερα δὲ τὰ παχύτερον καὶ ἔλαττον. διὸ καὶ ἧττον εἶναι θερμὰ τὰ ἐρυθρότερα· θερμὸν [μὲν] γὰρ τὸ λεπτόν. τὸ δὲ χλωρὸν ἐκ τοῦ στερεοῦ καὶ τοῦ κενοῦ συνεστάναι μεικτὸν ἐξ ἀμφοῖν, τῇ θέσει δὲ καὶ τάξει ⟨διαλλάττειν⟩[13]) αὐτῶν τὴν χρόαν.

Τὰ μὲν οὖν ἁπλᾶ χρώματα τούτοις κεχρῆσθαι 76
τοῖς σχήμασιν· ἕκαστον δὲ καθαρώτερον, ὅσῳ ἂν ἐξ
ἀμιγεστέρων ᾖ. τὰ δὲ ἄλλα κατὰ τὴν τούτων μίξιν.
οἷον τὸ μὲν χρυσοειδὲς καὶ τὸ τοῦ χαλκοῦ καὶ πᾶν τὸ
τοιοῦτον ἐκ τοῦ λευκοῦ καὶ τοῦ ἐρυθροῦ· τὸ μὲν γὰρ
λαμπρὸν ἔχειν ἐκ τοῦ λευκοῦ, τὸ δὲ ὑπέρυθρον ἀπὸ
τοῦ ἐρυθροῦ· πίπτειν γὰρ εἰς τὰ κενὰ τοῦ λευκοῦ τῇ
μίξει τὸ ἐρυθρόν. ἐὰν δὲ προστεθῇ τούτοις τὸ χλω-
ρόν, γίνεσθαι τὸ κάλλιστον χρῶμα, δεῖν δὲ μικρὰς
τοῦ χλωροῦ τὰς συγκρίσεις εἶναι· μεγάλας γὰρ οὐχ
οἷόν τε συγκειμένων οὕτω τοῦ λευκοῦ καὶ τοῦ
ἐρυθροῦ. διαφόρους δ' ἔσεσθαι τὰς χρόας τῷ πλέον
καὶ ἔλαττον λαμβάνειν. ...

... Περὶ δὲ ὀσμῆς προσαφορίζειν παρῆκεν πλὴν 82
τοσοῦτον, ὅτι τὸ λεπτὸν ἀπορρέον ἀπὸ τῶν βαρέων
ποιεῖ τὴν ὀδμήν· ποῖον δέ τι τὴν φύσιν ὂν ὑπὸ τίνος
πάσχει, οὐκέτι προσέθηκεν, ὅπερ ἴσως ἦν κυριώτα-
τον. Δημόκριτος μὲν οὖν οὕτως ἔνια παραλείπει. 83

13) διαλλάττειν *add. Diels*

ist das, was das meiste und feinste Feuer hat, mehr rot dagegen, was weniger und gröberes Feuer hat. Daher ist das Rote weniger warm; denn warm ist, was fein ist. — Das Grüne dagegen besteht aus einer Mischung von festen Bestandteilen und Vakuum; es wechselt seinen Farbton durch die Lage und Anordnung ⟨der Atome⟩.

Die vier Grundfarben beruhen also auf diesen Atomformen. Jede von ihnen ist reiner, je weniger sie ⟨mit anderen Atomen⟩ vermischt ist. Die übrigen Farben entstehen aus Mischungen von diesen: So setzt sich etwa die Goldfarbe und die Erzfarbe und alles derartige aus Weiß und Rot zusammen; den Glanz haben diese Farben vom Weiß, den rötlichen Schimmer vom Rot; denn bei der Mischung fällt das Rot in die Zwischenräume des Weißen. Wenn nun noch Grün hinzukommt, entsteht eine wunderschöne Farbe; die Beimischungen von Grün müssen jedoch gering sein; denn große Beimischungen sind nicht möglich bei dieser Zusammensetzung von Weiß und Rot. Die Farbtöne werden verschieden sein, je nachdem sie mehr oder weniger ⟨von diesem Grün⟩ haben. . . .

. . . Über den Geruch hat Demokrit nur soviel ausgesagt, daß feine Ausströmungen von schweren Dingen eine Geruchsempfindung hervorrufen. Wie diese Ausströmung aber beschaffen ist und wodurch sie bewirkt wird — was wohl das Wichtigste gewesen wäre —, hat er nicht weiter ausgeführt. So übergeht Demokrit verschiedene Fragen.

Nr. 17: *Cicero, de fin. 1, 17* (cf. Demokr. Fr. A 56)

In physicis, quibus maxime gloriatur [sc. Epicurus], primum totus est alienus: Democritea dicit, perpauca mutans, sed ita, ut ea, quae corrigere vult, mihi quidem depravare videatur. ille atomos quas appellat, id est corpora individua propter soliditatem, censet in infinito inani, in quo nihil nec summum nec infimum nec medium nec intimum [1]) nec extremum sit, ita ferri, ut concursionibus inter se cohaerescant, ex quo efficiantur ea quae sint quaeque cernantur omnia; eumque motum atomorum nullo a principio, sed ex aeterno tempore intellegi convenire. *(sqq. vide infra Nr. 35.)*

1) ultimum *codd., Madvig,* intimum *Müller*

Nr. 18: *Cicero, de nat. deor. 1, 66* (= Leuk. Fr. A 11)

Ista enim flagitia Democriti sive etiam ante Leucippi, esse corpuscula quaedam levia, alia aspera, rotunda alia, partim autem angulata vel hamata [1]), curvata quaedam et quasi adunca, ex his effectum esse caelum atque terram nulla cogente

1) vel hamata *Diels,* firamata *vel sim. codd.*

Nr. 17: *Epikur und Demokrit* (Cicero, De finibus 1, 17)

Cicero entgegnet dem L. Torquatus, dem Verteidiger der Epikureer

In seiner Naturphilosophie, auf die er besonders stolz ist, hängt Epikur ganz von fremden Quellen ab: Er trägt die demokriteische Lehre vor, an der er nur sehr wenig ändert, und zwar so, daß er das, was er zu verbessern sucht, meiner Ansicht nach verschlechtert. Jener [Demokrit] vertritt die Ansicht, daß 'Atome', wie er sie selber bezeichnet, d. h. wegen ihrer Festigkeit unteilbare Korpuskeln, im unbegrenzten Raum, der kein Oben und kein Unten, keine Mitte, kein Innerstes und kein Äußerstes hat, sich in dieser Weise umherbewegen, daß sie durch ihr Aufeinanderprallen sich zusammenballen; dadurch entstehen nach ihm alle ⟨stofflichen⟩ Dinge, die es gibt und die wir wahrnehmen. Diese Bewegung der Atome muß man sich nach ihm ohne Anfang, sondern seit Ewigkeit her bestehend vorstellen. (Fortsetzung unten Nr. 35.)

Nr. 18: *Ciceros Kritik am Prinzip des Zufalls* (Cicero, De natura deorum 1, 66)

Cotta, der Akademiker, widerlegt den Vortrag des Epikureers Velleius

Jene verabscheuungswürdige Lehre des Demokrit oder sogar seines Vorgängers Leukipp, daß es nämlich gewisse Atome gebe, glatte oder rauhe, teils runde, teils auch eckige oder gehäkelte, gewisse sogar gekrümmte und umgebogene, und daß aus diesen Himmel und Erde ohne das Dazutun einer in der Natur liegenden Gesetzmäßig-

natura, sed concursu quodam fortuito, — hanc tu opinionem, C. Vellei, usque ad hanc aetatem perduxisti.

Nr. 19: *Cicero, acad. pr. 2, 121* (cf. Demokr. Fr. A 80)

Quaecumque sint, docet [sc. Strato] omnia effecta esse natura, nec ut ille qui ex[1]) asperis et levibus et hamatis uncinatisque corporibus concreta haec esse dicat interiecto inani — somnia censet haec esse Democriti non docentis sed optantis —, ipse autem singulas mundi partes persequens quidquid aut sit aut fiat naturalibus fieri aut factum esse docet ponderibus et motibus.

Nr. 20: *Stobaeus ecl. 1, 16* (= Aëtius plac. philos. 314 D. = Demokrit Fr. A 125)

Δημόκριτος φύσει μὲν μηδὲν εἶναι χρῶμα, τὰ μὲν γὰρ στοιχεῖα ἄποια, τά τε ναστὰ καὶ τὸ κενόν· τὰ δ' ἐξ αὐτῶν συγκρίματα κεχρῶσθαι διαταγῇ τε καὶ ῥυθμῷ καὶ προτροπῇ, ὧν ἡ μέν ἐστι τάξις ὁ δὲ

1) ex *inseruit Reid*

keit, sondern allein dank irgendeines zufälligen Aufeinandertreffens ⟨der Atome⟩ erschaffen worden sei — diese Lehre, Gaius Velleius, hast du dein ganzes Leben bis heute nicht aufgegeben.

Nr. 19: *Kritik an der Atomistik* (Cicero, Academica priora 2, 121)

In einem doxographischen Abschnitt über Naturphilosophen

Was auch immer existiert, ist nach der Lehre von Straton ⟨aus Lampsakos⟩ [1]) von der Natur geschaffen; und er folgt nicht der Lehre von jenem, der behauptet, all dies sei aus rauhen und glatten, mit Häklein und Krümmungen versehenen Atomen mit eingestreuten Zwischenräumen zusammengewachsen — er [Straton] hält diese Träumereien des Demokrit für das Hirngespinst eines Phantasten, nicht eines Lehrers. Er selbst dagegen geht die einzelnen Teile der Welt durch und lehrt, daß alles, was immer besteht oder entsteht, aus natürlichen Kräften aufgrund von Gewicht und Bewegung entsteht oder entstanden ist.

Nr. 20: *Subjektive Sinneseindrücke* (Stobaios, Eklogen 1, 16)

Demokrit lehrt, daß von Natur aus keine Farbe existiert, daß vielmehr die Grundkomponenten, die festen Urteilchen und der leere Raum, qualitätlos sind. Die stofflichen Zusammensetzungen aus ihnen dagegen haben Farbe aufgrund der 'Ordnung', der 'Gestalt' und der 'Zuwendung', das heißt durch die Anordnung, durch die

σχῆμα ἡ δὲ θέσις· παρὰ ταῦτα γὰρ αἱ φαντασίαι. τούτων δὲ τῶν πρὸς τὴν φαντασίαν χρωμάτων τέτταρες αἱ διαφοραί, λευκοῦ, μέλανος, ἐρυθροῦ, ὠχροῦ.

Nr. 21: *Galenus, de elementis sec. Hipp. 1, 416ff. K.* (cf. Demokr. Fr. A 49)

Ἰδέᾳ δὲ καὶ δυνάμει δύναιτ' ἄν τις ἓν εἶναι λέγειν τὰ πάντα, καθάπερ οἱ περὶ τὸν Ἐπίκουρόν τε καὶ Δημόκριτον τὰς ἀτόμους. ἐκ ταὐτοῦ δέ εἰσιν αὐτοῖς χοροῦ καὶ οἱ ἐλάχιστα καὶ ἄναρμα καὶ ἀμερῆ τιθέμενοι στοιχεῖα. πρὸς τοὺς τοιούτους οὖν ἅπαντας ὁ Ἱπποκράτης κοινὴν ἀντιλογίαν ποιούμενος ἀποδείκνυσιν, οὐχ ἓν εἶναι τὴν ἰδέαν τε καὶ τὴν δύναμιν τὸ στοιχεῖον. ... ἴδωμεν οὖν, εἰ ὀρθῶς συνελογίσατο καὶ δεόντως ἀντεῖπε τοῖς ἓν εἶναι τῇ φύσει τὸ στοιχεῖον ὑποτιθεμένοις, εἴτ' οὖν ἄτομον εἴτ' ἄναρμον 417
εἴτ' ἐλάχιστον εἴτ' ἀμέριστον αὐτὸ προσαγορεύειν ἐθέλουσιν. οὐδὲ γὰρ ἔτι δεηθησόμεθα τῆς κατὰ μέρος ἐν αὐτοῖς διαφορᾶς, ἂν τὸ καθόλου τε καὶ κοινὸν ἁπασῶν τῶν αἱρέσεων αὐτῶν ἀνέλωμεν.

Ὑπόκειται γὰρ ἅπασι τούτοις, ἄποιον εἶναι τὸ πρῶτον στοιχεῖον, μήτε λευκότητα σύμφυτον ἔχον ἢ μελανότητα ἢ ὅλως ἡντιναοῦν χροιάν, οὔτε γλυ-

Form und die Lage ⟨der Teilchen⟩. Dank dieser Faktoren entstehen die subjektiven Sinneseindrücke. Von diesen subjektiv empfundenen Farben gibt es vier verschiedene Arten: weiß, schwarz, rot und blaßgelb [1]).

Nr. 21: *Die sekundären Eigenschaften* (Galen, Über die Elemente 1, 416ff. K.)

Bericht des Galen [129—199 n. Chr.] über eine Auseinandersetzung von Hippokrates [gest. um 370 v. Chr.] mit den Vertretern der Mono-Elementenlehre

Es gibt freilich Leute, die behaupten, daß der Erscheinung nach und potentiell alle Dinge aus e i n e m ⟨Grundstoff⟩ bestehen, wie etwa die Anhänger von Epikur und Demokrit es von den Atomen behaupten. Zur selben Gruppe gehören auch diejenigen, welche die Hypothese von den kleinsten, nicht zusammengefügten, nicht mehr unterteilbaren [1]) Elementarteilchen aufgestellt haben. Diesen allen entgegnet Hippokrates gemeinsam und beweist, daß das Urelement ⟨der Materie⟩ weder der Erscheinung nach noch potentiell ein einziges sein kann. . . . Wir wollen nun sehen, ob seine Schlüsse richtig sind und ob er denen gehörig entgegnet hat, die der Natur einen einzigen Grundstoff zugrunde legen, sei dies nun ein 'Atom' oder ein 'Nicht-Zusammengefügtes' oder ein 'Kleinstes' oder ein 'Ungeteiltes' oder wie sie dies immer bezeichnen mögen. Wir brauchen auch gar nicht auf die einzelnen Differenzierungen unter ihnen einzugehen, wenn wir das Grundsätzliche und Gemeinsame an all diesen philosophischen Richtungen widerlegen:

Sie alle gehen vom Grundsatz aus, daß das Urteilchen ⟨der Materie⟩ qualitätslos ist, d. h. daß es an sich weder eine weiße noch eine schwarze noch überhaupt irgendeine

κύτητα ἢ πικρότητα, ἢ θερμότητα ἢ ψυχρότητα, οὔθ' ὅλως ἡντιναοῦν ἑτέραν ποιότητα. „νόμῳ γὰρ χροιή, νόμῳ πικρόν, νόμῳ γλυκύ, ἐτεῇ δ' ἄτομον καὶ κενόν", ὁ Δημόκριτός φησιν, ἐκ τῆς συνόδου τῶν ἀτόμων γίνεσθαι νομίζων ἁπάσας τὰς αἰσθητὰς ποιότητας ὡς πρὸς ἡμᾶς τοὺς αἰσθανομένους αὐτῶν, φύσει δὲ οὐδὲν εἶναι λευκὸν ἢ μέλαν, ἢ ξανθὸν ἢ ἐρυθρόν, ἢ πικρὸν ἢ γλυκύ. τὸ γὰρ δὴ 'νόμῳ' ταὐτὸ βούλεται τῷ οἷον 'νομιστί', καὶ 'πρὸς ἡμᾶς', οὐ κατὰ τὴν αὐτῶν τῶν πραγμάτων φύσιν· ὅπερ δ' αὖ πάλιν 'ἐτεῇ' καλεῖ, παρὰ τὸ ἐτεὸν, ὅπερ ἀληθὲς δηλοῖ, ποιήσας τοὔνομα. καὶ 418
εἴη ἂν ὁ σύμπας αὐτοῦ νοῦς τοῦ λόγου τοιόσδε.

Νομίζεται μέντοι παρὰ τοῖς ἀνθρώποις λευκόν τι εἶναι καὶ μέλαν, καὶ γλυκὺ καὶ πικρόν, καὶ τἆλλα πάντα τὰ τοιαῦτα[1]), κατὰ δὲ τὴν ἀλήθειαν ἓν καὶ μηδέν ἐστι τὰ πάντα. καὶ γὰρ αὖ καὶ τοῦτ' εἴρηκεν αὐτός, ἓν μὲν τὰς ἀτόμους ὀνομάζων, μηδὲν δὲ τὸ κενόν. αἱ μὲν οὖν ἄτομοι σύμπασαι, σώματα οὖσαι σμικρά, χωρὶς ποιοτήτων εἰσί· τὸ δὲ κενόν χώρα τις, ἐν ᾗ φερόμενα ταυτὶ τὰ σώματα ἄνω τε καὶ κάτω σύμπαντα διὰ παντὸς τοῦ αἰῶνος, ἢ περιπλέκεταί πως ἀλλήλοις, ἢ προσκρούει, καὶ ἀποπάλλεται, καὶ διακρίνει δὲ καὶ συγκρίνει πάλιν εἰς ἄλληλα κατὰ τὰς τοιαύτας ὁμιλίας, κᾀκ τούτου τά τε ἄλλα συγκρίματα πάντα ποιεῖ, καὶ τὰ ἡμέτερα σώματα, καὶ τὰ παθήματα αὐτῶν, καὶ τὰς αἰσθήσεις. ἀπαθῆ δ' ὑποτίθενται τὰ σώματα εἶναι τὰ πρῶτα· τινὲς μὲν αὐτῶν ὑπὸ σκληρότητος ἄθραυστα, καθάπερ οἱ περὶ τὸν Ἐπίκουρον· ἔνιοι δὲ, ὑπὸ

1) καὶ τἆλλα ... τοιαῦτα *omiserunt codd. deteriores*

Farbe, weder Süßigkeit noch Bitterkeit, weder Wärme noch Kälte noch sonst irgendeine Eigenschaft hat. „Nur der Meinung nach gibt es Farbe, bitter, süß, in Wahrheit gibt es nur Atome und leeren Raum“, sagt Demokrit.[2]) Aus der Vereinigung von Atomen entstehen nach ihm alle wahrnehmbaren Qualitäten, die von unseren Sinnesorganen so empfunden werden; von Natur aus jedoch gibt es nichts Weißes oder Schwarzes, nichts Gelbes oder Rotes, nichts Bitteres oder Süßes. Das ‘der Meinung nach’ besagt soviel wie ‘vermeintlich’, das ‘von uns so empfunden’ soviel wie ‘nicht der Beschaffenheit der Dinge selbst nach’; was er mit dem von ihm geprägten Ausdruck ‘eteē’ [in Wahrheit] bezeichnet, gehört zum Wort ‘eteon’ und bedeutet ‘wahr’. — Dies etwa ist der Hauptinhalt seiner Lehre.

Allgemein herrscht doch bei den Menschen die Auffassung, es gebe weiße oder schwarze, süße oder bittere und alle anderen derartigen Stoffe; in Wahrheit aber besteht ⟨nach Demokrit⟩ das All nur aus dem Einen und dem Nichts: Auch das stützt sich auf seine eigenen Worte, bezeichnet er doch die Atome als das Eine, den leeren Raum dagegen als das Nichts. Alle Atome, diese winzigen Korpuskeln, sind also frei von allen ⟨sekundären⟩ Eigenschaften. Das Leere dagegen ist ein Raum, in welchem sich diese Korpuskeln durch alle Zeit hindurch aufwärts und abwärts bewegen und sich dabei irgendwie miteinander verfangen oder aufeinanderstoßen und wieder abprallen, sich trennen und sich wieder in derartigen Ansammlungen vereinigen. Daraus entstehen nach ihm alle Stoffverbindungen, auch unsere Körper mit ihren Gefühlen und Wahrnehmungen. Sie nehmen an, daß die Urteilchen unveränderlich sind; einige von ihnen, so die Epikureer, halten sie dank ihrer Härte für unzerstörbar;

σμικρότητος ἀδιαίρετα, καθάπερ οἱ περὶ τὸν Λεύκιπ- 419
πον, ἀλλ' οὐδ' ἀλλοιοῦσθαι κατά τι δυνάμενα ταύτας δὴ τὰς ἀλλοιώσεις, ἃς ἅπαντες ἄνθρωποι πεπιστεύκασιν εἶναι, διδαχθέντες ὑπὸ τῶν αἰσθήσεων, οἷον οὔτε θερμαίνεσθαί τί φασιν ἐκείνων οὔτε ψύχεσθαι, κατὰ δὲ τὸν αὐτὸν τρόπον οὔθ' ὑγραίνεσθαι οὔτε ξηραίνεσθαι, πολὺ δὲ δὴ μᾶλλον ἔτι μήτε μελαίνεσθαι μήτε λευκαίνεσθαι μήτ' ἄλλην τινὰ ὅλως ἐπιδέχεσθαι ποιότητα κατὰ μηδεμίαν μεταβολήν.

Εὐλόγως οὖν ὁ Ἱπποκράτης ἀντιλέγων αὐτοῖς ἐρεῖ, μηδέποτ' ἂν ἀλγέειν τὸν ἄνθρωπον, εἰ τοιαύτη τις ἦν ἡ φύσις αὐτοῦ. . . .

einige andere, wie etwa die Schule des Leukipp, wegen ihrer Kleinheit für unteilbar. Sie leugnen auch, daß diese Atome durch irgendwelche Beeinflussung verändert werden könnten, was doch sonst alle Menschen, überzeugt durch die eigene Wahrnehmung, annehmen: So behaupten sie, daß keines dieser Atome warm oder kalt werden, und dementsprechend auch weder naß noch trocken oder gar schwarz oder weiß werden oder sonst irgendeine Eigenschaft aufgrund einer Veränderung annehmen könne.

Ganz folgerichtig erwidert nun Hippokrates diesen ⟨Atomisten⟩, daß der Mensch, wenn seine Beschaffenheit so sei, gar nie Schmerz empfinden würde. . . .

II Mathematischer Atomismus in der pythagoreischen und platonischen Schule

1. Philolaos aus Kroton
(ca. 470—400 v. Chr.)

Nr. 22: *Theo Smyrnaeus p. 18, 5 W.*
(= Fr. B 12 D.)

Καὶ τὰ μὲν τᾶς σφαίρας σώματα πέντε ἐντί, τὰ ἐν τᾷ σφαίρᾳ πῦρ ⟨καὶ⟩ ὕδωρ καὶ γᾶ καὶ ἀήρ, καὶ ὁ τᾶς σφαίρας ὁλκάς,[1]) πέμπτον.

Nr. 23: *Stobaeus, ecl. 1, 22*
(= Aëtius plac. philos. p. 334 D. = Fr. A 15 D.)

Πυθαγόρας πέντε σχημάτων ὄντων στερεῶν, ἅπερ καλεῖται καὶ μαθηματικά, ἐκ μὲν τοῦ κύβου φησὶ γεγονέναι τὴν γῆν, ἐκ δὲ τῆς πυραμίδος τὸ πῦρ, ἐκ δὲ τοῦ ὀκταέδρου τὸν ἀέρα, ἐκ δὲ τοῦ εἰκοσαέδρου τὸ ὕδωρ, ἐκ δὲ τοῦ δωδεκαέδρου τὴν τοῦ παντὸς σφαῖραν.

1) *locus dubius,* ὁλκός *coniecit Wilamowitz*

II Mathematischer Atomismus in der pythagoreischen und platonischen Schule

1. Philolaos aus Kroton (ca. 470—400 v. Chr.)

Nr. 22: *Fragment aus der Schrift des Philolaos „Über die Natur" (?)* (Theo Smyrnaeus p. 18, 5 W.)

⟨Elementen-⟩Körper der Weltkugel gibt es fünf: die in der Kugel: Feuer, Wasser, Erde und Luft; und als fünftes das die Weltkugel ⟨umfassende⟩ Lastschiff (?) [näml. der Äther].[1])

Nr. 23: *Die fünf regelmäßigen Körper* (Stobaios, Eklogen 1, 22)

Pythagoras sagt, von den fünf ⟨regelmäßigen⟩ stereometrischen Körpern ausgehend, die man auch 'mathematische' nennt, daß aus dem Würfel die Erde entstanden sei[1]), aus der Pyramide das Feuer, aus dem Oktaeder die Luft, aus dem Ikosaeder das Wasser, aus dem Dodekaeder die Kugel des Alls.

2. Ekphantos aus Syrakus (Ende 5. Jh./Anf. 4 Jh. v. Chr.)

Nr. 24: *Hippolytos, Refut. 1, 15* (= Fr. 1 D.)

Ἔκφαντός τις Συρακούσιος ἔφη ... τὰ μὲν πρῶτα ἀδιαίρετα εἶναι σώματα καὶ παραλλαγὰς αὐτῶν τρεῖς ὑπάρχειν, μέγεθος σχῆμα δύναμιν, ἐξ ὧν τὰ αἰσθητὰ γίνεσθαι. εἶναι δὲ τὸ πλῆθος αὐτῶν ὡρισμένον καὶ οὐκ[1]) ἄπειρον. κινεῖσθαι δὲ τὰ σώματα μήτε ὑπὸ βάρους μήτε πληγῆς, ἀλλ' ὑπὸ θείας δυνάμεως, ἣν νοῦν καὶ ψυχὴν προσαγορεύει. τούτου μὲν οὖν τὸν κόσμον εἶναι ἰδέαν,[2]) δι' ὃ καὶ σφαιροειδῆ ὑπὸ θείας δυνάμεως γεγονέναι. τὴν δὲ γῆν μέσον κόσμου κινεῖσθαι περὶ τὸ αὑτῆς κέντρον ὡς πρὸς ἀνατολήν.

Nr. 25: *Stobaeus, ecl. 1, 10* (= Aëtius, plac. philos. p. 286 D. = Fr. 2 D.)

Ἔκφαντος Συρακούσιος, εἷς τῶν Πυθαγορείων, πάντων τὰ ἀδιαίρετα σώματα καὶ τὸ κενόν [sc. ἀρχὰς εἶναί φησιν]· τὰς γὰρ Πυθαγορικὰς μονάδας οὗτος πρῶτος ἀπεφήνατο σωματικάς.

1) οὐκ *Roeper*, τοῦτο *codd.*
2) εἰδέναι ἰδεῖν *codd.*, *correxit Roeper*

2. Ekphantos aus Syrakus
(Ende 5./Anf. 4. Jh. v. Chr.)

Nr. 24: *Abriß der Lehre*
(Hippolytos, Refutationes 1, 15)[1])

Ein gewisser Ekphantos aus Syrakus lehrte, ... die Grundbestandteile ⟨der Welt⟩ seien unteilbare Körperchen, die drei Unterscheidungsmerkmale hätten: die Größe, die Form und die Kraft; aus diesen Körperchen entstünden die wahrnehmbaren Dinge. Ihre Menge sei begrenzt und nicht unendlich. Die Körperchen bewegten sich nicht durch ihre Schwere oder durch Stoß, sondern durch eine göttliche Kraft, die er auch 'Geist' oder 'Seele' nennt. Davon sei nun die Welt ein Abbild, weswegen sie unter dem Einfluß dieser göttlichen Kraft kugelförmig geworden sei. Die Erde liege in der Mitte des Weltalls und drehe sich um ihr Zentrum in Richtung Osten.

Nr. 25: *Monadenlehre* (Stobaios, Eklogen 1, 10)

Ekphantos von Syrakus, einer aus dem Kreis der Pythagoreer, lehrte, daß die Grundkomponenten von allem die unteilbaren Körperchen und das Leere seien. Denn er faßte als erster die pythagoreischen Monaden[1]) als körperhafte Gebilde auf.

3. Platon (427—347 v. Chr.)

Nr. 26: *Plato, Timaeus* (53 c—56 c)

Πρῶτον μὲν δὴ πῦρ καὶ γῆ καὶ ὕδωρ καὶ ἀὴρ ὅτι σώματά ἐστι, δῆλόν που καὶ παντί· τὸ δὲ τοῦ σώματος εἶδος πᾶν καὶ βάθος ἔχει. τὸ δὲ βάθος αὖ πᾶσα ἀνάγκη τὴν ἐπίπεδον περιειληφέναι φύσιν· ἡ δὲ ὀρθὴ τῆς ἐπιπέδου βάσεως ἐκ τριγώνων συνέστηκεν. 53

d

τὰ δὲ τρίγωνα πάντα ἐκ δυοῖν ἄρχεται τριγώνοιν, μίαν μὲν ὀρθὴν ἔχοντος ἑκατέρου γωνίαν, τὰς δὲ ὀξείας· ὧν τὸ μὲν ἕτερον ἑκατέρωθεν ἔχει μέρος γωνίας ὀρθῆς πλευραῖς ἴσαις διῃρημένης, τὸ δ' ἕτερον ἀνίσοις ἄνισα μέρη νενεμημένης. ταύτην δὴ πυρὸς ἀρχὴν καὶ τῶν ἄλλων σωμάτων ὑποτιθέμεθα κατὰ τὸν μετ' ἀνάγκης εἰκότα λόγον πορευόμενοι· τὰς δ' ἔτι τούτων ἀρχὰς ἄνωθεν θεὸς οἶδεν καὶ ἀνδρῶν ὃς ἂν ἐκείνῳ φίλος ᾖ.

Δεῖ δὴ λέγειν ποῖα κάλλιστα σώματα γένοιτ' ἂν e

τέτταρα, ἀνόμοια μὲν ἑαυτοῖς, δυνατὰ δὲ ἐξ ἀλλήλων αὐτῶν ἄττα διαλυόμενα γίγνεσθαι· τούτου γὰρ τυχόντες ἔχομεν τὴν ἀλήθειαν γενέσεως πέρι γῆς τε καὶ πυρὸς τῶν τε ἀνὰ λόγον ἐν μέσῳ. τόδε γὰρ οὐδενὶ συγχωρησόμεθα, καλλίω τούτων ὁρώμενα σώματα εἶναί που καθ' ἓν γένος ἕκαστον ὄν. τοῦτ' οὖν προθυμητέον, τὰ διαφέροντα κάλλει σωμά-

3. Platon (427—347 v. Chr.)

Nr. 26: *Lehre von den vier regelmäßigen Urkörpern* (Timaios Kap. 20ff.)[1]

Zunächst einmal ist es wohl jedem klar, daß Feuer, Erde, Wasser und Luft körperliche Dinge sind; jede Art von Körper aber hat ⟨neben Länge und Breite⟩ auch eine räumliche Tiefe; und weiter ist jeder räumliche Körper notwendigerweise von einer Oberfläche umgeben; gerade Grundflächen aber bestehen aus Dreiecken[2]). Alle Dreiecke gehen ihrerseits auf zwei ⟨Grund-⟩Dreiecke zurück, die je einen rechten und zwei spitze Winkel haben: das eine hat auf beiden Seiten einen halben rechten Winkel, der von gleichen Schenkeln gebildet ist, das andere hat ungleiche Teile ⟨eines rechten Winkels⟩, der von ungleichen Seiten gebildet ist. Diesen Ursprung legen wir dem Feuer und den anderen Körpern zugrunde, indem wir in unseren Überlegungen dem zwingenden Gesetze der Wahrscheinlichkeit folgen. Die Ursprünge aber, die noch weiter zurückgehen, kennt nur Gott und wer von den Menschen Gott besonders lieb ist.

Man muß nun also darlegen, dank welcher Eigenschaften vier Körper zu den schönsten geworden sind, die — untereinander zwar ungleich — dennoch die Möglichheit haben, durch Auflösung ⟨in ihre Bestandteile und erneute Zusammensetzung⟩ auseinander zu entstehen. Denn wenn uns dies gelingt, dann haben wir die Wahrheit über die Entstehung von Erde und Feuer und der entsprechenden ⟨Elemente⟩ in der Mitte [Luft und Wasser] gefunden. Denn dies werden wir niemandem zugeben, daß es irgendwo schönere Körper als diese zu sehen gebe, jeder in seiner Art. Wir müssen uns nun darum bemühen, diese vier an Schönheit überragenden Arten von Körpern ⟨aus

των τέτταρα γένη συναρμόσασθαι καὶ φάναι τὴν τούτων ἡμᾶς φύσιν ἱκανῶς εἰληφέναι.

Τοῖν δὴ δυοῖν τριγώνοιν τὸ μὲν ἰσοσκελὲς μίαν 54
εἴληχεν φύσιν, τὸ δὲ πρόμηκες ἀπεράντους· προαιρετέον οὖν αὖ τῶν ἀπείρων τὸ κάλλιστον, εἰ μέλλομεν ἄρξεσθαι κατὰ τρόπον. ἂν οὖν τις ἔχῃ κάλλιον ἐκλεξάμενος εἰπεῖν εἰς τὴν τούτων σύστασιν, ἐκεῖνος οὐκ ἐχθρὸς ὢν ἀλλὰ φίλος κρατεῖ· τιθέμεθα δ' οὖν τῶν πολλῶν τριγώνων κάλλιστον ἕν, ὑπερβάντες τἆλλα, ἐξ οὗ τὸ ἰσόπλευρον τρίγωνον ἐκ τρίτου συνέστηκεν. διότι δέ, λόγος πλείων· ἀλλὰ τῷ τοῦτο b
ἐλέγξαντι καὶ ἀνευρόντι μὴ [1]) οὕτως ἔχον κεῖται φίλια τὰ ἆθλα.

Προῃρήσθω δὴ δύο τρίγωνα ἐξ ὧν τό τε τοῦ πυρὸς καὶ τὰ τῶν ἄλλων σώματα μεμηχάνηται, τὸ μὲν ἰσοσκελές, τὸ δὲ τριπλῆν κατὰ δύναμιν ἔχον τῆς ἐλάττονος τὴν μείζω πλευρὰν ἀεί. τὸ δὴ πρόσθεν ἀσαφῶς ῥηθὲν νῦν μᾶλλον διοριστέον. τὰ γὰρ τέτταρα γένη δι' ἀλλήλων εἰς ἄλληλα ἐφαίνετο πάντα γένεσιν ἔχειν, οὐκ ὀρθῶς φανταζόμενα· γίγνεται μὲν
γὰρ ἐκ τῶν τριγώνων ὧν προῃρήμεθα γένη τέτταρα, c
τρία μὲν ἐξ ἑνὸς τοῦ τὰς πλευρὰς ἀνίσους ἔχοντος, τὸ δὲ τέταρτον ἓν μόνον ἐκ τοῦ ἰσοσκελοῦς τριγώνου

1) δὴ *codd.*, μὴ *Hermann*; δὴ μὴ *scr. Ven. 184*

ihren Bestandteilen⟩ zusammenzufügen, um dann sagen zu können, wir hätten die Beschaffenheit dieser Körper zur Genüge erfaßt.

Von den zwei ⟨genannten Arten von⟩ Dreiecken hat das ⟨rechtwinklig-⟩gleichschenklige nur eine Form, das ⟨rechtwinklig-⟩ungleichschenklige dagegen unbeschränkt viele; von diesen unbeschränkt vielen müssen wir nun dem schönsten den Vorzug geben, wenn wir in gehöriger Weise anfangen wollen. Wenn nun jemand für die Zusammensetzung dieser Körper ein schöneres Dreieck auswählen und nennen kann, ist dieser für uns, wenn er uns überlegen ist, kein Feind, sondern ein Freund. Wir dagegen legen als schönstes von den vielen ⟨rechtwinklig-ungleichschenkligen⟩ Dreiecken dies eine zugrunde, indem wir die anderen übergehen, von welchem zwei ⟨zusammengefügt⟩ das gleichseitige Dreieck als drittes bilden[3]). Warum dies so ist, würde einer zu ausführlichen Erklärung bedürfen; wem es aber gelingen sollte, dies zu widerlegen und aufzuzeigen, daß dem nicht so ist, dem ist in aller Freundschaft der Kampfpreis bestimmt.

Es sollen nun also zwei ⟨Grund-⟩Dreiecke den Vorzug haben, aus welchen der Körper des Feuers und der anderen Elemente konstruiert ist, nämlich das ⟨rechtwinklig-⟩gleichschenklige und dasjenige, dessen größere Kathete im Quadrat stets das Dreifache der kleineren Kathete im Quadrat ausmacht[4]). Was wir vorher aber nur recht ungenau gesagt haben, soll nun präzisiert werden: Es schien uns nämlich, die vier Arten von Urkörpern könnten alle auseinander entstehen und sich ineinander verwandeln[5]), eine Vorstellung, die unzutreffend ist; denn es entstehen zwar aus den Grunddreiecken, die wir vorgezogen haben, die vier Arten ⟨von Urkörpern⟩, drei aus dem einen ⟨rechtwinklig-⟩ungleichschenkligen; nur die eine vierte Art ist aus dem ⟨rechtwinklig-⟩gleichschenk-

συναρμοσθέν. οὔκουν δυνατὰ πάντα εἰς ἄλληλα
διαλυόμενα ἐκ πολλῶν σμικρῶν ὀλίγα μεγάλα καὶ
τοὐναντίον γίγνεσθαι, τὰ δὲ τρία οἷόν τε· ἐκ γὰρ
ἑνὸς ἅπαντα πεφυκότα λυθέντων τε τῶν μειζόνων
πολλὰ σμικρὰ ἐκ τῶν αὐτῶν συστήσεται, δεχόμενα
τὰ προσήκοντα ἑαυτοῖς σχήματα, καὶ σμικρὰ ὅταν
αὖ πολλὰ κατὰ τὰ τρίγωνα διασπαρῇ, γενόμενος εἷς d
ἀριθμὸς ἑνὸς ὄγκου μέγα ἀποτελέσειεν ἂν ἄλλο εἶδος
ἕν.

Ταῦτα μὲν οὖν λελέχθω περὶ τῆς εἰς ἄλληλα γενέ-
σεως· οἷον δὲ ἕκαστον αὐτῶν γέγονεν εἶδος καὶ ἐξ
ὅσων συμπεσόντων ἀριθμῶν, λέγειν ἂν ἑπόμενον
εἴη. ἄρξει δὴ τό τε πρῶτον εἶδος καὶ σμικρότατον
συνιστάμενον, στοιχεῖον δ' αὐτοῦ τὸ τὴν ὑποτείνου-
σαν τῆς ἐλάττονος πλευρᾶς διπλασίαν ἔχον μήκει·
σύνδυο δὲ τοιούτων κατὰ διάμετρον συντιθεμένων
καὶ τρὶς τούτου γενομένου, τὰς διαμέτρους καὶ τὰς e
βραχείας πλευρὰς εἰς ταὐτὸν ὡς κέντρον ἐρεισάν-
των, ἓν ἰσόπλευρον τρίγωνον ἐξ ἓξ τὸν ἀριθμὸν ὄντων
γέγονεν. τρίγωνα δὲ ἰσόπλευρα συνιστάμενα τέτταρα κατὰ σύντρεις ἐπιπέδους γωνίας μίαν στερεὰν
γωνίαν ποιεῖ, τῆς ἀμβλυτάτης τῶν ἐπιπέδων γωνιῶν
ἐφεξῆς γεγονυῖαν· τοιούτων δὲ ἀποτελεσθεισῶν τεττάρων πρῶτον εἶδος στερεόν, ὅλου περιφεροῦς δια-
νεμητικὸν εἰς ἴσα μέρη καὶ ὅμοια, συνίσταται. δεύτερον δὲ ἐκ μὲν τῶν αὐτῶν τριγώνων, κατὰ δὲ

ligen zusammengesetzt. Es können also nicht alle durch Auflösung ineinander übergehen und aus vielen kleinen Bestandteilen wenige große werden und umgekehrt; bei drei ⟨Arten von Urkörpern⟩ aber ist es möglich; denn alle drei sind aus einem Grunddreieck entstanden; wenn nun die größeren Körper aufgelöst werden, entstehen viele kleine aus den gleichen, welche die ihnen entsprechenden Formen annehmen; und wenn nun diese vielen kleinen Körper in die Grunddreiecke zerteilt werden, würde daraus eine einzige Zahl einer einheitlichen ⟨nicht mehr weiter zerlegbaren⟩ Masse entstehen, die ihrerseits wieder eine andere größere Art ⟨von Körpern⟩ bilden könnte.[6])

Soviel mag genügen über die Entstehung ⟨der Urkörper auseinder und⟩ ineinander. Wie aber jede Art von ihnen entstanden ist und aus was für Zahlen sie sich zusammensetzt, wäre jetzt anschließend zu erklären: Den Anfang wird die erste und, was ihre Zusammensetzung betrifft, kleinste Art bilden; ihr Bauelement ist das Grunddreieck, dessen Hypotenuse das Doppelte der kleineren Kathete ausmacht[7]). Fügt man nun zwei derartige Dreiecke an ihren Hypotenusen zusammen und tut man dies dreimal, in der Weise, daß die Hypotenusen und die kleineren Katheten im selben Punkt als Zentrum zusammentreffen, entsteht aus total sechs solchen Dreiecken ein einziges gleichseitiges Dreieck[8]). Vier solche gleichseitigen Dreiecke, mit je drei Flächenwinkel zusammengesetzt, bilden (an den betreffenden Ecken) einen räumlichen Winkel, der dem stumpfesten der Flächenwinkel am nächsten steht.[9]) Aus vier solchen räumlichen Winkeln entsteht die erste Art eines stereometrischen Gebildes [das Tetraeder], das die ganze es umschreibende Kugel in flächengleiche und formgleiche Teile zerlegt. — Der zweite ⟨Ur-⟩Körper entsteht aus denselben Dreiecken, wobei je

ἰσόπλευρα τρίγωνα ὀκτὼ συστάντων, μίαν ἀπερ-
γασαμένων στερεὰν γωνίαν ἐκ τεττάρων ἐπιπέδων·
καὶ γενομένων ἓξ τοιούτων τὸ δεύτερον αὖ σῶμα
οὕτως ἔσχεν τέλος. τὸ δὲ τρίτον ἐκ δὶς ἑξήκοντα τῶν
στοιχείων συμπαγέντων, στερεῶν δὲ γωνιῶν δώδεκα, b
ὑπὸ πέντε ἐπιπέδων τριγώνων ἰσοπλεύρων περιεχο-
μένης ἑκάστης, εἴκοσι βάσεις ἔχον ἰσοπλεύρους τρι-
γώνους γέγονεν.

Καὶ τὸ μὲν ἕτερον ἀπήλλακτο τῶν στοιχείων
ταῦτα γεννῆσαν, τὸ δὲ ἰσοσκελὲς τρίγωνον ἐγέννα
τὴν τοῦ τετάρτου φύσιν, κατὰ τέτταρα συνιστάμενον, εἰς τὸ κέντρον τὰς ὀρθὰς γωνίας συνάγον, ἓν
ἰσόπλευρον τετράγωνον ἀπεργασάμενον· ἓξ δὲ τοιαῦτα συμπαγέντα γωνίας ὀκτὼ στερεὰς ἀπετέλεσεν, c
κατὰ τρεῖς ἐπιπέδους ὀρθὰς συναρμοσθείσης ἑκά-
στης· τὸ δὲ σχῆμα τοῦ συστάντος σώματος γέγονεν
κυβικόν, ἓξ ἐπιπέδους τετραγώνους ἰσοπλεύρους
βάσεις ἔχον. ἔτι δὲ οὔσης συστάσεως μιᾶς πέμπτης,
ἐπὶ τὸ πᾶν ὁ θεὸς αὐτῇ κατεχρήσατο ἐκεῖνο δια-
ζωγραφῶν.

Ἃ δή τις εἰ πάντα λογιζόμενος ἐμμελῶς ἀποροῖ
πότερον ἀπείρους χρὴ κόσμους εἶναι λέγειν ἢ πέρας
ἔχοντας, τὸ μὲν ἀπείρους ἡγήσαιτ' ἂν ὄντως ἀπείρου d
τινὸς εἶναι δόγμα ὧν ἔμπειρον χρεὼν εἶναι, πότερον
δὲ ἕνα ἢ πέντε αὐτοὺς ἀληθείᾳ πεφυκότας λέγειν
ποτὲ προσήκει, μᾶλλον ἂν ταύτῃ στὰς εἰκότως δια-
πορήσαι. τὸ μὲν οὖν δὴ παρ' ἡμῶν ἕνα αὐτὸν κατὰ

acht gleichseitige Dreiecke zusammengefügt werden, von denen je vier Flächen einen räumlichen Winkel entstehen lassen; sind nun sechs solche Ecken gebildet, hat auch der zweite Körper [das Oktaeder] seine Vollendung erhalten. Der dritte ⟨Ur-⟩Körper entstand aus der Zusammensetzung von hundertzwanzig Grunddreiecken[10]) und zwölf räumlichen Winkeln, von denen jeder aus fünf Flächen von gleichseitigen Dreiecken gebildet ist, und weist zwanzig Grundflächen von gleichseitigen Dreiecken auf [das Ikosaeder].

Das eine der zwei Bauelemente hat nun mit der Bildung dieser ⟨drei Urkörper⟩ ausgedient. Das ⟨rechtwinklig-⟩gleichschenklige Dreieck jedoch erzeugte die Beschaffenheit des vierten Körpers: je vier zusammengesetzt, wobei die rechten Winkel in einem Zentrum zusammentreffen, ergeben ein gleichseitiges Viereck [Quadrat]; sechs solche Flächen zusammengefügt, bildeten acht räumliche Winkel, wobei immer drei Flächen senkrecht aufeinander stehen. Die Form aber des so zustande gekommenen Körpers ist der Würfel [Kubus], der sechs Quadrate als Grundflächen hat. — Da aber noch eine einzige fünfte Zusammensetzung übrig war, benützte sie Gott für das All, um es mit den Figuren ⟨der Sternbilder⟩ auszumalen[11]).

Wenn einer dies alles sorgfältig überlegt und noch im Zweifel ist, ob man eine unbegrenzte Zahl von Welten annehmen solle oder eine begrenzte, dann wird man wohl die Annahme, es gebe unbeschränkt viele, für die Lehre eines wirklich Beschränkten halten in Dingen, in denen man nicht beschränkt sein dürfte[12]). Ob es dagegen richtiger ist, zu sagen, es gebe in Wirklichkeit eine oder fünf ⟨Welten⟩, darüber könnte man von diesem Standpunkt aus schon eher zweifeln. Von uns aus gesehen weist freilich alles darauf hin, daß es aller Wahrscheinlichkeit nach nur

τὸν εἰκότα λόγον πεφυκότα μηνύει [θεόν],[2]) ἄλλος δὲ εἰς ἄλλα πῃ βλέψας ἕτερα δοξάσει.

Καὶ τοῦτον μὲν μεθετέον, τὰ δὲ γεγονότα νῦν τῷ
λόγῳ γένη διανείμωμεν εἰς πῦρ καὶ γῆν καὶ ὕδωρ
καὶ ἀέρα. γῇ μὲν δὴ τὸ κυβικὸν εἶδος δῶμεν·
ἀκινητοτάτη γὰρ τῶν τεττάρων γενῶν γῆ καὶ τῶν e
σωμάτων πλαστικωτάτη, μάλιστα δὲ ἀνάγκη γεγονέναι τοιοῦτον τὸ τὰς βάσεις ἀσφαλεστάτας ἔχον·
βάσις δὲ ἥ τε τῶν κατ' ἀρχὰς τριγώνων ὑποτεθέντων
ἀσφαλεστέρα κατὰ φύσιν ἡ τῶν ἴσων πλευρῶν τῆς
τῶν ἀνίσων, τό τε ἐξ ἑκατέρου συντεθὲν ἐπίπεδον
ἰσόπλευρον ἰσοπλεύρου τετράγωνον τριγώνου κατά
τε μέρη καὶ καθ' ὅλον στασιμωτέρως ἐξ ἀνάγκης
βέβηκεν. διὸ γῇ μὲν τοῦτο ἀπονέμοντες τὸν εἰκότα 56
λόγον διασῴζομεν, ὕδατι δ' αὖ τῶν λοιπῶν τὸ
δυσκινητότατον εἶδος, τὸ δ' εὐκινητότατον πυρί, τὸ
δὲ μέσον ἀέρι· καὶ τὸ μὲν σμικρότατον σῶμα πυρί,
τὸ δ' αὖ μέγιστον ὕδατι, τὸ δὲ μέσον ἀέρι· καὶ τὸ
μὲν ὀξύτατον αὖ πυρί, τὸ δὲ δεύτερον ἀέρι, τὸ δὲ
τρίτον ὕδατι. ταῦτ' οὖν δὴ πάντα, τὸ μὲν ἔχον
ὀλιγίστας βάσεις εὐκινητότατον ἀνάγκη πεφυκέναι,
τμητικώτατόν τε καὶ ὀξύτατον ὂν πάντῃ πάντων, b
ἔτι τε ἐλαφρότατον, ἐξ ὀλιγίστων συνεστὸς τῶν
αὐτῶν μερῶν· τὸ δὲ δεύτερον δευτέρως τὰ αὐτὰ
ταῦτ' ἔχειν, τρίτως δὲ τὸ τρίτον. ἔστω δὴ κατὰ τὸν

2) θεόν *vel* θεός *nonnulli codd., secluserunt Hermann et Wilamowitz*

eine einzige Welt gibt; ein anderer mag aber aufgrund von anderen Gesichtspunkten zu anderen Vorstellungen gelangen.

Doch lassen wir diesen und verteilen wir die in unserer Ableitung entstandenen Arten ⟨von Urkörpern⟩ auf das Feuer, die Erde, das Wasser und die Luft: Der Erde wollen wir die Kubusform zuweisen[18]); denn die Erde ist die unbeweglichste von den vier Arten ⟨der Elemente⟩ und von den Körpern die am leichtesten formbare. Diese Eigenschaften kann aber notwendigerweise nur derjenige Körper haben, der die standfestesten Grundflächen hat; von den eingangs angenommenen Grunddreiecken hat aber das aus gleichen Schenkeln zusammengesetzte naturgemäß eine sicherere Grundfläche als das aus ungleichen Seiten zusammengesetzte, und das aus zwei solchen ⟨rechtwinklig-gleichschenkligen Dreiecken⟩ zusammengesetzte Quadrat ist in seinen Teilen und im Ganzen standfester als die Grundfläche eines gleichseitigen Dreieckes. Wenn wir also diesen Körper der Erde zuteilen, berücksichtigen wir das Gesetz der Wahrscheinlichkeit. Dem Wasser dagegen teilen wir von den ⟨drei⟩ übrigen Körpern die unbeweglichste Form zu, dem Feuer die beweglichste, die mittlere der Luft. Und ebenso geben wir den kleinsten Körper dem Feuer, den größten dem Wasser, den mittleren der Luft, und ferner den spitzesten dem Feuer, den zweiten der Luft, den dritten dem Wasser. In bezug auf all diese Eigenschaften muß der Körper, der am wenigsten Grundflächen hat, naturgemäß auch am beweglichsten sein; er ist auch am schneidendsten und am spitzesten von allen, ferner auch am leichtesten, da er aus den wenigsten gleichen Grundbestandteilen zusammengesetzt ist. Der ⟨nach seiner Zusammensetzung⟩ zweite Körper wird auch in bezug auf diese Eigenschaften an zweiter Stelle stehen, der dritte an dritter Stelle. So muß

ὀρθὸν λόγον καὶ κατὰ τὸν εἰκότα τὸ μὲν τῆς πυραμίδος στερεὸν γεγονὸς εἶδος πυρὸς στοιχεῖον καὶ σπέρμα· τὸ δὲ δεύτερον κατὰ γένεσιν εἴπωμεν ἀέρος, τὸ δὲ τρίτον ὕδατος. πάντα οὖν δὴ ταῦτα δεῖ διανοεῖσθαι σμικρὰ οὕτως, ὡς καθ' ἓν ἕκαστον μὲν τοῦ c
γένους ἑκάστου διὰ σμικρότητα οὐδὲν ὁρώμενον ὑφ' ἡμῶν, συναθροισθέντων δὲ πολλῶν τοὺς ὄγκους αὐτῶν ὁρᾶσθαι· καὶ δὴ καὶ τὸ τῶν ἀναλογιῶν περί τε τὰ πλήθη καὶ τὰς κινήσεις καὶ τὰς ἄλλας δυνάμεις πανταχῇ τὸν θεόν, ὅπῃπερ ἡ τῆς ἀνάγκης ἑκοῦσα πεισθεῖσά τε φύσις ὑπεῖκεν, ταύτῃ πάντῃ δι' ἀκριβείας ἀποτελεσθεισῶν ὑπ' αὐτοῦ συνηρμόσθαι ταῦτα ἀνὰ λόγον.

Ἐκ δὴ πάντων ὧνπερ τὰ γένη προειρήκαμεν ὧδ' ἂν κατὰ τὸ εἰκὸς μάλιστ' ἂν ἔχοι. γῆ μὲν συντυγχά- d
νουσα πυρὶ διαλυθεῖσά τε ὑπὸ τῆς ὀξύτητος αὐτοῦ φέροιτ' ἄν, εἴτ' ἐν αὐτῷ πυρὶ λυθεῖσα εἴτ' ἐν ἀέρος εἴτ' ἐν ὕδατος ὄγκῳ τύχοι, μέχριπερ ἂν αὐτῆς πῃ συντυχόντα τὰ μέρη, πάλιν συναρμοσθέντα αὐτὰ αὑτοῖς, γῆ γένοιτο — οὐ γὰρ εἰς ἄλλο γε εἶδος ἔλθοι ποτ' ἄν — ὕδωρ δὲ ὑπὸ πυρὸς μερισθέν, εἴτε καὶ ὑπ' ἀέρος, ἐγχωρεῖ γίγνεσθαι συστάντα ἓν μὲν πυρὸς σῶμα, δύο δὲ ἀέρος· τὰ δὲ ἀέρος τμήματα ἐξ ἑνὸς e
μέρους διαλυθέντος δύ' ἂν γενοίσθην σώματα πυρός. καὶ πάλιν, ὅταν ἀέρι πῦρ ὕδασίν τε ἤ τινι γῇ περι-

denn also gemäß folgerichtiger Überlegung und unter Berücksichtigung der Wahrscheinlichkeit die stereometrische Form der Pyramide [Tetraeder] das Bauelement und der Keim des Feuers sein [14]); den seiner Entstehung nach zweiten Körper [Oktaeder] wollen wir als Bauelement der Luft, den dritten [Ikosaeder] als das des Wassers bezeichnen. — Man muß sich nun all diese Urkörper derart klein denken, daß wir ihrer Kleinheit wegen einzeln kein Teilchen dieser Arten sehen, wenn aber viele von ihnen vereinigt sind, ihre Masse feststellen können. Und was ferner die Verhältnisse in bezug auf ihre Menge und ihre Bewegungen und ihre übrigen Möglichkeiten angeht, hat Gott, soweit es die Gesetzmäßigkeit der Natur, freiwillig oder ihm gehorchend, zuließ, überall dies alles mit größter Sorgfalt vollendet und in harmonischen Proportionen zusammengefügt.

Aufgrund von alldem, was wir vorhin über die ⟨vier⟩ Arten ⟨von Urkörpern⟩ gesagt haben, dürfte es sich mit ihnen aller Wahrscheinlichkeit nach etwa folgendermaßen verhalten: Wenn Erde mit Feuer zusammentrifft und von dessen Spitzigkeit aufgelöst wird, dann wird sie wohl, ob sie nun im Feuer selbst oder in einer Luft- oder Wassermasse aufgelöst ist, so lange umhergetrieben, bis ihre Teilchen irgendwie wieder zusammentreffen, sich miteinander verbinden und wieder zu Erde werden; denn in eine andere Stoffart könnte sie wohl niemals übergehen. Wasser dagegen, das vom Feuer ⟨in Bauelemente⟩ zerteilt wird oder auch von der Luft, läßt es zu, daß — treten diese ⟨Einzelteilchen⟩ wieder zusammen — ein Körper des Feuers und zwei der Luft entstehen [15]). Die Teilchen aber, die aus der Spaltung der Luft entstehen, ergeben aus je einem aufgelösten Luftkörper zwei Körper des Feuers. Und andererseits, wenn eine geringe Menge von Feuer von einer Masse von Luft, Wasser oder irgendwelcher

λαμβανόμενον ἐν πολλοῖς ὀλίγον, κινούμενον ἐν
φερομένοις, μαχόμενον καὶ νικηθὲν καταθραυσθῇ,
δύο πυρὸς σώματα εἰς ἓν συνίστασθον εἶδος ἀέρος·
καὶ κρατηθέντος ἀέρος κερματισθέντος τε ἐκ δυοῖν
ὅλοιν καὶ ἡμίσεος ὕδατος εἶδος ἓν ὅλον ἔσται συμ-
παγές. ὧδε γὰρ δὴ λογισώμεθα αὐτὰ πάλιν, ὡς ὅταν
ἐν πυρὶ λαμβανόμενον τῶν ἄλλων ὑπ' αὐτοῦ τι γένος 57
τῇ τῶν γωνιῶν καὶ κατὰ τὰς πλευρὰς ὀξύτητι
τέμνηται, συστὰν μὲν εἰς τὴν ἐκείνου φύσιν πέπαυται
τεμνόμενον — τὸ γὰρ ὅμοιον καὶ ταὐτὸν αὑτῷ γένος
ἕκαστον οὔτε τινὰ μεταβολὴν ἐμποιῆσαι δυνατὸν
οὔτε τι παθεῖν ὑπὸ τοῦ κατὰ ταὐτὰ ὁμοίως τε
ἔχοντος — ἕως δ' ἂν εἰς ἄλλο τι γιγνόμενον ἧττον
ὂν κρείττονι μάχηται, λυόμενον οὐ παύεται. τά τε
αὖ σμικρότερα ὅταν ἐν τοῖς μείζοσιν πολλοῖς περι-
λαμβανόμενα ὀλίγα διαθραυόμενα κατασβεννύηται, b
συνίστασθαι μὲν ἐθέλοντα εἰς τὴν τοῦ κρατοῦντος
ἰδέαν πέπαυται κατασβεννύμενα γίγνεταί τε ἐκ
πυρὸς ἀήρ, ἐξ ἀέρος ὕδωρ· ἐὰν δ' εἰς ταὐτὰ ἴῃ καὶ
τῶν ἄλλων τι συνιὸν γενῶν μάχηται, λυόμενα οὐ
παύεται, πρὶν ἢ παντάπασιν ὠθούμενα καὶ διαλυ-
θέντα ἐκφύγῃ πρὸς τὸ συγγενές, ἢ νικηθέντα, ἓν ἐκ
πολλῶν ὅμοιον τῷ κρατήσαντι γενόμενον, αὐτοῦ
σύνοικον μείνῃ.

Καὶ δὴ καὶ κατὰ ταῦτα τὰ παθήματα διαμείβεται c
τὰς χώρας ἅπαντα· διέστηκεν μὲν γὰρ τοῦ γένους

Erde absorbiert wird und von deren Bewegung mitgerissen und im Kampfe überwältigt und zertrümmert wird, so verbinden sich je zwei Feuerkörper zu einer ⟨Körper-⟩ Form der Luft. Wenn ferner Luft überwältigt und zerstückelt wird, entsteht aus der Verdichtung von zweieinhalb ⟨Luftkörpern⟩ die Form eines einzigen ganzen Wasserkörpers. Denn umgekehrt müssen wir uns das so vorstellen, daß, wenn eine der anderen Stoffarten vom Feuer erfaßt und durch die Spitzigkeit der Ecken und Kanten zerteilt wird, diese Teilung schließlich damit aufhört, daß die Teilchen die Beschaffenheit des Feuers annehmen. Denn etwas Gleichartiges und mit sich Übereinstimmendes ist nicht fähig, irgendeine Änderung ⟨an der gleichen Stoffart⟩ zu bewirken noch von der sich gleich verhaltenden ⟨Stoffart⟩ eine Änderung zu erfahren. Solange aber eine unterlegene Masse mit einer überlegenen, in die sie gerät, im Konflikt steht, hört dieser Teilungsvorgang nicht auf. Wenn dagegen die kleineren ⟨Stoffkörper⟩ in geringerer Anzahl von vielen größeren absorbiert werden, dann werden sie zermalmt und vernichtet; haben sie nun das Bestreben, in die Gestalt des vorherrschenden Stoffes überzugehen, dann hört dieser Vernichtungsvorgang auf und es wird aus Feuer Luft, aus Luft Wasser. Wenn aber solche Stoffe zusammentreten und eine andere Stoffart mit diesen zusammentrifft und kämpft, hört dieser Auflösungsprozeß nicht auf, bis entweder der eine Stoff vollständig verdrängt und aufgelöst bei Artverwandtem Zuflucht findet, oder bis er, überwältigt und, aus einer Vielzahl wieder Eines geworden, dem überwältigenden ⟨Stoff⟩ gleichartig wird und mit ihm eine dauerhafte Verbindung eingeht.

Und ferner wechseln durch diese Vorgänge alle Elemente ihren Ort: Denn die Mengen ⟨der Körper⟩ jeder Stoffart haben sich infolge der Bewegung des sie auf-

ἑκάστου τὰ πλήθη κατὰ τόπον ἴδιον διὰ τὴν τῆς δεχομένης κίνησιν, τὰ δὲ ἀνομοιούμενα ἑκάστοτε ἑαυτοῖς, ἄλλοις δὲ ὁμοιούμενα, φέρεται διὰ τὸν σεισμὸν πρὸς τὸν ἐκείνων οἷς ἂν ὁμοιωθῇ τόπον.

Ὅσα μὲν οὖν ἄκρατα καὶ πρῶτα σώματα διὰ τοιούτων αἰτιῶν γέγονεν· τὸ δ' ἐν τοῖς εἴδεσιν αὐτῶν ἕτερα ἐμπεφυκέναι γένη τὴν ἑκατέρου τῶν στοιχείων αἰτιατέον σύστασιν, μὴ μόνον ἓν ἑκατέραν d μέγεθος ἔχον τὸ τρίγωνον φυτεῦσαι κατ' ἀρχάς, ἀλλ' ἐλάττω τε καὶ μείζω, τὸν ἀριθμὸν δὲ ἔχοντα τοσοῦτον ὅσαπερ ἂν ᾖ τἀν τοῖς εἴδεσι γένη. διὸ δὴ συμμειγνύμενα αὐτά τε πρὸς αὑτὰ καὶ πρὸς ἄλληλα τὴν ποικιλίαν ἐστὶν ἄπειρα· ἧς δὴ δεῖ θεωροὺς γίγνεσθαι τοὺς μέλλοντας περὶ φύσεως εἰκότι λόγῳ χρήσεσθαι.

nehmenden ⟨Raumes⟩[16]) getrennt, eine jede an ihren Ort; diejenigen Körper aber, die ihre Beschaffenheit verloren haben und sich anderen angeglichen haben, werden infolge der Schüttelbewegung zum Ort jener ⟨Teilchen⟩ getragen, denen sie angeglichen worden sind[17]).

Aus diesen Ursachen also sind die ⟨vier⟩ artreinen Urkörper entstanden. Für den Umstand aber, daß innerhalb der ⟨vier⟩ Arten andere aufgekommen sind, ist die Struktur der beiden Grund-Bauelemente verantwortlich zu machen; denn diese erzeugten von Anfang an nicht nur je eine Art von Grunddreiecken von einer bestimmten Größe, sondern auch kleinere und größere, so zahlreiche, wie es bei den ⟨vier⟩ Stoffarten verschiedene Gattungen gibt. Wenn sich nun also diese Grunddreiecke der gleichen oder der anderen Gattung untereinander vermischen, ergibt sich eine unbegrenzte Vielfalt ⟨von Stoffen⟩; diese muß man denn also berücksichtigen, wenn man über die Natur nach dem Prinzip der Wahrscheinlichkeit Betrachtungen anstellen will.

III Übernahme der Atomistik in der griechischen Medizin

1. Erasistratos aus Keos (Mitte 3. Jh. v. Chr.)

Nr. 27: *Anonymus Lond. 21, 23ff.*

Ὁ μὲν γὰρ Ἐρασίστρατος καὶ πόρρω τοῦ ἰατρικοῦ κανόνος προῆλθε· ὑπέλαβεν γὰρ τὰ πρῶτα σώματα λόγῳ θεωρητὰ εἶναι, ὥστε τὴν αἰσθητὴν φλέβα συνεστάναι ἐκ λόγῳ θεωρητῶν σωμάτων, φλεβός, ἀρτηρίας, νεύρου.

Nr. 28: *Anonymus Lond. 30, 40ff.*

Πειρῶνται δὲ κατασκευάζειν, ὅτι ἀπὸ παντὸς τοῦ
σώματος συνεχεῖς γίνονται ἀποφοραί, λογιζόμενοι
ἀπό τινων τοιούτων· καὶ πρῶτον ἀπὸ τῶν ἀρω-
μάτων. ἀρώματα γάρ, φασίν, εἰ πόρρω κέοιτο,
ὀσφραινόμεθα τῷ σώματα φέρεσθαι ἀπ' αὐτῶν πρὸς
ἡμᾶς. ... καὶ τοῦτο δῆλον ἐπὶ τῶν πεπαλαιωμένων 31,1
ἀρωμάτων· ταῦτα γὰρ ἀσθενῆ καὶ οὐκ ἐνεργοῦσαν
ἴσχει τὴν δύναμιν διὰ τὸ πολλὴν γεγενῆσθαι ἀπ'

III Übernahme der Atomistik in der griechischen Medizin

1. Erasistratos von Keos (Mitte 3. Jh. v. Chr.)

Nr. 27: *Atomistische Physiologie*
(Anonymus Londinensis 21, 23ff.)

Erasistratos ging nämlich weit über die kanonische Meinung der Medizin hinaus: er lehrte, daß die Grundbestandteile ⟨der Stoffe⟩ nur mit dem Verstand erkennbar seien[1]), so daß also die sichtbare Vene ⟨Arterie und Sehne⟩ aus nur verstandesmäßig erschließbaren Bestandteilchen von Vene, Arterie und Sehne bestehe.

Nr. 28: *Beispiele von Effluxionserscheinungen*
(Anonymus Londinensis 30, 40ff.)

Sie [die Erasistrateer] versuchen zu beweisen, daß von jedem Gegenstand beständig Ausströmungen ⟨von kleinsten Teilchen⟩ ausgehen[1]), wobei sie dies etwa von folgenden Erscheinungen herleiten: Zunächst führen sie die Riechstoffe an; diese riechen wir nämlich auf große Distanz nach ihrer Auffassung dadurch, daß Teilchen von diesen Stoffen an uns herangetragen werden. ... Dieser Sachverhalt zeigt sich ferner auch bei altgewordenen Riechstoffen: diese haben nämlich nur noch eine schwache und wirkungslose Geruchsbildung, weil bei ihnen lange

αὐτῶν διὰ τὸν χρόνον ἀποφοράν, ἐξ ὧν συνάγεται
τὸ λεγόμενον. ... καὶ ἀπὸ τῶν κρεῶν δὲ ταὐτὸ
ὑπομιμνήσκουσι λέγοντες τὰ μὲν ἕωλα κουφότερα
εἶναι καὶ ὀλιγοτροφώτερα, τὰ δὲ πρόσφατα βαρύτερα καὶ πολυτροφώτερα. καὶ τοῦτο δῆλον ἐπὶ τῆς
αὐτοψίας· σταθὲν γὰρ τὸ ἕωλον κρέας καταλήψῃ
κουφότερον, τὸ δὲ πρόσφατον βαρύτερον. ... ἔτι δὲ 32,31
καὶ ἀπὸ τούτων διδάσκουσιν, ὡς γίνονται ὄντως
ἀποφοραί. ... τὰ γὰρ ὑγρὰ τὰ ἐν ἀγγείοις τισὶν
ὑπομείναντα ποσοὺς χρόνους ἐλάττω καταισθά-
νεται. ...

Πρὸς δὲ τούτοις καὶ Ἐρασίστρατος πειρᾶται 33,43
κατασκευάζειν τὸ προτεθέν· εἰ γὰρ λάβοι τις ζῷον
οἷον ὄρνιθα ἤ τι τῶν παραπλησίων, καταθοῖτο δὲ
τοῦτο ἐν λέβητι ἐπί τινας χρόνους μὴ δοὺς τροφήν,
ἔπειτα σταθμήσαιτο σὺν τοῖς σκυβάλοις τοῖς αἰ-
σθητῶς κεκενωμένοις, εὑρήσει παρὰ πολὺ ἔλασσον
τοῦτο τῷ σταθμῷ τῷ δηλονότι πολλὴν ἀποφορὰν
γεγενῆσθαι κατὰ τὸ λόγῳ θεωρητόν. ... ἀλλὰ γὰρ
καὶ ἐπὶ τὸν ἄνθρωπον μεταβαίνοντες ποιοῦνται τὸν
λόγον· οἵ τε γὰρ πιόντες ἀρώματα καὶ οἱ σκορδο-
φαγήσαντες ὅμοιον ἔχουσι τὸ διὰ τῶν ἱδρώτων
κενούμενον τοῖς προσενηνεγμένοις, ὡς ἂν δὴ ἀπο-
φορᾶς γεγενημένης κατὰ τὸ λόγῳ θεωρητὸν ἀπὸ
τῶν προσενηνεγμένων· εἰ δὲ ταῦτα ἐν τῇ ἡμετέρᾳ
συγκρίσει ὄντα ἀποφέρεται κατὰ τὸ λόγῳ θεωρητὸν
καὶ κατὰ τὸ αἰσθητόν, καὶ ἐκτὸς ὄντα ἡμῶν ἕξει
σώματά τινα ἀπορρέοντα ἀπ' αὐτῶν.

Zeit hindurch eine ausgiebige Ausströmung stattgefunden hat, woraus sich das Gesagte erschließen läßt. ... Auch beim Fleisch findet nach ihrer Meinung ein solcher Vorgang statt: sie behaupten nämlich, daß das Fleisch vom Vortag leichter und weniger nahrhaft, das frisch geschlachtete jedoch schwerer und nahrhafter sei. Dies läßt sich sogar mit eigenen Augen überprüfen: wägt man nämlich das gestrige Fleisch, wird man feststellen, daß es leichter ist als das frisch geschlachtete. ... Auch der folgende Umstand beweist nach ihnen, daß es tatsächlich solche Ausströmungen gibt: ... Flüssigkeiten, die man einige Zeit in einem Gefäß stehenläßt, nehmen offensichtlich ab. ...

Zu diesen Beispielen sucht Erasistratos die zur Diskussion stehende Erscheinung [der Ausströmung] folgendermaßen zu beweisen: Nimmt man ein Tier, etwa einen Vogel oder etwas ähnliches, und schließt man es für eine gewisse Zeit in ein Gefäß ein ohne ihm Nahrung zu geben und wägt man dieses hernach zusammen mit den sichtbar entleerten Exkrementen wieder, wird man feststellen, daß es an Gewicht beträchtlich abgenommen hat, und zwar offensichtlich deshalb, weil eine erhebliche, nur mit dem Verstand erschließbare Verflüchtigung stattgefunden hat[2]). ... Sie wenden denselben Beweisvorgang aber auch auf den Menschen an: Trinkt man nämlich eine stark riechende Flüssigkeit oder ißt man Knoblauch, weist der Schweiß eine den eingenommenen Stoffen entsprechende Ausdünstung auf, da offenbar diese eingenommenen Stoffe eine 〈unsichtbare〉, nur verstandesmäßig erschließbare Ausströmung bewirken. Wenn nun diese Stoffe, selbst wenn sie in unserem Körper verarbeitet sind, eine mit dem Verstand erschließbare und auch 〈mit der Nase〉 feststellbare Ausströmung haben, werden sie auch außerhalb unseres Körpers Teilchen haben, die von ihnen ausströmen.

2. Asklepiades von Bithynien
(Anf. 1. Jh. v. Chr.)

Nr. 29: *Caelius Aurelianus*, morbi ac. 1, 105—108

Asclepiadi responsuri eius primum dogma pro-
ponamus, qua voluti[1]) apprehensionis falsitate
peccatis etiam involvuntur curationum. primordia
namque corporis primo constituerat atomos, [se-
cunda][2]) corpuscula intellectu sensa sine ulla qualitate solita, atque ex initio comitata, aeternum
moventia. quae suo incurso offensa mutuis ictibus
in infinita partium fragmenta solvantur magnitudine atque schemate differentia; quae rursum eundo
sibi adiecta vel coniuncta omnia faciant sensibilia,
vim in semet mutationis habentia, aut per magnitudinem sui, aut per multitudinem, aut per schema,
aut per ordinem. nec, inquit, ratione carere vide- 106
tur[3]) quod nullius faciant qualitatis corpora: aliud
enim partes, aliud universitatem sequetur. argentum denique album est, sed eius affricatio nigra;
caprinum cornu nigrum, sed eius alba serrago.

Fieri etiam vias ex complexione corpusculorum intellectu sensas, magnitudine atque schemate dif-

1) voluti *Drabkin*; veluti *codd.* 2) *omisit cod. R*
3) videatur *Drabkin*

2. Asklepiades von Bithynien (Anf. 1. Jh. v. Chr.)

Nr. 29: *Atomistische Erklärung von Krankheiten* (Caelius Aurelianus, Akute Krankheiten 1, 105—108)[1])

Um dem Asklepiades zu entgegnen, wollen wir zuerst seine Lehre darlegen, durch deren falsches Verständnis sich manche in Fehlbehandlungen ⟨von Krankheiten⟩ verstricken: Als Grundbestandteile des Körpers hat er zunächst die Atome angenommen, d. h. Teilchen, die nur mit dem Verstand erkennbar sind und die keine der üblichen Eigenschaften haben, die ferner von Anfang an in bestimmten Gruppierungen auftreten und in dauernder Bewegung sind. Diese Atomgruppen prallen mit ihrem Schwung aufeinander und zerfallen durch die gegenseitigen Stöße in zahllose Bruchstücke von verschiedener Größe und Form. Wenn diese wiederum sich weiterbewegen und sich anderen Teilchen anschließen oder sich mit ihnen verbinden, lassen sie alle wahrnehmbaren Dinge entstehen, indem sie die Kraft zur Veränderung in sich haben entweder dank ihrer Größe oder ihrer Menge, ihrer Form oder Anordnung. Und es scheint ihm auch nicht der Begründung zu entbehren, Körper ohne Eigenschaften vorauszusetzen; denn die Eigenschaften richten sich bald nach einzelnen Teilen [der betr. Stoffe], bald nach dem Ganzen: Silber zum Beispiel ist weißlich, seine Feilenspäne jedoch schwarz; Ziegenhorn dagegen ist schwarz, seine Späne aber weiß.

Aus der Verbindung solcher Teilchen entstehen nach ihm auch nur mit dem Verstand erkennbare Kanäle, die

ferentes, per quas sucorum ductus solito meatu
percurrens, si nullo fuerit impedimento retentus,
sanitas maneat, impeditus vero statione corpusculorum morbos efficiat. fit autem eorum statio aut 107
magnitudinis aut schematis aut multitudinis aut
celerrimi motus causa, aut viarum flexu †conclu-
sione atque squamularum exputo.†[4]) varias inquit
fieri passiones locorum aut viarum differentia, et
non omnes statione corpusculorum sed certas, hoc
est phrenitim, lethargiam, pleuritim, et febres vehe-
mentes; solubiles vero liquidorum atque spiritus
turbatione. item bulimum magnitudine viarum sto-
machi atque ventris fieri sensit; defectionem vero
atque corporis fluxam et irregibilem laxitatem
viarum inquit raritate fieri; item hydropismum 108
perforatione carnis in parvam formulam viarum
quae possit solita corporis nutrimenta inaquare.
item typum cotidianum maiorum corpusculorum
statione fieri asseverat, cito enim inquit ea exantlari atque impleri; tertianum vero minorum statione corpusculorum, item quartanum minutissi-
morum, difficile enim impleri atque exantlari possunt. febrium ponunt signum fervorem plurimum
atque immutationem pulsus in vehementia, nisi ex
alia[5]) haec manifesta fuerint causa.

4) *locus obscurus*; conclusione corpusculorum effecto *suspicatus est Drabkin*

5) aliqua *codd.*; alia *deliberat Drabkin*

sich nach Größe und Form unterscheiden. Wenn nun durch diese die Säfte in normalem Fluß ohne Hindernis hindurchströmen, bleibt die Gesundheit; wenn der Fluß dagegen durch eine Stauung der Teilchen gestört ist, verursacht er Krankheiten. Eine solche Stauung kann durch die Größe, die Form, die Menge oder die rasche Fortbewegung ⟨dieser Korpuskeln⟩ eintreten, oder aber durch die Krümmungen oder Verschlüsse der Kanäle oder das Ausstoßen von Schüppchen[2]). Verschiedene Leiden entstehen nach ihm durch die Verschiedenartigkeit der Körperstellen oder Kanäle, und nicht alle durch die Stauung von Teilchen, sondern nur bestimmte, so die Phrenitis [Wahnsinn], die Lethargie, die Pleuritis und heftiges Fieber. Die heilbaren Krankheiten aber entstehen durch Störung der Flüssigkeiten und des Atems. Auch die Bulimie [Heißhunger] entsteht nach ihm durch die Größe der Kanäle von Magen und Bauch; die Ohnmacht dagegen und die unstete, unregelmäßige Erschlaffung durch die Weiträumigkeit der Kanäle. Die Wassersucht entsteht durch eine Perforation der Gewebe zu einer geringen Öffnung der Kanäle, welche die üblichen Nährstoffe des Körpers verwässern kann. Auch der Typus des Tagesfiebers entsteht nach seiner Behauptung durch eine Stauung von größeren Teilchen, die sich rasch entleeren oder anhäufen können; das Dreitagefieber jedoch aus der Stauung von kleineren Teilchen, ebenso das Viertagefieber aus der Stauung von allerkleinsten Teilchen, die sich nur mit Schwierigkeit anhäufen oder entleeren lassen. Als Anzeichen des Fiebers geben sie [die Anhänger des Asklepiades] große Hitze und Verstärkung des Pulses an, sofern diese Symptome nicht offensichtlich auf eine andere Ursache zurückzuführen sind.

Nr. 30: *Anonymus Lond. 36, 43ff.*

Ὥσπερ δὲ κατὰ τὸ λόγῳ θεωρητὸν καὶ κατὰ τὸ
αἰσθητὸν διάφορα καὶ ποικίλα ἀποκρίνεται ἀφ᾿
ἡμῶν, οὕτως καὶ κατὰ τὸ αἰσθητὸν εἰσκρίνεται διάφορα εἰς ἡμᾶς καὶ κατὰ τὸ λόγῳ θεωρητόν, ἅπερ
τετόπασται καὶ πρότερον, καὶ Ἀσκληπιάδης διά
τινος ὑπομνήσεως τοιαύτης· „ἡ φύσις, φησίν, τηρητικὴ καθέστηκεν τοῦ τε δικαίου καὶ τοῦ ἀκολούθου.
ἐπεὶ γὰρ ἀπεκρίνετό τινα κατὰ τὸ αἰσθητόν, ὡς
ἐδείχθη, καὶ κατὰ τὸ λόγῳ θεωρητὸν δέδοκται
καλῶς, ὡς καὶ τοῦτο κατεσκευάκαμεν, τὸν αὐτὸν
τρόπον καὶ κατὰ τὸ λόγῳ θεωρητὸν καὶ κατὰ τὸ
αἰσθητὸν διάφορα εἰσκριθήσεται εἰς ἡμᾶς.“ καὶ ὅτι
μὲν εἰσκριθήσεταί τινα κατὰ τὸ λόγῳ θεωρητὸν εἰς
ἡμᾶς, πρῶτον ἀπὸ τῶν δυνάμεων τῶν κατὰ τὰ
φάρμακα ἔξεστι σκοπεῖν, καιατῶν ἢ καπνῶν καὶ
καταπλασμοῦ, ἃ ἐπιτιθέμενα τῇ ἐπιφανείᾳ ὁτὲ μὲν 37
διαλύει τὰ ὑποκείμενα, ὁτὲ δὲ διαφορεῖ, ἄλλοτε δὲ
ἐπισπᾶται. τίνος γινομένου; οὐ μόνον τῆς δυνάμεως
αἰτίας ὑπαρχούσης τῶν φαρμάκων τῇ ἐπιφανείᾳ
προσκαθιζούσης, ἀλλὰ καὶ εἰς βάθος ἄχρι του
αἰτίας διοδευούσης διὰ τῶν λόγῳ θεωρητῶν πόρων
τοῦ σώματος. ἐξ ὧν φανερόν, ὡς καὶ κατὰ τὸ λόγῳ
θεωρητὸν εἴσκρισις γίνεται εἰς ἡμᾶς.

Nr. 30: *In den Körper eindringende Stoffe* (Anonymus Londinensis 36, 43ff.)

Wie es nur mit dem Verstand erschließbare und mit den Sinnen wahrnehmbare mannigfach verschiedene Absonderungen von uns gibt, so gibt es auch verschiedene sinnlich wahrnehmbare und nur verstandesmäßig erschließbare 'Einsonderungen' in uns hinein, was schon früher vermutet worden ist und wozu Asklepiades in einer Abhandlung folgendes bemerkt: „Die Natur", sagt er, „hat eine Tendenz zur Gesetzmäßigkeit und Folgerichtigkeit. Da nun gewisse Absonderungen bestehen, sowohl sinnlich wahrnehmbare, wie gezeigt worden ist, als auch offensichtlich verstandesmäßig erschließbare, wie wir ebenfalls bewiesen haben, so wird es gleichermaßen auch verschiedene nur verstandesmäßig feststellbare wie auch sinnlich wahrnehmbare Einsonderungen in uns geben." Daß gewisse Teilchen nur mit dem Verstand erschließbar in uns eindringen, kann man zunächst einmal an der Wirkung von Heilmitteln ersehen, von Ritzungen[1]) oder Dämpfen oder Pflastern, welche, an der Oberfläche aufgelegt, bald das Darunterliegende auflösen, bald ausdehnen, manchmal auch zusammenziehen. Weswegen? Offenbar deshalb, weil die Kraft des aufgelegten Heilmittels nicht nur an der Oberfläche wirksam ist, sondern auch in eine gewisse Tiefe vordringt durch nur verstandesmäßig erschließbare Poren im Körper. Daraus ist ersichtlich, daß es auch eine nur verstandesmäßig erschließbare ⟨unsichtbare⟩ Einsonderung in unseren Körper gibt.

Nr. 31: *Galenus, de naturalibus facultatibus 1, 13* (2, 32 K.)

Βούλεται γὰρ [sc. 'Ασκληπιάδης] εἰς ἀτμοὺς ἀναλυόμενον τὸ πινόμενον ὑγρὸν εἰς τὴν κύστιν διαδίδοσθαι, κᾆπειτ' ἐξ ἐκείνων αὖθις ἀλλήλοις συνιόντων ἀπολαμβάνειν οὕτως αὐτὸ τὴν ἀρχαίαν ἰδέαν, καὶ γίνεσθαι πάλιν ὑγρὸν ἐξ ἀτμῶν ἀτεχνῶς.

Nr. 31: *Verflüchtigung und Kondensation von Flüssigkeiten* (Galen, Über die natürlichen Möglichkeiten 1, 13)

Asklepiades nimmt nämlich an, daß eingenommene Flüssigkeiten sich in Dämpfe auflösen und in die Harnblase hindurchdringen, sich hierauf wieder sammeln und so die ursprüngliche Form[1]) wieder annehmen, dergestalt, daß sie aus Dämpfen wiederum ganz zur Flüssigkeit werden.

IV Die Übernahme der Atomistik in der epikureischen Schule

1. Epikur (341—271 v. Chr.)

Nr. 32: *Epicurus, epist. ad Herodotum* (Diog. Laërtius 10, 38ff.)

Ταῦτα δὲ διαλαβόντας ⟨δεῖ⟩ συνορᾶν ἤδη περὶ
τῶν ἀδήλων· πρῶτον μὲν ὅτι οὐδὲν γίνεται ἐκ τοῦ
μὴ ὄντος. πᾶν γὰρ ἐκ παντὸς ἐγίνετ' ἂν σπερμάτων
γε οὐθὲν προσδεόμενον. καὶ εἰ ἐφθείρετο δὲ τὸ 39
ἀφανιζόμενον εἰς τὸ μὴ ὄν, πάντα ἂν ἀπωλώλει τὰ
πράγματα, οὐκ ὄντων τῶν εἰς ἃ διελύετο. καὶ μὴν
καὶ τὸ πᾶν ἀεὶ τοιοῦτον ἦν οἷον νῦν ἐστι, καὶ ἀεὶ
τοιοῦτον ἔσται. οὐθὲν γάρ ἐστιν εἰς ὃ μεταβαλεῖ.
παρὰ γὰρ τὸ πᾶν οὐθέν ἐστιν, ὃ ἂν εἰσελθὸν εἰς αὐτὸ
τὴν μεταβολὴν ποιήσαιτο.

Ἀλλὰ μὴν καὶ (τοῦτο καὶ ἐν τῇ Μεγάλῃ ἐπιτομῇ
φησι κατ' ἀρχὴν καὶ ἐν τῇ ᾱ Περὶ φύσεως) τὸ πᾶν
ἐστι ⟨σώματα καὶ κενόν⟩[1]· σώματα μὲν γὰρ ὡς
ἔστιν, αὐτὴ ἡ αἴσθησις ἐπὶ πάντων μαρτυρεῖ, καθ'
ἣν ἀναγκαῖον τὸ ἄδηλον τῷ λογισμῷ τεκμαίρεσθαι,
ὥσπερ προεῖπον τὸ πρόσθεν· εἰ ⟨δὲ⟩ μὴ ἦν ὃ κενὸν 40

1) σώματα καὶ κενόν *inseruit Gassendi, cf. Lucr. 1, 419sq.* σώματα καὶ τόπον *praetulit Usener*

IV Die Übernahme der Atomistik in der epikureischen Schule

1. Epikur (341—271 v. Chr.)

Nr. 32: *Aus Epikurs Brief an Herodot* (Diogenes Laërtios 10, 38ff.)

Nachdem dies [d. h. das Verhältnis von sinnlicher Wahrnehmung und dazugehörender Begriffsbildung] dargelegt worden ist, müssen wir auch die nicht direkt wahrnehmbaren Dinge betrachten: Erstens einmal, daß nichts aus nichts entsteht; denn andernfalls könnte alles aus allem entstehen, da es ja nicht bestimmter Keimteilchen [1]) bedürfte. Und wenn, was verschwindet, in nichts vergehen würde, wären alle Dinge schon spurlos zugrunde gegangen, da das, worein sie sich auflösten, ja etwas Nichtexistierendes wäre. Und doch war die Gesamtheit aller Dinge immer so, wie sie jetzt ist, und wird immer so beschaffen sein. Denn es gibt nichts, in das sie sich verwandeln könnte, weil es außer diesem All nichts gibt, das in dieses eindringen und eine solche Verwandlung verursachen könnte.

Und ferner gilt: Das All besteht aus Körpern und aus leerem Raum (dies sagt Epikur übrigens auch im 'Großen Auszug' am Anfang und im 1. Buch 'Über die Natur') [2]); denn daß es Körper gibt, bezeugt die Wahrnehmung selbst an allem, aufgrund welcher man durch Verstandeskraft auf das nicht direkt Wahrnehmbare schließen muß, wie ich vorher gesagt habe. Wenn es aber nicht auch jene an-

καὶ χώραν καὶ ἀναφῆ φύσιν ὀνομάζομεν, οὐκ ἂν εἶχε τὰ σώματα ὅπου ἦν οὐδὲ δι' οὗ ἐκινεῖτο, καθάπερ φαίνεται κινούμενα. παρὰ δὲ ταῦτα οὐθὲν οὐδ' ἐπινοηθῆναι δύναται οὔτε περιληπτῶς οὔτε ἀναλόγως τοῖς περιληπτοῖς ὡς καθ' ὅλας φύσεις λαμβανόμενα καὶ μὴ ὡς τὰ τούτων συμπτώματα ἢ συμβεβηκότα λεγόμενα.

Καὶ μὴν καὶ τῶν (τοῦτο καὶ ἐν τῇ πρώτῃ Περὶ φύσεως καὶ τῇ ιδ καὶ ιε τῇ Μεγάλῃ ἐπιτομῇ) σωμάτων τὰ μέν ἐστι συγκρίσεις, τὰ δ' ἐξ ὧν αἱ συγκρίσεις πεποίηνται· ταῦτα δέ ἐστιν ἄτομα καὶ ἀμετά- 41
βλητα, εἴπερ μὴ μέλλει πάντα εἰς τὸ μὴ ὂν φθαρήσεσθαι, ἀλλ' ἰσχύοντα ὑπομενεῖν ἐν ταῖς διαλύσεσι τῶν συγκρίσεων πλήρη τὴν φύσιν ὄντα καὶ οὐκ ἔχοντα ὅπῃ ἢ ὅπως διαλυθήσεται. ὥστε τὰς ἀρχὰς ἀτόμους ἀναγκαῖον εἶναι σωμάτων φύσεις.

Ἀλλὰ μὴν καὶ τὸ πᾶν ἄπειρόν ἐστι. τὸ γὰρ πεπερασμένον ἄκρον ἔχει· τὸ δὲ ἄκρον παρ' ἕτερόν τι θεωρεῖται· ὥστε οὐκ ἔχον ἄκρον πέρας οὐκ ἔχει· πέρας δὲ οὐκ ἔχον ἄπειρον ἂν εἴη καὶ οὐ πεπερασμένον.

Καὶ μὴν καὶ τῷ πλήθει τῶν σωμάτων ἄπειρόν
ἐστι τὸ πᾶν καὶ τῷ μεγέθει τοῦ κενοῦ. εἴ τε γὰρ 42
ἦν τὸ κενὸν ἄπειρον, τὰ δὲ σώματα ὡρισμένα, οὐθαμοῦ ἂν ἔμενε τὰ σώματα, ἀλλ' ἐφέρετο κατὰ τὸ ἄπειρον κενὸν διεσπαρμένα, οὐκ ἔχοντα τὰ ὑπερεί-

dere Komponente geben würde, die wir als 'Leeres', 'Raum' oder 'unberührbares Wesen' bezeichnen, hätten die körperlichen Dinge keinen Platz, wo sie sein und worin sie sich so bewegen könnten, wie wir sie sich bewegen sehen. Außer diesen zwei Komponenten [Körper und Raum] kann aber nichts Erfaßbares oder dem Erfaßbaren Analoges auch nur erdacht werden, wobei wir Körper und Raum als an sich vollständige Wesen auffassen und nicht nur als grundlegende oder äußerliche Eigenschaften dieser Komponenten.

Und ferner: Unter den Körpern sind die einen Zusammensetzungen, die andern Bestandteile, aus welchen diese Zusammensetzungen bestehen (auch dies sagt er im 1. Buch 'Über die Natur' sowie im 14. und 15. Buch, ferner im 'Großen Auszug). Diese Bestandteile sind atomar und unveränderlich, wenn sich nicht alles ins Nichts auflösen, sondern etwas die Fähigkeit haben soll, dem Auflösungsprozeß der Stoffzusammensetzungen standzuhalten dank der kompakten Beschaffenheit, die keine Möglichkeit zu irgendeiner Auflösung bietet. Daher müssen die Urbestandteile ⟨der Materie⟩ atomare körperliche Einheiten sein.

Und ferner: Auch das All ist unbegrenzt. Denn alles Begrenzte hat eine äußerste Grenze; eine äußerste Grenze kann aber nur neben etwas, das jenseits der Grenze ist, festgestellt werden. Daher hat, was keine äußerste Grenze hat, auch keine Begrenzung; was keine Begrenzung hat, ist aber unbegrenzt und nicht begrenzt.[3])

Und ferner: Das All ist unbegrenzt sowohl in bezug auf die Menge der Körper wie auch in bezug auf die Größe des leeren Raumes. Denn wäre nur der leere Raum unbegrenzt, die Menge der Körper dagegen begrenzt, würden sie nirgendwo bleiben, sondern durch den unendlichen Raum schweben und sich verteilen, da sie nichts

δοντα καὶ στέλλοντα κατὰ τὰς ἀνακοπάς· εἴ τε τὸ κενὸν ἦν ὡρισμένον, οὐκ ἂν εἶχε τὰ ἄπειρα σώματα ὅπου ἐνέστη.

Πρός τε τούτοις τὰ ἄτομα τῶν σωμάτων καὶ
μεστά, ἐξ ὧν καὶ αἱ συγκρίσεις γίνονται καὶ εἰς ἃ
διαλύονται, ἀπερίληπτά ἐστι ταῖς διαφοραῖς τῶν
σχημάτων· οὐ γὰρ δυνατὸν γενέσθαι τὰς τοσαύτας
διαφορὰς ἐκ τῶν αὐτῶν σχημάτων περιειλημμένων.
καὶ καθ' ἑκάστην δὲ σχημάτισιν ἁπλῶς ἄπειροί εἰσιν
αἱ ὅμοιαι, ταῖς δὲ διαφοραῖς οὐχ ἁπλῶς ἄπειροι
ἀλλὰ μόνον ἀπερίληπτοι, (οὐδὲ γάρ φησιν ἐνδοτέρω 43
εἰς ἄπειρον τὴν τομὴν τυγχάνειν. λέγει δέ, ἐπειδὴ αἱ
ποιότητες μεταβάλλονται), εἰ μέλλει τις μὴ καὶ τοῖς
μεγέθεσιν ἁπλῶς εἰς ἄπειρον αὐτὰς ἐκβάλλειν.

Κινοῦνταί τε συνεχῶς αἱ ἄτομοι (φησὶ δὲ ἐνδοτέρω καὶ ἰσοταχῶς αὐτὰς κινεῖσθαι τοῦ κενοῦ τὴν
εἶξιν ὁμοίαν παρεχομένου καὶ τῇ κουφοτάτῃ καὶ τῇ
βαρυτάτῃ) τὸν αἰῶνα, καὶ αἱ μὲν εἰς μακρὰν ἀπ'
ἀλλήλων διιστάμεναι, αἱ δὲ αὐτοῦ τὸν παλμὸν
ἴσχουσαι, ὅταν τύχωσι τῇ περικλοκῇ κεκλειμέναι
ἢ στεγαζόμεναι παρὰ τῶν πλεκτικῶν. ἥ τε γὰρ τοῦ 44
κενοῦ φύσις ἡ διορίζουσα ἑκάστην αὐτὴν τοῦτο
παρασκευάζει, τὴν ὑπέρεισιν οὐχ οἵα τε οὖσα ποιεῖ-
σθαι· ἥ τε στερεότης ἡ ὑπάρχουσα αὐταῖς κατὰ
τὴν σύγκρουσιν τὸν ἀποπαλμὸν ποιεῖ, ἐφ' ὁπόσον ἂν
ἡ περιπλοκὴ τὴν ἀποκατάστασιν ἐκ τῆς συγκρούσεως
διδῷ. ἀρχὴ δὲ τούτων οὐκ ἔστιν, ἀϊδίων τῶν ἀτόμων
οὐσῶν καὶ τοῦ κενοῦ.

hätten, das ihnen Halt bieten könnte oder sie zurückprallen ließe. Wenn umgekehrt der leere Raum begrenzt wäre, dann fände eine unbegrenzte Menge von Körpern keinen Platz.

Außerdem sind die kompakten Atomkörperchen, aus welchen die Stoffzusammensetzungen entstehen und in welche sie sich auflösen, unerfaßlich in bezug auf die Verschiedenheit ihrer Formen. Denn es ist nicht möglich, daß so viele verschiedene Stoffe entstehen aus demselben, zahlenmäßig begrenzten, Quantum von ⟨Atom-⟩Formen. Und von jeder Atomform gibt es schlechthin unbegrenzt viele gleiche Exemplare; Atomformen gibt es jedoch nicht schlechthin unbegrenzt viele, sondern nur unfaßbar viele [4]), (auch die Teilung von Körpern, sagt er weiter unten [56], läßt sich nicht ins Unendliche fortsetzen, da sich sonst die Qualitäten veränderten), sonst müßte man auch schlechthin unbegrenzt große ⟨bzw. kleine⟩ Atome annehmen [5]).

Die Atome bewegen sich fortwährend in alle Ewigkeit (weiter unten [6]) aber sagt er, daß sie sich auch mit gleicher Geschwindigkeit bewegen, da der leere Raum überall gleich nachgibt, dem leichtesten wie dem schwersten Teilchen); die einen schweben dabei weit auseinander, die anderen führen eine Schwingung am Ort aus [7]), wenn sie etwa in einer Stoffverbindung verflochten und eingeschlossen oder von einer solchen umgeben sind. Denn die Beschaffenheit des leeren Raumes, die die einzelnen Atome voneinander abgrenzt, schafft die Voraussetzung für diese Bewegung, da sie nicht fähig ist, den Atomen Widerstand zu bieten. Andererseits bewirkt die diesen Atomen eigene Festigkeit, daß sie beim Zusammenstoßen voneinander abprallen, soweit die Verflechtung nach dem Zusammenstoß ein solches Zurückprallen des Atomes gestattet. Einen ⟨zeitlichen⟩ Anfang von alldem gibt es nicht, da sowohl die Atome wie der Raum ewig sind.

(Φησὶ δ' ἐνδοτέρω μηδὲ ποιότητά τινα περὶ τὰς ἀτόμους εἶναι πλὴν σχήματος καὶ μεγέθους καὶ βάρους· τὸ δὲ χρῶμα παρὰ τὴν θέσιν τῶν ἀτόμων ἀλλάττεσθαι ἐν ταῖς Δώδεκα στοιχειώσεσί φησι. πᾶν τε μέγεθος μὴ εἶναι περὶ αὐτάς· οὐδέποτε γοῦν ἄτομος ὤφθη αἰσθήσει.) . . .

Καὶ μὴν καὶ τύποι ὁμοιοσχήμονες τοῖς στερε- 46
μνίοις εἰσί, λεπτότησιν ἀπέχοντες μακρὰν τῶν φαινομένων. οὔτε γὰρ συστάσεις ἀδυνατοῦσιν ἐν τῷ
περιέχοντι γίνεσθαι τοιαῦται οὔτ' ἐπιτηδειότητες
πρὸς κατεργασίας τῶν κοιλωμάτων καὶ λεπτοτήτων
[γίνεσθαι], οὔτε ἀπόρροιαι τὴν ἑξῆς θέσιν καὶ βάσιν
διατηροῦσαι, ἥνπερ καὶ ἐν τοῖς στερεμνίοις εἶχον·
τούτους δὲ τοὺς τύπους εἴδωλα προσαγορεύομεν.
καὶ μὴν καὶ ἡ διὰ τοῦ κενοῦ φορὰ κατὰ μηδεμίαν
ἀπάντησιν τῶν ἀντικοψάντων γινομένη πᾶν μῆκος
περιληπτὸν ἐν ἀπερινοήτῳ χρόνῳ συντελεῖ. βράδους
γὰρ καὶ τάχους ἀντικοπὴ καὶ οὐκ ἀντικοπὴ ὁμοίωμα
λαμβάνει. οὐ μὴν οὐδ' ἅμα κατὰ τοὺς διὰ λόγου 47
θεωρητοὺς χρόνους αὐτὸ τὸ φερόμενον σῶμα ἐπὶ
τοὺς πλείους τόπους ἀφικνεῖται — ἀδιανόητον
γὰρ —, καὶ τοῦτο συναφικνούμενον ἐν αἰσθητῷ
χρόνῳ, ὅθεν δήποθεν τοῦ ἀπείρου οὐκ ἐξ οὗ ἂν
περιλάβωμεν τὴν φορὰν τόπου ἔσται ἀφιστάμενον·
ἀντικοπῇ γὰρ ὅμοιον ἔσται, κἂν μέχρι τοσούτου τὸ
τάχος τῆς φορᾶς μὴ ἀντικοπὲν καταλίπωμεν. χρή-
σιμον δὴ καὶ τοῦτο κατασχεῖν τὸ στοιχεῖον.

(Weiter unten sagt Epikur, daß die Atome keine Eigenschaften hätten außer Form, Größe und Gewicht[8]); die Farbe ändere sich je nach der Anordnung der Atome, behauptet er in den 'Zwölf Elementarlehrsätzen'. Auch hätten sie nicht jede beliebige Größe; jedenfalls habe sich noch kein Atom unserer Wahrnehmung gezeigt) . . .

Nach einer Begründung, daß es viele Kosmen [Welten etwa im Sinne von Planetensystemen] geben müsse:

Ferner gibt es auch Abdrücke von den festen Körpern, welche die gleiche Form haben wie diese selbst, sich aber in ihrer Feinheit weit von den wahrnehmbaren Gegenständen unterscheiden. Denn es ist sehr wohl möglich, daß im umgebenden Raum[9]) solche Abformungen auftreten, die geeignet sind zur Abbildung von Höhlungen und Feinheiten ⟨der Körperoberflächen⟩ oder Ausströmungen, welche der Reihe nach dieselbe Lage und Anordnung ⟨ihrer Teilchen⟩ bewahren, die sie beim festen Gegenstand hatten. Diese Abdrücke nennen wir Abbilder. Diese vollziehen eine Bewegung durch den leeren Raum über jede erdenklich große Distanz in unerdenklich kurzem Zeitraum, da sich ihnen nirgends ein Widerstand entgegenstellt. Denn Langsamkeit und Schnelligkeit entsprechen dem Vorhandensein oder Nichtvorhandensein eines Widerstandes. Freilich erreicht ein sich durch den Raum bewegender Körper nicht in theoretisch kleinen Zeiteinheiten mehrere Punkte — das ist nämlich undenkbar —, auch wenn er in [kleinster] sinnlich wahrnehmbarer Zeiteinheit gleichzeitig auftritt, wo auch immer im unendlichen Raum seine Bewegung begonnen hat, deren Ursprung wir nicht feststellen können. Denn es wird so etwas wie einen Widerstand geben, auch wenn wir bis jetzt bei der Geschwindigkeit der Bewegung keinen eigentlichen Widerstand haben gelten lassen. Es ist nützlich, auch diesen Lehrsatz anzunehmen.

Εἶθ' ὅτι τὰ εἴδωλα ταῖς λεπτότησιν ἀνυπερβλήτοις κέχρηται, οὐθὲν ἀντιμαρτυρεῖ τῶν φαινομένων· ὅθεν καὶ τάχη ἀνυπέρβλητα ἔχει, πάντα πόρον σύμμετρον ἔχοντα πρὸς τῷ ⟨τῇ⟩ ἀπορροῇ[2]) αὐτῶν μηθὲν ἀντικόπτειν ἢ ὀλίγα ἀντικόπτειν, πολλαῖς δὲ καὶ ἀπείροις εὐθὺς ἀντικόπτειν τι.

Πρός τε τούτοις, ὅτι ἡ γένεσις τῶν εἰδώλων ἅμα νοήματι συμβαίνει. καὶ γὰρ ῥεῦσις ἀπὸ τῶν σωμάτων τοῦ ἐπιπολῆς συνεχής, οὐκ ἐπίδηλος τῇ μειώσει[3]) διὰ τὴν ἀνταναπλήρωσιν, σῴζουσα τὴν ἐπὶ τοῦ στερεμνίου θέσιν καὶ τάξιν τῶν ἀτόμων ἐπὶ πολὺν χρόνον, εἰ καὶ ἐνίοτε συγχεομένη ὑπάρχει, καὶ συστάσεις ἐν τῷ περιέχοντι ὀξεῖαι διὰ τὸ μὴ δεῖν κατὰ βάθος τὸ συμπλήρωμα γίνεσθαι, καὶ ἄλλοι δὲ τρόποι τινὲς γεννητικοὶ τῶν τοιούτων φύσεών εἰσιν. οὐθὲν γὰρ τούτων ἀντιμαρτυρεῖ⟨ται⟩ ταῖς αἰσθήσεσιν, ἂν βλέπῃ τις, τίνα τρόπον τὰς ἐναργείας [ἵνα] καὶ τὰς συμπαθείας ἀπὸ τῶν ἔξωθεν πρὸς ἡμᾶς ἀνοίσει. 48

Δεῖ δὲ καὶ νομίζειν ἐπεισιόντος τινὸς ἀπὸ τῶν ἔξωθεν τὰς μορφὰς ὁρᾶν ἡμᾶς καὶ διανοεῖσθαι· οὐ γὰρ ἂν ἐναποσφραγίσαιτο τὰ ἔξω τὴν ἑαυτῶν φύσιν τοῦ τε χρώματος καὶ τῆς μορφῆς διὰ τοῦ ἀέρος τοῦ μεταξὺ ἡμῶν τε κἀκείνων, οὐδὲ διὰ τῶν ἀκτίνων ἢ ὧν δήποτε ῥευμάτων ἀφ' ἡμῶν πρὸς ἐκεῖνα παραγινομένων, οὕτως ὡς τύπων τινῶν ἐπεισιόντων ἡμῖν ἀπὸ τῶν πραγμάτων ὁμοχρόων τε καὶ ὁμοιομόρφων 49

2) *ex* τῷ ἀπείρῳ *restituit Apelt*

3) ἢ μειώσει *codd.*, τῇ μειώσει *Usener*, σημειώσει *Von der Mühll*

Ferner sprechen keine Erfahrungen der Sinneswahrnehmungen dagegen, daß diese Abbilder von unübertreffbarer Feinheit sind. Daher haben sie denn auch eine unübertreffbare Geschwindigkeit, indem sie überall einen passenden Durchgang finden, abgesehen davon, daß sich ihrem Ausströmen kein oder nur ganz geringer Widerstand entgegenstellt, während eine Gruppe von vielen oder zahllosen Atomen sogleich auf Widerstand stößt.

Außerdem ist es so, daß sich die Entstehung solcher Abbilder mit Gedankenschnelle abspielt. Denn die Ausströmung von der Oberfläche der stofflichen Dinge geht unaufhaltsam vor sich, nicht sichtbar durch eine stoffliche Verminderung des Körpers wegen der ständigen Kompensation. Diese Ausströmung bewahrt auf lange Zeit die Anordnung und Lage der Atome des festen Körpers, auch wenn sie hie und da durcheinandergerät; bisweilen treten auch plötzliche Überlagerungen ⟨von Abbildern⟩ im umgebenden Raum auf, da sie ja keine körperliche Tiefendimension haben. Es gibt auch noch gewisse andere Entstehungsweisen solcher Gebilde. Denn nichts von alldem widerspricht unseren Sinneswahrnehmungen, wenn man das Problem ins Auge faßt, auf welche Weise denn von einem außerhalb von uns liegenden Objekt deutliche Bilder und überhaupt Wirkungen zu unseren Sinnen gelangen können.

Man muß demnach annehmen, daß etwas von den Dingen außerhalb von uns an uns herankommt, was uns die Formen sehen und geistig erfassen läßt. Denn die Dinge außerhalb von uns könnten nie ihre Beschaffenheit an Form und Farbe mittels der Luft, die zwischen den betreffenden Dingen und uns liegt, auch nicht durch irgendwelche Strahlen oder Ausströmungen, die von uns zu jenen gelangen, so abprägen, wie es tatsächlich geschieht, wenn gewisse Abdrücke von gleicher Farbe und Form von den

κατὰ τὸ ἐναρμόττον μέγεθος εἰς τὴν ὄψιν ἢ τὴν διάνοιαν, ὠκέως ταῖς φοραῖς χρωμένων, εἶτα διὰ 50
ταύτην τὴν αἰτίαν τοῦ ἑνὸς καὶ συνεχοῦς τὴν φαντασίαν ἀποδιδόντων καὶ τὴν συμπάθειαν ἀπὸ τοῦ ὑπο-
κειμένου σῳζόντων κατὰ τὸν ἐκεῖθεν σύμμετρον
ἐπερεισμὸν ἐκ τῆς κατὰ βάθος ἐν τῷ στερεμνίῳ τῶν
ἀτόμων πάλσεως. καὶ ἣν ἂν λάβωμεν φαντασίαν
ἐπιβλητικῶς τῇ διανοίᾳ ἢ τοῖς αἰσθητηρίοις εἴτε
μορφῆς εἴτε συμβεβηκότων, μορφή ἐστιν αὕτη τοῦ
στερεμνίου, γινομένη κατὰ τὸ ἑξῆς πύκνωμα ἢ
ἐγκατάλειμμα τοῦ εἰδώλου· . . .

. . . Ἀλλὰ μὴν καὶ τὸ ἀκούειν γίνεται ῥεύματός 52
τινος φερομένου ἀπὸ τοῦ φωνοῦντος ἢ ἠχοῦντος ἢ
ψοφοῦντος ἢ ὅπως δήποτε ἀκουστικὸν πάθος παρα-
σκευάζοντος. τὸ δὲ ῥεῦμα τοῦτο εἰς ὁμοιομερεῖς
ὄγκους διασπείρεται, ἅμα τινὰ διασῴζοντας συμπάθειαν πρὸς ἀλλήλους καὶ ἑνότητα ἰδιότροπον,
διατείνουσαν πρὸς τὸ ἀποστεῖλαν καὶ τὴν ἐπαίσθη-
σιν τὴν ἐπ' ἐκείνου ὡς τὰ πολλὰ ποιοῦσαν, εἰ δὲ μή
γε, τὸ ἔξωθεν μόνον ἔνδηλον παρασκευάζουσαν, 53
ἄνευ γὰρ ἀναφερομένης τινὸς ἐκεῖθεν συμπαθείας
οὐκ ἂν γένοιτο ἡ τοιαύτη ἐπαίσθησις. οὐκ αὐτὸν
οὖν δεῖ νομίζειν τὸν ἀέρα ὑπὸ τῆς προιεμένης φωνῆς
ἢ καὶ τῶν ὁμογενῶν σχηματίζεσθαι — πολλὴν γὰρ
ἔνδειαν ἕξει τοῦτο πάσχων ὑπ' ἐκείνης —, ἀλλ'
εὐθὺς τὴν γινομένην πληγὴν ἐν ἡμῖν, ὅταν φωνὴν
ἀφίωμεν, τοιαύτην ἔκθλιψιν ὄγκων τινῶν ῥεύματος
πνευματώδους ἀποτελεστικῶν ποιεῖσθαι, ἣ τὸ πάθος
τὸ ἀκουστικὸν ἡμῖν παρασκευάζει.

betreffenden Gegenständen in passender Größe für unseren Gesichtssinn und Verstand an uns herankommen, die mit rascher Bewegung in uns eindringen und dadurch den Eindruck von einem einheitlichen, fest zusammenhängenden Gegenstand hervorrufen und ihre Übereinstimmung mit dem zugrundeliegenden Objekt bewahren, da dies durch die Schwingung der Atome im festen Körper dank der Tiefendimension ⟨diesen Abbildern⟩ eine die Proportionen wahrende Stütze gibt. Und welche Vorstellung wir auch immer durch diesen Eindruck in unserem Verstand oder unseren Sinnen von der Gestalt oder den Sekundäreigenschaften ⟨des betr. Objektes⟩ erhalten, so ist es die Gestalt eines festen Körpers, die entsteht durch die kontinuierliche Wiederholung der Abbildung oder durch deren Nachwirkung. ...

Aber auch das Hören geschieht durch eine Art Ausströmung, die vom Objekt ausgeht, das tönt, klingt, knarrt oder sonstwie eine 'akustische' Wirkung erzeugt. Diese Ausströmung verteilt sich in gleichgegliederte Teilchen, die zugleich eine gewisse Übereinstimmung untereinander und eine spezifisch geprägte Einheit bewahren, die auf die Quelle des Lautes zurückgeht und in der Regel die Wahrnehmung auf die Quelle lenkt, oder, wenn dies nicht der Fall ist, doch wenigstens die Einwirkung von außen anzeigt; denn ohne irgendeine vom Objekt ausgehende Beziehung ⟨zum Subjekt⟩ käme keine solche Empfindung zustande. Man darf nun nicht annehmen, daß die Luft selbst vom ausgesandten Laut oder von etwas dergleichen irgendwie geformt wird[10]) — sie ist nämlich weit davon entfernt, eine solche Einwirkung erfahren zu können —, sondern sobald wir einen Laut abgeben, bewirkt der dabei in uns auftretende Schlag sogleich ein Ausstoßen von Atomgruppen, die eine hauchartige Strömung hervorrufen und in uns den Eindruck des Hörens verursachen.

Καὶ μὴν καὶ τὴν ὀσμὴν νομιστέον, ὥσπερ καὶ τὴν ἀκοὴν οὐκ ἄν ποτε οὐθὲν πάθος ἐργάσασθαι, εἰ μὴ ὄγκοι τινὲς ἦσαν ἀπὸ τοῦ πράγματος ἀποφερόμενοι σύμμετροι πρὸς τοῦτο τὸ αἰσθητήριον κινεῖν, οἱ μὲν τοῖοι τεταραγμένως καὶ ἀλλοτρίως, οἱ δὲ τοῖοι ἀταράχως καὶ οἰκείως ἔχοντες.

Καὶ μὴν καὶ τὰς ἀτόμους νομιστέον μηδεμίαν 54
ποιότητα τῶν φαινομένων προσφέρεσθαι πλὴν σχήματος καὶ βάρους καὶ μεγέθους καὶ ὅσα ἐξ ἀνάγκης σχήματος συμφυῆ ἐστι. ποιότης γὰρ πᾶσα μεταβάλλει· αἱ δὲ ἄτομοι οὐδὲν μεταβάλλουσιν, ἐπειδή περ δεῖ τι ὑπομένειν ἐν ταῖς διαλύσεσι τῶν συγκρίσεων στερεὸν καὶ ἀδιάλυτον, ὃ τὰς μεταβολὰς οὐκ εἰς τὸ μὴ ὂν ποιήσεται οὐδ' ἐκ τοῦ μὴ ὄντος, ἀλλὰ κατὰ μεταθέσεις ἐν πολλοῖς, τινῶν δὲ καὶ προσόδους καὶ ἀφόδους. ὅθεν ἀναγκαῖον τὰ [μὴ][4]) μετατιθέμενα ἄφθαρτα εἶναι καὶ τὴν τοῦ μεταβάλλοντος φύσιν οὐκ ἔχοντα, ὄγκους δὲ καὶ σχηματισμοὺς ἰδίους·
ταῦτα γὰρ καὶ ἀναγκαῖον ὑπομένειν. καὶ γὰρ ἐν τοῖς 55
παρ' ἡμῖν μετασχηματιζομένοις κατὰ τὴν περιαίρεσιν τὸ σχῆμα ἐνυπάρχον λαμβάνεται, αἱ δὲ ποιότητες οὐκ ἐνυπάρχουσαι ἐν τῷ μεταβάλλοντι, ὥσπερ ἐκεῖνο καταλείπεται, ἀλλ' ἐξ ὅλου τοῦ σώματος ἀπολλύμεναι. ἱκανὰ οὖν τὰ ὑπολειπόμενα ταῦτα τὰς τῶν συγκρίσεων διαφορὰς ποιεῖν, ἐπειδή περ ὑπολείπεσθαί γέ τινα ἀναγκαῖον καὶ ⟨μὴ⟩[5]) εἰς τὸ μὴ ὂν φθείρεσθαι.

4) μὴ *codd., delevit Weil*
5) μὴ *addidit Aldobrandinus*

Und ferner muß man auch beim Geruch annehmen, daß er, wie beim Hören, keine Empfindung hervorrufen könnte, würden nicht gewisse Teilchen vom betreffenden Gegenstand ausgehen, die dazu geeignet sind, in entsprechender Weise das betreffende Sinnesorgan zu reizen, die einen auf eine verwirrte und unangenehm empfundene, die andern auf wohlgeordnete und angenehm empfundene Weise.

Ferner muß man annehmen, daß die Atome keine der in Erscheinung tretenden Eigenschaften an sich haben, außer der Form, dem Gewicht und der Größe und was notwendigerweise mit der Form zusammenhängt [11]). Denn jede Eigenschaft ändert sich; die Atome aber ändern sich in keiner Weise, da doch in den Auflösungen der Stoffverbindungen etwas Festes und Unauflösliches standhalten muß, das bewirkt, daß die ⟨stofflichen⟩ Veränderungen nicht ins Nichts oder aus dem Nichts, sondern meist durch Umgruppierungen ⟨von Atomen⟩, bisweilen auch durch Zugang oder Abgang erfolgen. Daher müssen die Bestandteile, die umgruppiert werden, unvergänglich sein und eine andere Beschaffenheit haben als die sich verändernde Materie, nämlich spezielle Massen und Formen; denn diese müssen den Veränderungen standhalten. Denn auch in den Dingen, die sich vor unseren Augen durch Abnahme umbilden, erkennt man, daß die Form in den Dingen bleibt, während die ⟨sekundären⟩ Eigenschaften beim sich verändernden Gegenstand nicht Bestand haben und nicht wie jene zurückbleiben, sondern aus dem ganzen Körper verschwinden. Diese bestehenbleibenden Bestandteile sind nun fähig, die Verschiedenheiten der Stoffverbindungen zu bewirken, da immer etwas bestehenbleiben muß, das nicht ins Nichts zerfällt.

Ἀλλὰ μὴν οὐδὲ δεῖ νομίζειν πᾶν μέγεθος ἐν ταῖς
ἀτόμοις ὑπάρχειν, ἵνα μὴ τὰ φαινόμενα ἀντιμαρ-
τυρῇ· παραλλαγάς δέ τινας μεγεθῶν νομιστέον
εἶναι. βέλτιον γὰρ καὶ τούτου προσόντος τὰ κατὰ
τὰ πάθη καὶ τὰς αἰσθήσεις γινόμενα ἀποδοθή-
σεται. πᾶν δὲ μέγεθος ὑπάρχειν οὔτε χρήσιμόν ἐστι 56
πρὸς τὰς τῶν ποιοτήτων διαφοράς, ἀφῖχθαί τε ἅμ'
ἔδει[6]) καὶ πρὸς ἡμᾶς ὁρατὰς ἀτόμους· ὃ οὐ θεωρεῖ-
ται γινόμενον οὔθ' ὅπως ἂν γένοιτο ὁρατὴ ἄτομος
ἔστιν ἐπινοῆσαι.

Πρὸς δὲ τούτοις οὐ δεῖ νομίζειν ἐν τῷ ὡρισμένῳ
σώματι ἀπείρους ὄγκους εἶναι οὐδ' ὁπηλίκους οὖν.
ὥστε οὐ μόνον τὴν εἰς ἄπειρον τομὴν ἐπὶ τοὔλαττον
ἀναιρετέον, ἵνα μὴ πάντα ἀσθενῆ ποιῶμεν κἀν ταῖς
περιλήψεσι τῶν ἀθρόων εἰς τὸ μὴ ὂν ἀναγκαζώμεθα
τὰ ὄντα θλίβοντες καταναλίσκειν, ἀλλὰ καὶ τὴν
μετάβασιν μὴ νομιστέον γίνεσθαι ἐν τοῖς ὡρισμένοις
εἰς ἄπειρον μηδ' ἐ⟨πὶ⟩[7]) τοὔλαττον. οὔτε γὰρ ὅπως, 57
ἐπειδὰν ἅπαξ τις εἴπῃ ὅτι ἄπειροι ὄγκοι ἔν τινι
ὑπάρχουσιν ἢ ὁπηλίκοι οὖν, ἔστι νοῆσαι· πῶς τ' ἂν
ἔτι τοῦτο πεπερασμένον εἴη τὸ μέγεθος; πηλίκοι γάρ
τινες δῆλον ὡς οἱ ἄπειροί εἰσιν ὄγκοι· καὶ οὗτοι
[ἐξ ὧν] ὁπηλίκοι ἄν ποτε ὦσιν, ἄπειρον ἂν ἦν καὶ
τὸ μέγεθος. ἄκρον τε ἔχοντος τοῦ πεπερασμένου δια-
ληπτόν, εἰ μὴ καὶ καθ' ἑαυτὸ θεωρητόν, οὐκ ἔστι
μὴ οὐ καὶ τὸ ἑξῆς τούτου τοιοῦτον νοεῖν καὶ οὕτω
κατὰ τὸ ἑξῆς εἰς τοὔμπροσθεν βαδίζοντα εἰς τὸ

6) ἀμέλει *codd.; correxit Usener*
7) μηδὲ *codd.; correxit v. Arnim*

Man darf aber auch nicht annehmen, daß jedes Größenformat bei den Atomen vorkomme, damit man nicht mit der Erscheinungswelt in Widerspruch gerät. Gewisse Größenunterschiede muß man jedoch annehmen; denn mit Hilfe solcher Unterschiede lassen sich gewisse Gefühls- und Wahrnehmungsvorgänge besser erklären. Aber jede Atomgröße vorauszusetzen ist für die Erklärung der Verschiedenheit der Eigenschaften untauglich; es müßten uns ja sonst auch für unser Auge sichtbare Atome schon begegnet sein; daß so etwas vorkommt, hat man aber noch nie gesehen, und man kann sich nicht einmal vorstellen, es gebe ein sichtbares Atom[12]).

Ferner darf man nicht annehmen, daß in einem begrenzten Körper unbegrenzt viele Atome von noch so geringer Größe vorhanden seien. Daher ist nicht nur die Teilbarkeit ins Unendliche[13]) in immer kleinere Teilchen abzulehnen — sonst sind wir gezwungen, alles hinfällig werden zu lassen und beim Analysieren von Atomkonglomerationen Seiendes ins Nichts aufzulösen; sondern man muß auch annehmen, daß es bei begrenzten Körpern keine immer feinere Differenzierbarkeit[14]) ins Unendliche gibt. Und wenn ferner jemand einmal die Behauptung aufstellen wollte, es seien in einem Körper unbegrenzt viele Atome von beliebig geringer Größe vorhanden, so könnte man sich dies gar nicht vorstellen: denn wie könnte dann ein solcher Körper noch eine bestimmte Größe haben? Denn es ist klar, daß die unbegrenzt vielen Atome irgendeine Größe haben müssen; wie gering nun auch ihre Größe sein mag, wäre doch die Größe des betreffenden Körpers unbegrenzt. Da nun alles Begrenzte eine gedanklich faßbare äußerste Grenze hat, auch wenn sie nicht an sich sichtbar ist, so kann man sich das, was an diese angrenzt, nur ebenso ⟨begrenzt⟩ vorstellen, und kann nicht, indem man Schritt für Schritt immer weiter geht,

ἄπειρον ὑπάρχειν καὶ τὸ τοιοῦτον ἀφικνεῖσθαι τῇ ἐννοίᾳ.

Τό τε ἐλάχιστον τὸ ἐν τῇ αἰσθήσει δεῖ κατανοεῖν 58
ὅτι οὔτε τοιοῦτόν ἐστιν οἷον τὸ τὰς μεταβάσεις ἔχον οὔτε πάντῃ πάντως ἀνόμοιον, ἀλλ' ἔχον μέν τινα κοινότητα τῶν μεταβατῶν, διάληψιν δὲ μερῶν οὐκ ἔχον· ἀλλ' ὅταν διὰ τὴν τῆς κοινότητος προσεμφέρειαν οἰηθῶμεν διαλήψεσθαί τι αὐτοῦ, τὸ μὲν ἐπιτάδε, τὸ δὲ ἐπέκεινα, τὸ ἴσον ἡμῖν δεῖ προσπίπτειν. ἑξῆς τε θεωροῦμεν ταῦτα ἀπὸ τοῦ πρώτου καταρχόμενοι καὶ οὐκ ἐν τῷ αὐτῷ, οὐδὲ μέρεσι μερῶν ἁπτόμενα, ἀλλ' ἢ ἐν τῇ ἰδιότητι τῇ ἑαυτῶν τὰ μεγέθη καταμετροῦντα, τὰ πλείω πλεῖον καὶ τὰ ἐλάττω ἔλαττον.

Ταύτῃ τῇ ἀναλογίᾳ νομιστέον καὶ τὸ ἐν τῇ ἀτόμῳ
ἐλάχιστον κεχρῆσθαι· μικρότητι γὰρ ἐκεῖνο δῆλον 59
ὡς διαφέρει τοῦ κατὰ τὴν αἴσθησιν θεωρουμένου, ἀναλογίᾳ δὲ τῇ αὐτῇ κέχρηται. ἐπεί περ καὶ ὅτι μέγεθος ἔχει ἡ ἄτομος, κατὰ τὴν ἐνταῦθα ἀναλογίαν κατηγορήσαμεν, μικρόν τι μόνον μακρὰν ἐκβαλόντες. ἔτι τε τὰ ἐλάχιστα καὶ ἀμερῆ[8]) πέρατα δεῖ νομίζειν τῶν μηκῶν τὸ καταμέτρημα ἐξ αὐτῶν πρώτων τοῖς μείζοσι καὶ ἐλάττοσι παρασκευάζοντα τῇ διὰ λόγου θεωρίᾳ ἐπὶ τῶν ἀοράτων. ἡ γὰρ κοινότης ἡ ὑπάρχουσα αὐτοῖς πρὸς τὰ μετάβολα[9]) ἱκανὴ τὸ μέχρι τούτου συντελέσαι, συμφόρησιν δὲ

8) ἀμιγῆ *codd.*; ἀμερῆ *v. Arnim*

9) ἀμετάβολα *codd.*; μετάβολα *Furley*, μεταβατά *v. Arnim*

in Gedanken zum Vorhandensein eines solchen ⟨Unbegrenzten⟩ gelangen [15]).

Die kleinste Einheit im wahrnehmbaren Bereich muß man sich nicht so beschaffen denken wie etwas, das noch weiter differenzierbare Übergänge aufweist, aber auch nicht ganz unähnlich; denn sie hat mit differenzierbaren Dingen eine gewisse Gemeinsamkeit, läßt aber keine Differenzierung von Teilen mehr zu. Wenn wir aber aufgrund dieser durch die Gemeinsamkeit bedingten Ähnlichkeit ⟨mit dem noch Differenzierbaren⟩ glauben, etwas an diesem Kleinsten — sei es in dieser oder jener Richtung — unterscheiden zu können, so springt uns doch ⟨immer nur⟩ das gleiche Minimum in die Augen. Wir betrachten der Reihe nach, vom ersten ausgehend, diese wahrnehmbaren Minima, die sich nicht als Ganze, auch nicht Teil an Teil berühren, sondern durch ihre spezifische Eigenheit die Größen ⟨der Dinge⟩ bestimmen, die größeren als größer, die kleineren als kleiner.

Analogen Gesetzen gehorcht offenbar — so muß man annehmen — auch das Kleinste im atomaren Bereich. Seiner Kleinheit nach unterscheidet sich das Atom natürlich von der kleinsten sichtbaren Einheit, gehorcht aber analogen Gesetzen. Daß nun das Atom eine gewisse Größe hat, haben wir nach der dort gültigen Analogie erklärt, wobei wir lediglich den Begriff 'Klein' sehr stark reduziert haben. Auch die kleinsten, nicht mehr unterteilbaren Teilchen ⟨der Atome⟩ [16]) muß man sich von bestimmter minimaler Ausdehnung denken, welche für die Größenausdehnung der kleineren und größeren Atome den Maßstab bilden, die wir im Bereich des Unsichtbaren verstandesmäßig erschließen können. Die bei diesen Atomminima vorhandene Gemeinsamkeit mit den veränderlichen Dingen ist ausreichend, um solche Schlüsse zuzulassen, wobei es freilich nicht möglich ist, daß aus Minima,

ἐκ τούτων κίνησιν ἐχόντων οὐχ οἷόν τε γίνεσθαι.

. . .

Καὶ μὴν καὶ ἰσοταχεῖς ἀναγκαῖον τὰς ἀτόμους 61
εἶναι, ὅταν διὰ τοῦ κενοῦ εἰσφέρωνται μηθενὸς
ἀντικόπτοντος. οὔτε γὰρ τὰ βαρέα θᾶττον οἰσθήσε-
ται τῶν μικρῶν καὶ κούφων, ὅταν γε δὴ μηδὲν
ἀπαντᾷ αὐτοῖς· οὔτε τὰ μικρὰ τῶν μεγάλων, πάντα
πόρον σύμμετρον ἔχοντα, ὅταν μηθὲν μηδὲ ἐκείνοις
ἀντικόπτῃ· οὔθ' ἡ ἄνω οὔθ' ἡ εἰς τὸ πλάγιον διὰ
τῶν κρούσεων φορά, οὔθ' ἡ κάτω διὰ τῶν ἰδίων
βαρῶν. ἐφ' ὁπόσον γὰρ ἂν κατίσχῃ ἑκάτερον, ἐπὶ
τοσοῦτον ἅμα νοήματι τὴν φορὰν σχήσει, ἕως ἀντι-
κόψῃ ἢ ἔξωθεν ἢ ἐκ τοῦ ἰδίου βάρους πρὸς τὴν τοῦ
πλήξαντος δύναμιν. ἀλλὰ μὴν καὶ κατὰ τὰς συγκρί- 62
σεις θάττων ἑτέρα ἑτέρας ῥηθήσεται τῶν ἀτόμων
ἰσοταχῶν οὐσῶν, τῷ ἐφ' ἕνα τόπον φέρεσθαι τὰς ἐν
τοῖς ἀθροίσμασιν ἀτόμους [καὶ] κατὰ τὸν ἐλάχιστον
συνεχῆ χρόνον, εἰ ⟨καὶ⟩ μὴ ἐφ' ἕνα κατὰ τοὺς λόγῳ
θεωρητοὺς χρόνους· ἀλλὰ πυκνὸν ἀντικόπτουσιν, ἕως
ἂν ὑπὸ τὴν αἴσθησιν τὸ συνεχὲς τῆς φορᾶς γίνηται.
τὸ γὰρ προσδοξαζόμενον περὶ τοῦ ἀοράτου, ὡς ἄρα
καὶ οἱ διὰ λόγου θεωρητοὶ χρόνοι τὸ συνεχὲς τῆς
φορᾶς ἕξουσιν, οὐκ ἀληθές ἐστιν ἐπὶ τῶν τοιούτων·
ἐπεὶ τό γε θεωρούμενον πᾶν ἢ κατ' ἐπιβολὴν λαμβανόμενον τῇ διανοίᾳ ἀληθές ἐστι.

weil sie eine Bewegung hätten, eine Vereinigung zustande kommt. ...

Die ⟨einzelnen⟩ Atome müssen ferner die gleiche Geschwindigkeit haben, wenn sie durch den leeren Raum schweben und auf keinen Widerstand stoßen; es werden also weder die schwereren Teilchen rascher schweben als die kleinen und leichten[17]), wenn ihnen nichts im Wege steht, noch die kleinen rascher als die großen, da alle gleichermaßen einen passenden Durchgang ⟨durch den Raum⟩ finden, wenn auch sie [die großen] auf keinen Widerstand stoßen. So verhält es sich bei der durch Stoß verursachten Bewegung nach oben und nach der Seite, wie bei der Abwärtsbewegung aufgrund des eigenen Gewichtes. Denn solange eine dieser Bewegungsursachen wirkt, bewegt sich das betreffende Teilchen in Gedankenschnelle, bis entweder etwas von außen her oder das eigene Gewicht der Kraft des Bewegungsimpulses widersteht. Bei Stoffverbindungen wird man freilich sagen, daß die einen sich schneller bewegen als die anderen, während doch die Atome gleich rasch sind; dies deshalb, weil sich die Atome in den Konglomeraten im kürzesten ⟨noch wahrnehmbaren⟩ Zeitabschnitt in einer Richtung bewegen, wenn sie auch in kürzester verstandesmäßig faßbarer Zeiteinheit dies nicht tun. Denn da stoßen sie häufig aufeinander, bis eine mit unseren Sinnen wahrnehmbare kontinuierliche Bewegung entsteht. Denn die Mutmaßungen im Bereich des Unsichtbaren, auch in nur verstandesmäßig faßbaren Zeitminima kontinuierliche Bewegungen anzunehmen, sind bei diesen Vorgängen unrichtig; denn wahr ist nur, was beobachtet oder mit dem Verstand erschlossen worden ist[18]).

Nr. 33: *Plutarchus (Aëtius) plac. philos. 1, 3 p. 285 D.* (cf. Demokrit Fr. A 47; Epic. Fr. 275 Us.)

Ἐπίκουρος Νεοκλέους Ἀθηναῖος κατὰ Δημόκριτον φιλοσοφήσας ἔφη τὰς ἀρχὰς τῶν ὄντων σώματα λόγῳ θεωρητά, ἀμέτοχα κενοῦ, ἀγένητα, ἀδιάφθαρτα, οὔτε θραυσθῆναι δυνάμενα οὔτε διάπλασιν[1]) ἐκ τῶν μερῶν λαβεῖν οὔτε ἀλλοιωθῆναι· εἶναι δὲ αὐτὰ λόγῳ θεωρητά· ταῦτα μέντοι κινεῖσθαι ἐν τῷ κενῷ καὶ διὰ τοῦ κενοῦ· εἶναι δὲ καὶ αὐτὸ τὸ κενὸν ἄπειρον καὶ τὰ σώματα ἄπειρα· συμβεβηκέναι δὲ τοῖς σώμασι τρία ταῦτα, σχῆμα, μέγεθος, βάρος. Δημόκριτος μὲν γὰρ ἔλεγε δύο, μέγεθός τε καὶ σχῆμα, ὁ δὲ Ἐπίκουρος τούτοις καὶ τρίτον βάρος προσέθηκεν· ἀνάγκη γάρ, φησί, κινεῖσθαι τὰ σώματα τῇ τοῦ βάρους πληγῇ.[2])

Nr. 34: (cf. Nr. 15) *Simplicius in Arist. phys. CAG 10, 925, 18* (= Epic. Fr. 268 Us.)

. . . καὶ δι' ἐκείνους ἴσως τοὺς ἐλέγχους πρὸς τὸ ἀμερὲς ἐνισταμένους ὁ Ἐπίκουρος ὕστερον μὲν γενόμενος, συμπαθῶν δὲ τῇ Λευκίππου καὶ Δημοκρίτου δόξῃ περὶ τῶν πρώτων σωμάτων, ἀπαθῆ μὲν ἐφύλαξεν αὐτά, τὸ δὲ ἀμερὲς αὐτῶν παρείλετο, ὡς διὰ τοῦτο ὑπὸ τοῦ Ἀριστοτέλους ἐλεγχομένων.

1) διάπλασιν *Iustin.*, διπλάσιον *vel sim. codd.*
2) ὁλκῇ *Usener*

Nr. 33: *Die Grundkomponenten der Materie: Atome und Raum*
(nach Plutarch, Philosophische Lehrmeinungen 1, 3)

Epikur, Sohn des Neokles, ein Athener, lehrte in Anlehnung an die Philosophie Demokrits, daß die Urbestandteile der materiellen Dinge nur mit dem Verstand erschließbare Körperchen seien, die kein Vakuum enthalten, die unentstehbar und unzerstörbar seien, die nicht zertrümmert noch aus Teilen wiederhergestellt noch verändert werden könnten. Sie seien einzig mit dem Verstand erschließbar und bewegten sich im leeren Raum und durch den leeren Raum. Dieser leere Raum selbst sei unbegrenzt und auch die Zahl der Körperchen sei unbegrenzt. Die Körperchen hätten folgende drei Eigenschaften: Form, Größe und Gewicht. Demokrit nannte nämlich nur zwei: Größe und Form; Epikur dagegen hat als dritte Komponente noch das Gewicht hinzugefügt[1]): „Die Körper", sagt er, „bewegen sich nämlich notwendigerweise durch die Schwungkraft ihres Gewichtes."

Nr. 34: *Innere Differenzierbarkeit der Atome*
(Simplikios, Kommentar zu Aristoteles Physik, CAG 10, 925; vgl. oben Nr. 15)

Wohl durch diese ⟨von Aristoteles⟩ gegen die Undifferenzierbarkeit der Urkörperchen vorgebrachten Beweise veranlaßt, hat Epikur, der ja später lebte und der mit Leukipps und Demokrits Lehre von den Urkörperchen sympathisierte, die Unveränderlichkeit [d. h. Unteilbarkeit] der Atome zwar beibehalten, die Undifferenzierbarkeit jedoch aufgegeben, da durch diese Aristoteles die Atomlehre widerlegt hatte.[1])

Nr. 35: *Cicero, de fin. 1, 18ff.* (= Epic. Fr. 281 Us.)

Epicurus autem, in quibus sequitur Democritum,
non fere labitur. quamquam utriusque cum multa
non probo, tum illud in primis, quod, cum in rerum
natura duo quaerenda sint, unum quae materia
sit ex qua quaeque res efficiatur, alterum quae vis
sit quae quidque efficiat, de materia disseruerunt,
vim et causam efficiendi reliquerunt. sed hoc com-
mune vitium; illae Epicuri propriae ruinae: censet
enim eadem illa individua et solida corpora ferri
deorsum suo pondere ad lineam; hunc naturalem
esse omnium corporum motum; deinde ibidem 19
homo acutus, cum illud occurreret, si omnia deorsum e regione ferrentur et, ut dixi, ad lineam, numquam fore ut atomus altera alteram posset attin-
gere, itaque attulit rem commenticiam: declinare
dixit atomum perpaulum, quo nihil posset fieri
minus; ita effici complexiones et copulationes et
adhaesiones atomorum inter se, ex quo efficeretur
mundus omnesque partes mundi quaeque in eo
essent. quae cum res tota ficta sit pueriliter, tum
ne efficit quidem quod vult. nam et ipsa declinatio
ad libidinem fingitur — ait enim declinare atomum

Nr. 35: *Die Abweichungstendenz der Atome* (nach Cicero, de finibus 1, 18ff.)

Fortsetzung von Nr. 17; Cicero setzt sich mit dem Epikureer L. Torquatus auseinander

Soweit Epikur dem Demokrit folgt, irrt er in der Regel nicht. Zwar kann ich beiden in vielen Punkten und ganz besonders darin nicht zustimmen, daß beide von den zwei Problemen, die es in jeder Naturbetrachtung zu erörtern gibt, nämlich was die Materie ist, aus der alles besteht, und welches die gestaltende Kraft ist, welche alle Dinge schafft, daß sie von diesen zwei Problemen sich zwar mit der Materie befaßt haben, die Frage nach der gestaltenden Kraft und Ursache aber ganz beiseite gelassen haben. Aber diesen Fehler haben beide gemeinsam. Folgendes dagegen ist der ganz spezielle Irrtum Epikurs: Er nimmt an, daß eben jene unteilbaren und festen Körperchen aufgrund ihres Gewichtes senkrecht nach unten fallen; dies sei die natürliche Bewegung aller Schwerkörper. Darauf ist jenem scharfsinnigen Kopf ebendabei aufgegangen, daß, wenn alles wie gesagt geradlinig abwärts fallen würde, nie ein Atom ein anderes berühren könnte. So hat er denn einen trügerischen Ausweg eingeführt: er behauptet, daß die Atome nur ganz ganz wenig von der Senkrechten abweichen [1]); daher würden sich die Atome miteinander verfangen, verbinden und aneinander haftenbleiben, und aus diesen Konglomeraten entstünde dann die ganze Welt mit all ihren Teilen und allem, was darinnen ist. — Wenn auch die ganze Sache mit der Deklinationstendenz eine recht kindliche Erfindung ist, so erreicht Epikur damit nicht einmal, was er bezweckt; denn die Deklinationsbewegung selbst bildet sich willkürlich — er behauptet nämlich, das Atom weiche vom senkrechten Fall ab ohne

sine causa, quo nihil turpius physico quam fieri
quidquam sine causa dicere —, et illum motum
naturalem omnium ponderum, ut ipse constituit, e
regione inferiorem locum petentium, sine causa
eripuit atomis; nec tamen id cuius causa haec fin-
xerat assecutus est. nam si omnes atomi declina- 20
bunt, nullae umquam cohaerescent; sive aliae
declinabunt, aliae suo nutu recte ferentur, primum
erit hoc quasi provincias atomis dare, quae recte,
quae oblique ferantur, deinde eadem illa atomorum — in quo etiam Democritus haeret — tur-
bulenta concursio hunc mundi ornatum efficere
non poterit.

Ne illud quidem physici, credere aliquid esse minimum; quod profecto numquam putavisset, si a Polyaeno familiari suo geometrica discere maluisset quam illum etiam ipsum dedocere. sol Democrito magnus videtur, quippe homini erudito in geometriaque perfecto; huic pedalis fortasse: tantum enim esse censet quantus videtur, vel paulo aut maiorem aut minorem.

Ita quae mutat ea corrumpit, quae sequitur sunt 21
tota Democriti, atomi, inane, imagines, quae εἴδωλα nominant, quorum incursione non solum videamus sed etiam cogitemus; infinitio ipsa, quam ἀπειρίαν vocant, tota ab illo est, tum innumerabiles mundi qui et oriantur et intereant cotidie. quae etsi mihi

irgendeine [äußere] Ursache, wo es doch für einen Naturwissenschaftler nichts Schimpflicheres gibt als zu behaupten, es geschehe etwas ohne Ursache —, und damit entzieht er ohne Grund den Atomen jene natürliche Bewegung aller Schwerkörper, die geradlinig nach unten streben, wie er selber behauptet hat. Und dennoch hat er damit das nicht erreicht, weswegen er diese Abweichungstendenz eingeführt hat: Denn wenn alle Atome abweichen, dann werden keine jemals aneinander haftenbleiben; wenn dagegen nur die einen abweichen, die andern aber gemäß der Schwerkraft senkrecht fallen, dann heißt das erstens soviel wie den Atomen eine Art Spielraum zuzubilligen, innerhalb dessen die einen gerade, die andern schräg fallen. Zweitens konnte doch — und darin irrt auch Demokrit — diese wirre Zusammenballung von Atomen nicht einen derart geordneten Kosmos hervorbringen [2]).

Auch ein anderer Punkt geziemt sich nicht für einen Naturwissenschaftler, nämlich anzunehmen, es gebe etwas Kleinstes; zu dieser Annahme wäre er nie gekommen, hätte er es vorgezogen, von Polyainos, seinem Freund, Geometrie zu lernen, statt diesen von seiner Lehre abzubringen. Die Sonne ist nach der Annahme des Demokrit groß, da er eben gebildet und mathematisch geschult war; für Epikur ist sie nur eben fußgroß, lehrt er doch, die Sonne sei so groß, wie sie scheine, gegebenenfalls etwas größer oder kleiner [3]).

Daher verdirbt Epikur das, was er ändert; was er dagegen übernimmt, ist ganz die Lehre Demokrits, nämlich die Atome, der leere Raum und die Abbilder, welche sie 'eidola' nennen, durch deren Auftreffen wir nicht nur sehen, sondern auch denken. Auch der Begriff der Unendlichkeit — sie nennen sie 'apeiria' — stammt ganz von ihm, ferner die Vorstellung von unzählig vielen Welten, die täglich entstehen und untergehen. Auch wenn ich dem

nullo modo probantur, tamen Democritum, laudatum a ceteris, ab hoc, qui eum unum secutus esset, nollem vituperatum.

Nr. 36: *Cicero, de fato 22f.* (= Epic. Fr. 281 Us.)

Epicurus declinatione atomi vitari necessitatem
fati putat. itaque tertius quidam motus oritur
extra pondus et plagam, cum declinat atomus intervallo minimo — id appellat ἐλάχιστον —, quam
declinationem sine causa fieri si minus verbis, re
cogitur confiteri: non enim atomus ab atomo pulsa
declinat. nam qui potest pelli alia ab alia, si gravitate feruntur ad perpendiculum corpora individua
rectis lineis, ut Epicuro placet. sequitur enim ut
si alia ab alia numquam depellatur, ne contingat
quidem alia aliam. ex quo efficitur etiam, si sit
atomus eaque declinet, declinare sine causa. hanc 23
Epicurus rationem induxit ob eam rem, quod veri-
tus est, ne, si semper atomus gravitate ferretur
naturali ac necessaria, nihil liberum nobis esset,
cum ita moveretur animus, ut atomorum motu
cogeretur. id Democritus auctor atomorum accipere

allem nicht zustimme, so sollte Demokrit — von andern hoch geachtet — doch nicht gerade von dem, der ihm allein nachfolgte, getadelt werden.

Nr. 36: *Abweichungstendenz und freier Wille* (nach Cicero, de fato 22f.)

Epikur glaubt, daß man durch die Einführung einer Abweichungstendenz des Atoms der Annahme eines unausweichlich determinierten Schicksals entgehen könne. Es ergibt sich daher bei ihm außer der Schwerkraft und dem Impuls [Stoß] eine Art dritte Bewegungsursache, wenn die Atome in ganz kleinen Intervallen — er nennt es 'elachiston' — von der Senkrechten abweichen. Daß diese Deklination ohne ⟨äußere⟩ Ursache entsteht, muß er, wenn er es auch nicht wörtlich sagt, doch der Sache nach zugeben:[1]) das Atom weicht nämlich nicht durch Zusammenprallen mit einem anderen ab; denn wie könnte eines vom andern gestoßen werden, wenn die Atome dank ihres Gewichtes geradlinig senkrecht fallen, wie Epikur es annimmt? Daraus ergibt sich, daß — wird nie das eine Atom vom andern gestoßen — sie einander nicht einmal berühren. Ferner folgt daraus auch, daß, wenn es ein Atom gibt und dies abweicht, diese Abweichung ohne ⟨äußere⟩ Ursache entsteht. Diese Lehre ⟨der Abweichungstendenz⟩ hat Epikur deswegen eingeführt, damit nicht, wenn das Atom dank der natürlichen und unabänderlichen Schwerkraft beständig fallen würde, für uns keine Entscheidungsfreiheit[2]) mehr übrigbleibe, wenn sich der Geist so bewegte, wie er durch die Atombewegung gezwungen würde. Demokrit, der Begründer der Atomlehre,

maluit, necessitate omnia fieri, quam a corporibus individuis naturalis motus avellere.

Nr. 37: *Cicero, de nat. deor. 1, 69* (= Epic. Fr. 281 Us.)

Epicurus cum videret, si atomi ferrentur in locum inferiorem suopte pondere, nihil fore in nostra potestate, quod esset earum motus certus et necessarius, invenit quo modo necessitatem effugeret, quod videlicet Democritum fugerat: ait atomum, cum pondere et gravitate derecto deorsus feratur, declinare paullulum.

Nr. 38: *Cicero, de nat. deor. 2, 93f.*

Hic ego non mirer esse quemquam, qui sibi persuadeat corpora quaedam solida atque individua vi[1]) et gravitate ferri mundumque effici ornatissimum et pulcherrimum ex eorum corporum concursione fortuita? hoc qui existimat fieri potuisse, non intellego, cur non idem putet, si innumerabiles unius et viginti formae litterarum vel aureae vel qualeslibet aliquo coiciantur, posse ex iis in terram

1) sua vi *Lambinus*

zog es vor anzunehmen, daß alles nach unabänderlicher Gesetzmäßigkeit geschieht, als den Atomen ihre natürlichen Bewegungen zu entziehen.

Nr. 37: *Abweichungstendenz und freier Wille* (nach Cicero, de natura deorum 1, 69)

Als Epikur sah, daß, wenn die Atome aufgrund ihres Eigengewichtes abwärts fallen würden, dann nichts mehr in unserer Entscheidungsbefugnis wäre, weil ihre Bewegung bestimmt und unausweichlich ist, fand er einen Ausweg, um diesem Determinismus zu entrinnen, der freilich Demokrit entgangen war: er behauptet nämlich, daß, wenn das Atom durch sein Gewicht und seine Schwere geradlinig abwärts falle, es ganz wenig vom senkrechten Fall abweiche.

Nr. 38: *Kritik am blinden Zufall* (Cicero, de natura deorum 2, 93f.)

Lucilius Balbus, der Vertreter der stoischen Theologie, kritisiert den Atomismus Epikurs und Demokrits:

Da sollte ich mich nicht wundern, daß es jemanden gibt, der davon überzeugt ist, daß gewisse feste, unteilbare Körperchen durch ihre ⟨Trägheits-⟩Kraft und ihr Gewicht einherschweben und daß aus dem zufälligen Zusammentreffen dieser Atome der herrlichste und geordnetste Kosmos entstanden sei? Wenn einer glaubt, dies sei möglich gewesen, warum glaubt er denn nicht auch, daß, wenn ungezählte goldene oder sonst welche Typen der einundzwanzig Buchstaben irgendwo zusammengeworfen und dann auf den Boden ausgeschüttet werden, sich daraus

excussis annales Ennii ut deinceps legi possint effici; quod nescio an ne in uno quidem versu possit tantum valere fortuna. isti autem quem ad modum 94
adseverant ex corpusculis non colore[2]) non qualitate aliqua — quam ποιότητα Graeci vocant — non sensu praeditis, sed concurrentibus temere atque casu mundum esse perfectum, vel innumerabiles potius in omni puncto temporis alios nasci alios interire, — quodsi mundum efficere potest concursus atomorum, cur porticum, cur templum, cur domum, cur urbem non potest, quae sunt minus operosa et multo quidem faciliora? certe ita temere de mundo effutiunt, ut mihi quidem numquam hunc admirabilem caeli ornatum . . . suspexisse videantur.

2. T. Lucretius Carus (97—55 v. Chr.)

Nr. 39: *Lucretius, de rerum natura 1, 265—328*

Nunc age, res quoniam docui non posse creari
de nilo neque item genitas ad nil revocari,
ne qua forte tamen coeptes diffidere dictis,
quod nequeunt oculis rerum primordia cerni,
accipe praeterea quae corpora tute necessest
confiteare esse in rebus nec posse videri.

2) calore *coniecit Rackham*

gerade etwa die Annalen des Ennius lesefertig ergeben; ich weiß nicht, ob der Zufall auch nur einen einzigen Vers zustande brächte[1]). Wie können diese [die Atomisten] aber behaupten, daß aus Atomen, welche keine Farbe noch sonst irgendeine 'Qualität' — die Griechen nennen es 'poiotes' — noch Empfindung besitzen, sondern blindlings und zufällig zusammentreffen, daß aus solchen Atomen der Kosmos geschaffen sei, oder vielmehr ungezählte Kosmen zu jedem Zeitpunkt teils entstehen, teils vergehen. Wenn aber eine Ansammlung von Atomen einen Kosmos hervorbringen kann, warum nicht auch eine Säulenhalle, einen Tempel oder ein Haus, Dinge, die doch weniger kunstvoll und viel einfacher sind als der Kosmos? Jedenfalls plappern sie derart unüberlegt über den Kosmos, daß es mir scheinen will, sie hätten nie zu dieser herrlichen Ordnung am Himmelszelt aufgeblickt.

2. Lukrez (97—55 v. Chr.)

Nr. 39: *Existenz von kleinsten Teilchen der Materie* (Lukrez über das Wesen der Dinge 1, 265—328)

Nun habe ich also dargelegt, daß kein Ding aus nichts entstehen und ebenso kein bestehendes Ding zu nichts sich auflösen kann. Damit du nun aber nicht etwa meinen Worten zu mißtrauen beginnst, weil die Urbestandteile der Dinge vom Auge nicht wahrgenommen werden können, vernimm weiter, was für Materieteilchen in den Dingen — so wirst du zugeben müssen — vorhanden sind und doch nicht gesehen werden können[1]):

Principio venti vis verberat incita pontum[1])
ingentisque ruit navis et nubila differt,
interdum rapido percurrens turbine campos
arboribus magnis sternit montisque supremos
silvifragis vexat flabris: ita perfurit acri
cum fremitu saevitque minaci murmure ventus.[2])
sunt igitur venti nimirum corpora caeca
quae mare, quae terras, quae denique nubila caeli
verrunt ac subito vexantia turbine raptant,
nec ratione fluunt alia stragemque propagant
et cum mollis aquae fertur natura repente
flumine abundanti, quam largis imbribus auget
montibus ex altis magnus decursus aquai,
fragmina coniciens silvarum arbustaque tota,
nec validi possunt pontes venientis aquai
vim subitam tolerare: ita magno turgidus[3]) imbri
molibus incurrit validis cum viribus amnis.
dat sonitu magno stragem volvitque sub undis
grandia saxa ruitque ⟨et⟩[4]) quidquid fluctibus obstat.
sic igitur debent venti quoque flamina ferri,
quae veluti validum cum flumen procubuere
quamlibet in partem, trudunt res ante ruuntque
impetibus crebris, interdum vertice torto
corripiunt rapidique rotanti turbine portant.
quare etiam atque etiam sunt venti corpora caeca,
quandoquidem factis et moribus aemula magnis
amnibus inveniuntur, aperto corpore qui sunt.

1) pontum *Marullus*, cortus *vel* corpus *vel* portus *codd.*
2) ventus *Markland*, pontus *codd.*
3) turgidus *scripsi*, turbidus *vel* turbibus *codd.*
4) ruitque et *Bailey*, ruit qua quidquid *vel* ruit quidquid *codd.*

Erstens peitscht die entfesselte Gewalt des Windes das Meer auf, zerbricht mächtige Schiffe und zerstreut Wolken, fegt bisweilen in reißendem Wirbel über die Felder und überdeckt sie mit riesigen Bäumen und verunstaltet Bergeshöhen mit wälderbrechenden Stößen[2]). So rast der Wind mit lautem Brausen und drohendem Tosen: Also gibt es unzweifelhaft beim Wind unsichtbare Stoffteilchen, welche Meer und Land und sogar Wolken des Himmels mitfegen und sie in raschem Wirbel erfassend mit sich reißen. Nicht anders strömen sie daher und richten weitherum Verheerung an, als wenn das seiner Beschaffenheit nach doch weiche Wasser plötzlich in überschwemmendem Strome dahinstürzt, den mit reichen Regengüssen das vom hohen Gebirge herabstürzende Wasser anschwellen läßt, das Trümmer von Wäldern und ganze Bäume mit sich reißt, so daß festgebaute Brücken der Gewalt der plötzlich andringenden Wasserflut nicht mehr standhalten können. So stürzt der Strom, durch den mächtigen Regen angeschwollen, mit gewaltiger Wucht gegen die Dämme; mit großem Getöse verheert er das Land und wälzt unter seinen Wogen mächtige Steine und reißt ein, was seinen Fluten im Wege steht[3]). Auf diese Weise also müssen auch die Windstöße einherfahren: wenn sie wie ein mächtiger Strom in irgendeiner Richtung dahinwüten, stoßen sie die Dinge vor sich her und reißen sie mit häufigen Stößen nieder, erfassen sie bisweilen mit drehendem Wirbel und schleifen sie im kreisenden Strudel fort. Also gibt es beim Wind — so betone ich wieder und immer wieder — unsichtbare Stoffteilchen, da sie, so hat es sich gezeigt, in ihrer Wirkung und ihrem Wesen nach den großen Wasserströmen ähnlich befunden werden, die offensichtlich stofflich sind.

Tum porro varios rerum sentimus odores
nec tamen ad naris venientis cernimus umquam,
nec calidos aestus tuimur nec frigora quimus
usurpare oculis nec voces cernere suemus;
quae tamen omnia corporea constare necessest
natura, quoniam sensus impellere possunt.
tangere enim et tangi, nisi corpus, nulla potest res.
Denique fluctifrago suspensae in litore vestes
uvescunt, eaedem dispansae in sole serescunt.
at neque quo pacto persederit umor aquai
visumst nec rursum quo pacto fugerit aestu.
in parvas igitur partis dispergitur umor
quas oculi nulla possunt ratione videre.

Quin etiam multis solis redeuntibus annis
anulus in digito subter tenuatur habendo,
stilicidi casus lapidem cavat, uncus aratri
ferreus occulte decrescit vomer in arvis,
strataque iam vulgi pedibus detrita viarum
saxea conspicimus; tum portas propter aena
signa manus dextras ostendunt attenuari
saepe salutantum tactu praeterque meantum.
haec igitur minui, cum sint detrita, videmus.
sed quae corpora decedant in tempore quoque,
invida praeclusit speciem natura videndi.

Postremo quaecumque dies naturaque rebus
paulatim tribuit, moderatim crescere cogens,
nulla potest oculorum acies contenta tueri;
nec porro quaecumque aevo macieque senescunt,
nec, mare quae impendent, vesco sale saxa peresa

Ferner spüren wir verschiedenartige Gerüche von Stoffen, können sie jedoch niemals zur Nase aufsteigen sehen; auch Wärme und Kälte können wir nicht von Auge feststellen noch pflegen wir Laute zu sehen. Und dennoch müssen all diese Erscheinungen von stofflicher Beschaffenheit sein, da sie unsere Sinnesorgane rühren können: denn berühren und berührt werden kann nur etwas Stoffliches.

Ferner werden an der wellenbrechenden Küste aufgehängte Kleider feucht, und trocknen wieder, breitet man sie an der Sonne aus; dennoch hat man noch nie gesehen, wie sich des Wassers Feuchtigkeit in den Kleidern niedergeschlagen noch wie es sich unter der Hitze wieder verflüchtigt hat: folglich zerstäubt sich das Wasser in kleinste Teilchen, welche von Auge auf keine Weise mehr festgestellt werden können.

Ja auch ein Fingerring, den man am Finger trägt, wird im Laufe vieler Sonnenjahre unmerklich abgenützt, und stetig fallender Tropfen höhlt den Stein, die gekrümmte eiserne Pflugschar wird unvermerkt im Acker abgewetzt, und wir sehen auch, wie das steinerne Straßenpflaster von den Füßen der Volksmenge abgetreten wird; auch eherne Standbilder in der Nähe von Toren zeigen, daß ihre rechten Hände von der häufigen Berührung derjenigen, die im Vorübergehen grüßen, abgerieben werden. Daß diese Dinge dahinschwinden, können wir augenscheinlich feststellen, da sie ja eben abgenützt sind; aber welche Teilchen zu jedem Zeitpunkt abgehen, das zu sehen hat uns die neidische Natur verschlossen.

Schließlich, was immer die Zeit oder die Natur den Dingen allmählich hinzufügt, indem sie sie nach und nach wachsen läßt, kann man mit keiner noch so großen Anstrengung unserer Sehschärfe sehen, auch nicht, was immer im Laufe der Zeit durch Schwund vergeht, noch kann man wahrnehmen, was die an der Meeresküste aufragenden

quid quoque amittant in tempore cernere possis.
corporibus caecis igitur natura gerit res.

Nr. 40: *Lucretius, de rerum natura 1, 483—634*

Corpora sunt porro partim primordia rerum,
partim concilio quae constant principiorum.
sed quae sunt rerum primordia, nulla potest vis
stinguere; nam solido vincunt ea corpore demum.
etsi difficile esse videtur credere quicquam
in rebus solido reperiri corpore posse.
transit enim fulmen caeli per saepta domorum,
clamor ut ac voces; ferrum candescit in igni
dissiliuntque fero ferventi[1]) saxa vapore;
cum labefactatus rigor auri solvitur aestu,
tum glacies aeris flamma devicta liquescit;
permanat calor argentum penetraleque frigus,
quando utrumque manu retinentes pocula rite
sensimus infuso lympharum rore superne:
usque adeo in rebus solidi nil esse videtur.
sed quia vera tamen ratio naturaque rerum
cogit, ades, paucis dum versibus expediamus
esse ea quae solido atque aeterno corpore constent,
semina quae rerum primordiaque esse docemus,
unde omnis rerum nunc constet summa creata.

1) *sic codd.*, ferventia *Marullus*

Felsklippen, vom zehrenden Salze zerfressen, zu jedem Zeitpunkt verlieren: Also wirkt die Natur mit unsichtbaren Stoffteilchen.

Nr. 40: *Absolute Unzerstörbarkeit der Atome* (Lukrez a.O. 1, 483—634)

Stoffliche Körper sind ferner teils selber Urbestandteile der Dinge, teils bestehen sie aus Verbindungen von Urbestandteilen. Die Urbestandteile der Dinge selbst aber kann keine Kraft vernichten; denn durch ihren absolut festen Bau halten sie schließlich ⟨jeder Veränderung⟩ stand. Freilich macht es zunächst Schwierigkeiten zu glauben, es gebe in den stofflichen Dingen etwas absolut Festes; denn der Blitz aus dem Himmel durchdringt Wände von Häusern, ebenso Schreie und Rufe; das Eisen erglüht im Feuer, und durch die wild lodernde Hitze zerspringen Steine; die Starrheit des Goldes löst sich, erweicht in der Glut, und die Sprödigkeit des Erzes schmilzt von der Flamme besiegt; Wärme und durchdringende Kälte strömen durch das Silber: so spüren wir beides, wenn wir einen ⟨silbernen⟩ Pokal in üblicher Weise in der Hand halten und von oben das Naß des Wassers eingegossen wird. So weit scheint es zunächst in den stofflichen Dingen nichts Festes zu geben. Doch weil dennoch die richtige Überlegung und die Natur der Dinge dazu zwingt, paß auf, wenn ich in wenigen Versen darlege, daß es solche Bestandteile gibt, die von absolut fester und unvergänglicher Beschaffenheit sind, die wir in unserer Lehre als Bausteine und Urbestandteile der Materie betrachten, aus welchen die Gesamtheit von alldem, was heute existiert, geschaffen ist.

Principio quoniam duplex natura duarum
dissimilis rerum longe constare repertast,
corporis atque loci, res in quo quaeque geruntur,
esse utramque sibi per se puramque necessest.
nam quacumque vacat spatium, quod inane vocamus,
corpus ea non est; qua porro cumque tenet se
corpus, ea vacuum nequaquam constat inane.
sunt igitur solida ac sine inani corpora prima.

Praeterea quoniam genitis in rebus inanest,
materiem circum solidam constare necessest,
nec res ulla potest vera ratione probari
corpore inane suo celare atque intus habere,
si non, quod cohibet, solidum constare relinquas.
id porro nil esse potest nisi materiai
concilium, quod inane queat rerum cohibere.
materies igitur, solido quae corpore constat,
esse aeterna potest, cum cetera dissoluantur.

Tum porro si nil esset quod inane vacaret,[2])
omne foret solidum; nisi contra corpora certa
essent quae loca complerent quaecumque tenerent,
omne quod est spatium vacuum constaret inane.
alternis igitur nimirum corpus inani
distinctum, quoniam nec plenum naviter exstat
nec porro vacuum. sunt ergo corpora certa
quae spatium pleno possint distinguere inane.
haec neque dissolui plagis extrinsecus icta
possunt nec porro penitus penetrata retexi
nec ratione queunt alia temptata labare;

2) vocaret *codd., quam antiquiorem pro* vacaret *lectionem retinere nolui.*

Erstens einmal, da es sich gezeigt hat, daß die Beschaffenheit der zwei Grundkomponenten grundverschieden ist, nämlich von Materie und von Raum, in welchem sich alles abspielt, muß notwendigerweise jede dieser zwei Komponenten für sich allein und artrein existieren; denn wo immer der Raum leer ist, den wir als Vakuum bezeichnen, da kann keine Materie sein; und umgekehrt, wo Materie ist, kann keinesfalls Vakuum sein. Also sind die Urbestandteile fest und ohne leere Zwischenräume.

Da es außerdem in den ⟨aus Atomen⟩ geschaffenen Gegenständen Hohlraum gibt, muß um den Hohlraum Materie bestehen, die absolut fest ist, und durch keine folgerichtige Beweisführung kann glaubhaft gemacht werden, daß irgendein Gegenstand irgendwelchen leeren Zwischenraum in sich birgt, wenn man nicht etwas Festes bestehen läßt, das dieses Leere umschließt. Dies kann aber nichts anderes sein als eine Verbindung von ⟨festen⟩ Materie-⟨teilchen⟩, welche den leeren Zwischenraum in den Dingen umschließen können. Die Materie selbst, welche aus absolut festem Stoff besteht, kann daher ewig bestehen, während alles Übrige [d. h. die stofflichen Zusammensetzungen] sich wieder auflöst.

Wenn es ferner nichts gäbe, das absolut leer ist, wäre alles fest; wenn es umgekehrt keine bestimmten Körper gäbe, welche die Teile des Raumes ausfüllten, die sie einnehmen, wäre der ganze bestehende Raum ein Vakuum. Folglich gibt es zweifellos im Wechsel voneinander gesondert Körperliches und Leeres, da es weder einen absolut vollen noch absolut leeren Raum gibt. Also gibt es bestimmte Korpuskeln, welche den leeren Raum vom vollen abgrenzen können. Diese können weder durch Einwirkungen von außen zerschlagen noch durch Zersetzung von innen her aufgelöst werden noch sonst unter dem Druck irgendwelcher anderer Einflüsse zerfallen; das habe

id quod iam supra tibi paulo ostendimus ante.
nam neque collidi sine inani posse videtur
quicquam nec frangi nec findi in bina secando
nec capere umorem neque item manabile frigus
nec penetralem ignem, quibus omnia conficiuntur.
et quo quaeque magis cohibet res intus inane,
tam magis his rebus penitus temptata labascit.
ergo si solida ac sine inani corpora prima
sunt ita uti docui, sint haec aeterna necessest.

Praeterea nisi materies aeterna fuisset,
antehac ad nilum penitus res quaeque redissent
de niloque renata forent quaecumque videmus.
at quoniam supra docui nil posse creari
de nilo neque quod genitum est ad nil revocari,
esse immortali primordia corpore debent,
dissolui quo quaeque supremo tempore possint,
materies ut suppeditet rebus reparandis.
sunt igitur solida primordia simplicitate
nec ratione queunt alia servata per aevum
ex infinito iam tempore res reparare.
Denique si nullam finem natura parasset
frangendis rebus, iam corpora materiai
usque redacta forent aevo frangente priore,
ut nil ex illis a certo tempore posset
conceptum summum aetatis pervadere finem.[3])
nam quidvis citius dissolvi posse videmus
quam rursus refici; quapropter longa diei
infinita aetas anteacti temporis omnis
quod fregisset adhuc disturbans dissoluensque,

3) summum finem *codd.*, summum florem *Lambinus*, ad summum *Brieger*, *alii alia*

ich dir schon kurz vorher bewiesen[1]). Denn offensichtlich kann nichts ohne leeren Raum zusammengedrückt oder zerbrochen oder durch Schneiden entzweigespalten werden, noch Feuchtigkeit aufnehmen oder durchströmende Kälte oder durchdringendes Feuer, wodurch alle Dinge verzehrt werden. Und je mehr ein Ding inwendig leeren Raum enthält, desto mehr zerfällt es unter der tiefen Einwirkung dieser Einflüsse. Wenn daher die Urbestandteile absolut fest und ohne jeden leeren Zwischenraum sind, wie ich dargelegt habe, dann sind sie notwendigerweise auch unvergänglich.

Wenn außerdem die Materie nicht unvergänglich gewesen wäre, dann wäre alles, was wir sehen, schon längst gänzlich zum Nichts geworden und aus dem Nichts wieder entstanden. Aber da ich oben bewiesen habe, daß nichts aus dem Nichts geschaffen werden und nichts Erschaffenes zum Nichts zurückgeführt werden kann, müssen die Urbestandteile von unvergänglicher Beschaffenheit sein, in welche sich die Dinge an ihrem Ende auflösen können, damit zur Erschaffung neuer Dinge wieder Materie vorhanden ist. Also sind die Urbestandteile von absoluter Festigkeit und ⟨unteilbarer⟩ Einfachheit; denn auf keine andere Weise hätten sie die Ewigkeit überdauern und seit unendlicher Zeit die Dinge neu entstehen lassen können.

Wenn schließlich die Natur dem Zerfall von stofflichen Dingen nicht eine Grenze gesetzt hätte, dann wären die Urbestandteile der Materie durch den Zerfallprozeß der vergangenen Zeit fortwährend schon so vermindert worden, daß sich nichts innerhalb einer bestimmten Zeitspanne seit seiner Erschaffung zur vollen Reife seines Daseins entwickeln könnte. Denn wir sehen ja, daß alles rascher aufgelöst als wieder erneuert werden kann. Was daher der unendliche Zeitraum der ganzen schon verflossenen Zeit durch Verfalls- und Auflösungsprozeß zerteilt hat, das

numquam relicuo reparari tempore posset.
at nunc nimirum frangendi reddita finis
certa manet, quoniam refici rem quamque videmus
et finita simul generatim tempora rebus
stare, quibus possint aevi contingere florem.

Huc accedit uti, solidissima materiai
corpora cum constant, possint tamen omnia reddi
mollia quae fiunt, aër aqua terra vapores,
quo pacto fiant et qua vi quaeque gerantur,
admixtum quoniam semel est in rebus inane.
at contra si mollia sint primordia rerum,
unde queant validi silices ferrumque creari
non poterit ratio reddi; nam funditus omnis
principio fundamenti natura carebit.
sunt igitur solida pollentia simplicitate
quorum condenso magis omnia conciliatu
artari possunt validasque ostendere viris.

Porro si nullast frangendis reddita finis
corporibus, tamen ex aeterno tempore quaeque
nunc etiam superare necessest corpora rebus,
quae nondum clueant ullo temptata periclo.
at quoniam fragili natura praedita constant,
discrepat aeternum tempus potuisse manere
innumerabilibus plagis vexata per aevum.

Denique iam quoniam generatim reddita finis
crescendi rebus constat vitamque tenendi,
et quid quaeque queant per foedera naturai,
quid porro nequeant, sancitum quandoquidem exstat,
nec commutatur quicquam, quin omnia constant

könnte niemals in der restlichen Zeitspanne ⟨seit dem Entstehungsbeginn jedes Dinges⟩ wiederhergestellt werden[2]). Jetzt aber ist zweifellos dem Teilungsprozeß eine bestimmte, unverrückbare Grenze gesetzt, da wir feststellen, daß jedes Ding sich erneuert und daß gattungsweise jedem Ding eine bestimmte Lebensdauer feststeht, während welcher es zur Blüte seiner Entwicklung gelangen kann.

Dazu kommt, daß — selbst wenn die Urbestandteile der Materie absolut fest sind — dennoch erklärt werden kann, wie und durch welche Kraft alle weichen Stoffe, wie Luft, Wasser, Erde, Dämpfe entstehen, da nun einmal den Stoffen Leeres beigemischt ist. Wenn dagegen die Urbestandteile der Dinge weich wären, so könnte nie erklärt werden, woraus die harten Feuersteine oder das Eisen gebildet werden könnten, denn die ganze Natur würde dann von Grund auf einer festen Grundlage entbehren. So sind also die Urbestandteile widerstandsfähig dank ihrer absoluten Festigkeit und Einfachheit, durch deren dichtere Verbindung alle Dinge kompakter werden und starke Kräfte aufweisen können.

Wenn ferner dem Zerfallprozeß der körperlichen Dinge keine Grenze gesetzt wäre, so müßten dennoch seit unendlicher Zeit bei allen Dingen Teilchen auch jetzt noch überleben, welche noch keiner Gefahr der Zerstörung erlagen. Weil aber die stofflichen Dinge von vergänglicher Beschaffenheit sind, ist es widersinnig anzunehmen, daß diese die ewige Zeit hindurch Bestand haben und den unzähligen Zerstörungseinflüssen alle Zeit trotzen konnten.

Da schließlich jedem Ding nach seiner Art eine Grenze des Wachstums und der Lebenszeit gesetzt ist und es unverbrüchlich festgelegt ist, was jedes Ding dem Naturgesetz entsprechend vermag oder nicht vermag, und nichts sich verändert, und da sogar alles so sehr beständig bleibt,

usque adeo, variae volucres ut in ordine cunctae
ostendant maculas generalis corpore inesse,
immutabilis[4]) materiae quoque corpus habere
debent nimirum. nam si primordia rerum
commutari aliqua possent ratione revicta,
incertum quoque iam constet quid possit oriri,
quid nequeat, finita potestas denique cuique
quanam sit ratione atque alte terminus haerens,
nec totiens possent generatim saecla referre
naturam mores victum motusque parentum.

Tum porro quoniam est extremum quodque cacumen
⟨*corporibus, quod iam nobis minimum esse videtur,*
debet item ratione pari minimum esse cacumen⟩[5])
corporis illius quod nostri cernere sensus
iam nequeunt; id nimirum sine partibus exstat
et minima constat natura nec fuit umquam
per se secretum neque posthac esse valebit,
alterius quoniamst ipsum pars primaque et una,
inde aliae atque aliae similes ex ordine partes
agmine condenso naturam corporis explent,
quae quoniam per se nequeunt constare, necessest
haerere unde queant nulla ratione revelli.
sunt igitur solida primordia simplicitate
quae minimis stipata cohaerent partibus arte,
non ex illorum[6]) conventu conciliata,
sed magis aeterna pollentia simplicitate,
unde neque avelli quicquam neque deminui iam
concedit natura reservans semina rebus.

4) immutabiles *codd.*, immutabili' *Lachmann*

5) *lacunam post 599 indicatam his versibus supplevit Munro, cf. 1, 749sq.*

6) illorum (*sc.* cacuminum) *codd.*, illarum *Winckelmann*

daß alle die bunten Vögel die Farbflecken ihrer Gattung immer in bestimmter Ordnung an ihrem Körper aufweisen, müssen sie zweifellos auch Körperchen von unveränderlicher Beschaffenheit haben. Denn wenn die Urbestandteile der Dinge auf irgendeine Weise gewaltsam verändert werden könnten, dann bestünde Unsicherheit, was ⟨aus ihnen⟩ entstehen kann, was nicht, und wie schließlich die ⟨Entwicklungs-⟩Möglichkeit von jedem Ding begrenzt ist und es eine tief verwurzelte Schranke gibt; und die Gattungen ⟨der Lebewesen⟩ könnten nicht so oft das Wesen, den Charakter, die Lebensweise und Bewegungsart ihrer Eltern über so viele Generationen erhalten.

Ferner, da es an den ⟨sichtbaren⟩ Körpern ein äußerstes Minimum gibt,[8]) ⟨das unsere Sinne noch wahrnehmen können, muß es in analoger Weise auch ein äußerstes Minimum⟩ bei jenem Atomkörper geben, das unsere Sinne nicht mehr wahrzunehmen vermögen. Dies Minimum besteht zweifellos ohne Teile und ist von allerkleinster Natur und existierte niemals für sich getrennt und wird es auch in Zukunft nicht können, da es selbst Teil von etwas anderem [näml. dem Atom] ist, und zwar der erste und einzige; weitere und immer weitere ähnliche solche Teile aneinandergereiht bilden dann in dichter Anordnung einen ⟨Atom-⟩Körper. Da diese Teile für sich allein nicht existieren können, müssen sie notwendig irgendwo anhaften, wovon sie auf keine Weise losgerissen werden können. Also bilden die Urbestandteile eine absolut feste Einheit und sind eine dichte, kompakte Masse von kleinsten Teilen und sind nicht aus einer bloßen Vereinigung jener Teile zusammengefügt ⟨wie bei Stoffverbindungen⟩, sondern widerstandsfähiger dank ihrer unvergänglichen Einheit, wovon die Natur nichts abtrennen oder vermindern läßt, welche den Dingen die Grundbausteine bewahrt.

Praeterea nisi erit minimum, parvissima quaeque
corpora constabunt ex partibus infinitis,
quippe ubi dimidiae partis pars semper habebit
dimidiam partem nec res praefiniet ulla.
ergo rerum inter summam minimamque quid escit?
nil erit ut distet; nam quamvis funditus omnis
summa sit infinita, tamen, parvissima quae sunt,
ex infinitis constabunt partibus aeque.
quod quoniam ratio reclamat vera negatque
credere posse animum, victus fateare necessest
esse ea quae nullis iam praedita partibus exstent
et minima constent natura. quae quoniam sunt,
illa quoque esse tibi solida atque aeterna fatendum.

Denique si minimas in partis cuncta resolvi
cogere consuesset rerum natura creatrix,
iam nil ex illis eadem reparare valeret,
propterea quia, quae nullis sunt partibus aucta,
non possunt ea quae debet genitalis habere
materies, varios conexus pondera plagas
concursus motus, per quae res quaeque geruntur.

Nr. 41: *Lucretius, de rerum natura 2, 62—124*

Nunc age, quo motu genitalia materiai
corpora res varias gignant genitasque resolvant
et qua vi facere id cogantur quaeque sit ollis

Wenn es außerdem nicht etwas Kleinstes geben würde, bestünden auch die winzigen Urteilchen aus unbegrenzt vielen Teilen, da jede Hälfte eines Teiles immer wieder halbiert werden könnte und nichts ⟨einen solchen Teilungsvorgang⟩ aufhielte. Was wäre dann noch der Unterschied zwischen dem größten und dem kleinsten Ding? Keiner mehr! Denn wenn auch die Gesamtheit aller Dinge noch so unbegrenzt ist, würden doch auch die kleinsten Bestandteile aus ebenso unbegrenzt vielen Teilen bestehen. Da sich die wahre Vernunft gegen eine solche Annahme sträubt und man dies nicht mit gesundem Menschenverstand glauben kann, mußt du dich überzeugen lassen und zugeben, daß es solche Dinge gibt, die keine Teile mehr haben und von allerkleinster Natur sind. Da diese existieren, muß man zugeben, daß auch jene ⟨aus ihnen zusammengesetzten⟩ Urbestandteile fest und unvergänglich sind.

Wenn schließlich die Natur, die Schöpferin der Dinge, alles dazu zwingen würde, sich in kleinste Teilchen aufzulösen, wäre sie nicht mehr imstande, aus diesen wieder etwas herzustellen, weil Urbestandteile, die nicht aus ⟨bestimmten⟩ Teilen gebaut sind, nicht diese ⟨Eigenschaften⟩ haben könnten, welche die schöpferische Materie braucht, nämlich verschiedenartige Verbindungen, Gewichte, Impulse, Zusammenstöße und Bewegungen, durch welche alle stofflichen Vorgänge bewirkt werden.

Nr. 41: *Bewegung der Atome* (Lukrez, a. O. 2, 62—124)

Nun will ich denn also darlegen, mittels welcher Bewegung die alles erschaffenden Urkörper der Materie die verschiedenen Dinge erschaffen und erschaffene wieder auflösen und durch was für eine Kraft sie zu dieser Tätig-

reddita mobilitas magnum per inane meandi,
expediam: tu te dictis praebere memento.

Nam certe non inter se stipata cohaeret
materies, quoniam minui rem quamque videmus
et quasi longinquo fluere omnia cernimus aevo
ex oculisque vetustatem subducere nostris,
cum tamen incolumis videatur summa manere
propterea quia, quae decedunt corpora cuique,
unde abeunt minuunt, quo venere augmine donant,
illa senescere at haec contra florescere cogunt,
nec remorantur ibi. sic rerum summa novatur
semper, et inter se mortales mutua vivunt.
augescunt aliae gentes, aliae minuuntur,
inque brevi spatio mutantur saecla animantum
et quasi cursores vitai lampada tradunt.

Si cessare putas rerum primordia posse
cessandoque novos rerum progignere motus,
avius a vera longe ratione vagaris.
nam quoniam per inane vagantur, cuncta necessest
aut gravitate sua ferri primordia rerum
aut ictu forte alterius. nam ⟨cum⟩[1]) cita saepe
obvia conflixere, fit ut diversa repente
dissiliant; neque enim mirum, durissima quae sint
ponderibus solidis neque quicquam a tergo ibus[2]) obstet.
et quo iactari magis omnia materiai

1) cum *addidit Wakefield*
2) tergo ibus *Vossius*, tergibus *codd.*

keit gezwungen werden und was für eine Bewegungsfähigkeit ihnen gegeben ist, um den großen leeren Raum zu durchqueren. Du denk daran, meinen Worten Aufmerksamkeit zu schenken:

Die Materie ist nämlich sicher nicht ein ⟨vollständig⟩ zusammenhängendes, kompaktes Gebilde; denn wir sehen ja, daß alle Dinge sich vermindern und augenscheinlich im Laufe der langen Zeit gleichsam zerfließen und durch das Altern nach und nach unseren Augen entschwinden. Dennoch scheint aber die Summe aller Dinge unversehrt erhalten zu bleiben, und zwar deswegen, weil die Teilchen, die von jedem Körper ausströmen, jeweils den Körper vermindern, von dem sie weggehen, denjenigen aber, zu dem sie hinzukommen, vergrößern und dadurch jenen altern und diesen aufblühen lassen, ohne aber dort ⟨für immer⟩ zu verweilen. So erneuert sich die Gesamtheit aller Dinge ständig, und alles Sterbliche lebt im gegenseitigen Austausch untereinander: die einen Arten wachsen, die andern nehmen ab, und in kurzem Zeitraum wechseln die Geschlechter der Lebewesen und geben wie Wettläufer die Lebensfackel weiter.

Wenn du meinst, die Urbestandteile der Dinge könnten stillestehen und aus dem Stillstand heraus neue Bewegungen von Dingen hervorrufen, dann schweifst du weit ab von der richtigen Erkenntnis. Denn da die Urteilchen der Materie durch den leeren Raum irren, müssen sie notwendigerweise alle entweder aufgrund ihres eigenen Gewichtes oder nach Zufall durch den Stoß eines anderen Teilchens bewegt werden. Denn da sie häufig in raschem Tempo aufeinanderprallen, geschieht es, daß sie sogleich wieder in verschiedene Richtungen auseinanderspringen. Und dies ist nicht verwunderlich, da sie ja absolut hart und von fester Masse sind und ihnen nichts von hinten im Wege steht. Und damit du besser durchschaust, daß

corpora pervideas, reminiscere totius imum
nil esse in summa, neque habere ubi corpora prima
consistant, quoniam spatium sine fine modoquest,
immensumque patere in cunctas undique partis
pluribus ostendi et certa ratione probatumst.

Quod quoniam constat, nimirum nulla quies est
reddita corporibus primis per inane profundum,
sed magis assiduo varioque exercita motu
partim intervallis magnis conpulsa[3]) resultant,
pars etiam brevibus spatiis vexantur ab ictu.
et quaecumque magis condenso conciliatu
exiguis intervallis convecta resultant,
indupedita suis perplexis ipsa figuris,
haec validas saxi radices et fera ferri
corpora constituunt et cetera ⟨de⟩[4]) genere horum.
cetera,[5]) quae porro magnum per inane vagantur,
paucula[5]) dissiliunt longe longeque recursant
in magnis intervallis; haec aëra rarum
sufficiunt nobis et splendida lumina solis;
multaque praeterea magnum per inane vagantur,
conciliis rerum quae sunt reiecta nec usquam
consociare etiam motus potuere recepta.

3) confulta *codd. complures*, conpulsa *Heinsius*

4) de *omiserunt codd. plurimi*

5) paucula ... cetera *codd.*, cetera ... paucula *invertit Merill*, cetera ... corpora *Hoerschelmann*, *v. 105 seclusit Giussani*, *post v. 105 lacunam indicavit Brieger*

alle Teilchen der Materie ständig hin und her gewirbelt werden, erinnere dich daran, daß es im ganzen All keinen untersten Punkt gibt und die Urteilchen somit keinen Ort haben, wo sie stehenbleiben könnten, da der Raum sich ohne Maß und Begrenzung unendlich in alle Richtungen erstreckt, wie ich ausführlich gezeigt und mit zuverlässiger Begründung bewiesen habe[1]).

Da dies feststeht, ist den Urteilchen zweifellos durch die ganze Tiefe des leeren Raumes hindurch keine Ruhe vergönnt, sondern sie werden teils von einer mehr anhaltenden, wechselvollen Bewegung in großen Abständen weggetrieben und wieder zurückgeschleudert, teils werden sie durch Schläge nur in kurzen Strecken herumgestoßen. Und diejenigen Teilchen nun, die dichter miteinander verbunden sind und nur in geringeren Abständen zusammentreffen und wieder auseinanderspringen, da sie durch ihre miteinander verflochtenen Formen selbst gehindert sind, bilden die festen Grundlagen für Stein oder die rohe Masse des Eisens und der übrigen derartigen Stoffe. Die anderen Teilchen aber, welche weithin durch den großen Raum schweben, springen in geringerer Dichte weit auseinander und kehren in großen Abständen wieder zurück: diese bilden uns die dünne Luft und das leuchtende Licht der Sonne. Außerdem schweben viele andere Teilchen durch den großen leeren Raum, die bei irgendeinem Zusammentreffen von Dingen abgeprallt und noch nirgends aufgefangen worden sind, somit auch ihre Bewegung noch nicht ⟨mit andern Teilchen⟩ vereinigen konnten.

Cuius, uti memoro, rei simulacrum et imago
ante oculos semper nobis versatur et instat.
contemplator enim, cum solis lumina cumque
inserti fundunt radii per opaca domorum:
multa minuta modis multis per inane videbis
corpora misceri radiorum lumine in ipso
et velut aeterno certamine proelia pugnas
edere turmatim certantia nec dare pausam,
conciliis et discidiis exercita crebris;
conicere ut possis ex hoc, primordia rerum
quale sit in magno iactari semper inani,
dumtaxat rerum magnarum parva potest res
exemplare dare et vestigia notitiai.

Nr. 42: *Lucretius, de rerum natura 2, 216—262*

Illud in his quoque te rebus cognoscere avemus,
corpora cum deorsum rectum per inane feruntur
ponderibus propriis, incerto tempore ferme
incertisque locis spatio depellere [1]) paulum,
tantum quod momen mutatum dicere possis.
quod nisi declinare solerent, omnia deorsum,
imbris uti guttae, caderent per inane profundum,
nec foret offensus natus nec plaga creata
principiis: ita nil umquam natura creasset.

Quod si forte aliquis credit graviora potesse
corpora, quo citius rectum per inane feruntur,

1) depellere *codd.*, decedere *Marullus*, se pellere *Avancius*, decellere *Lachmann*

Für diese Tatsache ⟨der Bewegung der Atome⟩, wie ich sie erwähne, schwebt mir immer ein Vergleich und ein Bild vor Augen: Betrachte nämlich einmal, wenn das Sonnenlicht mit seinen Strahlen ⟨durch eine Öffnung⟩ in ein dunkles Zimmer fällt: du wirst feststellen, daß unmittelbar im Strahl der Sonne viele winzige Teilchen in mannigfacher Weise durch den leeren Raum tanzen und gleichsam in unablässigem Streit scharenweise miteinander kämpfen und sich pausenlos herumgewirbelt bald vereinigen und bald wieder trennen; daraus kannst du erahnen, wie das ist, wenn die Urteilchen im großen Raum immer umhergewirbelt werden, insofern freilich ein Vorgang im kleinen für einen im großen ein Beispiel und eine Spur zur Erkenntnis geben kann [2]).

Nr. 42: *Abweichungstendenz der Atome* [1])
(Lukrez, a. O. 2, 216—262)

Bei diesen Fragen möchte ich, daß du auch dies erkennst, daß die Atome, wenn sie dank ihres Eigengewichtes geradlinig abwärts durch den leeren Raum fallen, zu ganz unbestimmter Zeit und an unbestimmten Orten ganz wenig von ihrem Kurs abweichen, nur soviel, daß man gerade von einer Richtungsänderung sprechen kann. Wenn nämlich die Atome nicht abzuweichen pflegten, würden sie alle wie Regentropfen durch die Tiefe des leeren Raumes abwärts fallen, und es käme zu keinem Zusammenstoßen oder Abprallen der Urteilchen; und so hätte die Natur nie etwas erschaffen können.

Wenn aber etwa jemand meint, die schwereren Teilchen könnten, da sie sich schneller gerade durch den leeren Raum fortbewegten, von oben her auf die unteren leich-

incidere ex supero levioribus atque ita plagas
gignere quae possint genitalis reddere motus,
avius a vera longe ratione recedit.
nam per aquas quaecumque cadunt atque aëra rarum,
haec pro ponderibus casus celerare necessest
propterea quia corpus aquae naturaque tenvis
aëris haud possunt aeque rem quamque morari,
sed citius cedunt gravioribus exsuperata.
at contra nulli de nulla parte neque ullo
tempore inane potest vacuum subsistere rei,
quin, sua quod natura petit, concedere pergat;
omnia quapropter debent per inane quietum
aeque ponderibus non aequis concita ferri.
haud igitur poterunt levioribus incidere umquam
ex supero graviora neque ictus gignere per se
qui varient motus per quos natura gerat res.
quare etiam atque etiam paulum inclinare necessest
corpora; nec plus quam minimum, ne fingere motus
obliquos videamur et id res vera refutet.
namque hoc in promptu manifestumque esse videmus,
pondera, quantum in sest, non posse obliqua meare,
ex supero cum praecipitant, quod cernere possis.
sed nil omnino ⟨recta⟩ [2]) regione viai
declinare quis est qui possit cernere sese?

2) recta *addit cod. Laurentianus*, nulla *Lachmann*

teren Teilchen fallen und so die Stöße erzielen, welche die schöpferischen Bewegungsvorgänge erzeugten, dann irrt er weit ab von der richtigen Erkenntnis. Denn was immer durch das Wasser oder die dünne Luft fällt, das beschleunigt notwendigerweise im Verhältnis zum Gewicht die Fallgeschwindigkeit, und zwar deswegen, weil der Stoff des Wassers und die dünne Beschaffenheit der Luft nicht jeden Körper in gleicher Weise aufzuhalten vermögen, sondern den schwereren rascher unterliegen und nachgeben. Dagegen kann das Vakuum nirgendwo und niemals irgendeinem Körper Widerstand entgegensetzen, ohne, wie es in seinem Wesen liegt, dauernd ⟨nach allen Seiten⟩ nachzugeben: daher müssen alle Körper auch von verschiedenem Gewicht sich durch das bewegungslose Vakuum gleich schnell bewegen[2]). Folglich können also die schwereren Körper ⟨im Vakuum⟩ niemals von oben her auf die leichteren fallen und von sich aus die Stöße hervorrufen, welche die verschiedenartigen Bewegungsvorgänge erzeugen, mittels welcher die Natur alles ausführt. Daher, so betone ich wiederholt, ist es notwendig, daß die Atome ganz wenig ⟨vom senkrechten Fall⟩ abweichen, freilich nicht mehr als ein klein wenig, damit es nicht den Anschein macht, ich erfände eine Querbewegung, und mich darin die Wirklichkeit widerlegt. Denn das liegt auf der Hand und ist offensichtlich, wie wir sehen, daß Schwerkörper, soweit es an ihnen liegt, nicht ⟨plötzlich⟩ in die Quere gehen können, wenn sie von oben nach unten fallen, was du ja feststellen kannst. Daß sie aber überhaupt nicht ein wenig von der senkrechten Fallrichtung abweichen, wer könnte dies mit seinen Sinnen feststellen?

Denique si semper motus conectitur omnis
et vetere exoritur ⟨motu⟩[3]) novus ordine certo
nec declinando faciunt primordia motus
principium quoddam quod fati foedera rumpat,
ex infinito ne causam causa sequatur,
libera per terras unde haec animantibus exstat,
unde est haec, inquam, fatis avulsa voluntas[4])
per quam progredimur quo ducit quemque voluptas,[4])
declinamus item motus nec tempore certo
nec regione loci certa, sed ubi ipsa tulit mens?
nam dubio procul his rebus sua cuique voluntas
principium dat et hinc motus per membra rigantur.

Nr. 43: *Lucretius, de rerum natura 2, 333—341; 377—477*

Nunc age iam deinceps cunctarum exordia rerum
qualia sint et quam longe distantia formis
percipe, multigenis quam sint variata figuris;
non quo multa parum simili sint praedita forma,
sed quia non vulgo paria omnibus omnia constant.
nec mirum; nam cum sit eorum copia tanta
ut neque finis, uti docui, neque summa sit ulla,

3) motu *supplevit Bailey*, motus *Martin*, semper *cod. Laurentianus*

4) voluptas — voluntas *inverso ordine codd., ordinem restituit Lambinus*

Schließlich, wenn immer eine Bewegung ⟨mit einer anderen⟩ verknüpft ist und aus einer vorhergehenden Bewegung nach unabdingbarer Gesetzmäßigkeit eine neue entsteht und die Urteilchen nicht durch die Abweichung eine Art Start zu den ⟨schöpferischen⟩ Bewegungsvorgängen geben, der die Gesetzmäßigkeit des Schicksals bricht, in der Weise, daß nicht seit unendlich langer Zeit Ursache auf Ursache folgt, woher kommt dann den Lebewesen auf der ganzen Erde, woher, so frage ich, kommt dann der freie, vom Schicksal unabhängige Wille, dank welchem wir uns bewegen, wohin einen jeden die Lust führt, und wir ebenso unsere Bewegungen ändern, und zwar nicht zu einem bestimmten Zeitpunkt oder an einem bestimmten Ort, sondern wo es unserem Sinn gerade einfällt[3]). Denn zweifellos gibt diesen Verhaltensweisen der eigene Wille eines jeden den Impuls zu den Bewegungen, die sich von da auf die Glieder übertragen.

Nr. 43: *Vielfalt der Atomformen*
(Lukrez, a. O. 2, 333—341; 377—477)

Vernimm nun weiter, wie beschaffen die Urbestandteile aller Dinge sind, wie sehr sie sich in ihren Formen unterscheiden und wie bunt die Vielfalt ihrer Gestalten ist. Nicht daß es etwa nur wenige Exemplare von der gleichen Atomform gäbe, sondern weil nicht generell alle einander gleich sind. Und dies ist nicht verwunderlich: denn da die Zahl dieser Atome so groß ist, daß es — wie ich gezeigt habe — keine Grenze und keine ⟨höchste⟩

debent nimirum non omnibus omnia prorsum
esse pari filo similique adfecta figura. . . .

Quare etiam atque etiam simili ratione necessest,
natura quoniam constant neque facta manu sunt
unius ad certam formam primordia rerum,
dissimili inter se quaedam volitare figura.

Perfacile est animi[1]) ratione exsolvere nobis
quare fulmineus multo penetralior ignis
quam noster fluat e taedis terrestribus ortus.
dicere enim possis caelestem fulminis ignem
subtilem magis e parvis constare figuris
atque ideo transire foramina quae nequit ignis
noster hic e lignis ortus taedaque creatus.
praeterea lumen per cornum transit, at imber
respuitur. quare? nisi luminis illa minora
corpora sunt quam de quibus est liquor almus aquarum.
et quamvis subito per colum vina videmus
perfluere, at contra tardum cunctatur olivum,
aut quia nimirum maioribus est elementis
aut magis hamatis inter se perque plicatis,
atque ideo fit uti non tam diducta repente
inter se possint primordia singula quaeque
singula per cuiusque foramina permanare.

1) animi *codd.*, simili *Diels*, tali *Lachmann*

Summe gibt, können zweifellos nicht alle von gleicher Bildung und gleicher Form sein. . . .

Nach einer Ausführung über die Vielfalt der individuellen Eigenschaften besonders im Bereich der Pflanzen und Tiere, durch die etwa ein Muttertier ihr Jungtier unter den Artgenossen wieder erkennen kann, schließt Lukrez auf die Verschiedenartigkeit der Atome:

Darum, so betone ich wieder und immer wieder, müssen in ähnlicher Weise auch gewisse Urbestandteile der Dinge, die umherfliegen, weil sie von Natur aus bestehen und nicht von Hand nach einem bestimmten Muster eines einzigen gemacht sind, unter sich von verschiedener Form sein.

Recht leicht ist es nun für uns, durch Verstandeskraft das Problem zu lösen, warum das Feuer des Blitzes viel durchdringender ist als unser Feuer, das vom irdischen Kienholz auflodert: Man könnte nämlich sagen, daß das himmlische Feuer des Blitzes feiner ist und aus kleinen Atomen besteht und deshalb durch die Poren dringen kann, durch welche unser aus Scheitern und Kienholz entstandenes Feuer nicht hindurchdringen kann. — Ferner durchdringt das Licht Horn, doch Regenwasser wird abgehalten: Warum? Offenbar weil jene Partikeln des Lichtes kleiner sind als diejenigen, aus denen das labende Naß des Wassers besteht. Und wie rasch wir auch Wein durch einen Filter hindurchfließen sehen, geht doch das zähflüssigere Olivenöl nur zögernd hindurch, offenbar deshalb, weil es entweder aus größeren Elementarteilchen besteht oder aus mehr miteinander verhakten und verflochtenen; und so geschieht es, daß sich die einzelnen Teilchen nicht so rasch voneinander trennen und durch die einzelnen Öffnungen eines Siebes hindurchfließen können.

Huc accedit uti mellis lactisque liquores
iucundo sensu linguae tractentur in ore;
at contra taetra absinthi natura ferique
centauri foedo pertorquent ora sapore;
ut facile agnoscas e levibus atque rutundis
esse ea quae sensus iucunde tangere possunt,
at contra quae amara atque aspera cumque videntur,
haec magis hamatis inter se nexa teneri
propterea que solere vias rescindere nostris
sensibus introituque suo perrumpere corpus.

Omnia postremo bona sensibus et mala tactu
dissimili inter se pugnant perfecta figura;
ne tu forte putes serrae stridentis acerbum
horrorem constare elementis levibus aeque
ac musaea mele, per chordas organici quae
mobilibus[2]) digitis expergefacta figurant;
neu simili penetrare putes primordia forma
in naris hominum, cum taetra cadavera torrent,
et cum scaena croco Cilici perfusa recens est
araque Panchaeos exhalat propter odores;
neve bonos rerum simili constare colores
semine constituas, oculos qui pascere possunt,
et qui compungunt aciem lacrimareque cogunt
aut foeda specie diri turpesque videntur.
omnis enim sensus quae mulcet cumque tibi res[3])
haud sine principiali aliquo levore creatast;
at contra quaecumque molesta atque aspera constat,
non aliquo sine materiae squalore repertast.

2) mobilibus *Politianus*, nobilibus *codd.*
3) tibi res *Martin*, videntur *codd.*, figura *Schneidewin*

Dazu kommt, daß die Flüssigkeit des Honigs und der Milch mit angenehmer Geschmacksempfindung der Zunge im Mund empfunden werden, während die garstige Natur des Wermuts und des wilden Tausendgüldenkrautes den Mund mit abscheulichem Geschmack quälen. Daraus kannst du leicht erkennen, daß diejenigen Stoffe, welche eine angenehme Geschmacksempfindung hervorrufen, aus glatten und runden Atomen bestehen, dagegen diejenigen, welche uns bitter und rauh vorkommen, durch mehr verhakte Atome aneinandergeknüpft sind und daher die Poren unseren Sinnesorganen aufzureißen und bei ihrem Eindringen durch den Körper einzubrechen pflegen [1]).

Schließlich ist alles, was unsere Sinne als gut oder schlecht empfinden, von verschiedener, ja gegensätzlicher Form geschaffen. Meine also nicht etwa, der ächzenden Säge rauher und schauerlicher Ton bestehe aus glatten Elementarteilchen gleich wie die Melodien der Musik, welche die Künstler mit behenden Fingern den Saiten entlocken. Meine auch nicht, daß die Atome von ähnlicher Form sind, die in unsere Nase dringen, wenn man eklige Kadaver verbrennt, wie wenn die Bühne frisch mit Safranparfüm besprengt worden ist oder der Altar in der Nähe panchäische Düfte aufsteigen läßt. Auch sollst du ferner nicht meinen, daß die lieblichen Farben von Gegenständen, an denen sich unsere Augen weiden können, aus ähnlichen Atomen bestehen wie diejenigen, welche unsere Augen stechen und zum Weinen bringen oder durch ihr scheußliches Aussehen schrecklich und abstoßend wirken. Denn jeder Stoff, welcher auch immer wohltuend auf unsere Sinne wirkt, ist nicht ohne bereits in den Atomen liegende Glätte geschaffen; und umgekehrt, was unangenehm und rauh wirkt, ist nicht ohne eine gewisse Rauheit der Materie selbst zustande gekommen.

Sunt etiam quae iam nec levia iure putantur
esse neque omnino flexis mucronibus unca,
sed magis angellis paulum prostantibus, ⟨ut quae⟩[4])
titillare magis sensus quam laedere possint;
fecula iam quo de genere est inulaeque[5]) sapores.
denique iam calidos ignis gelidamque pruinam
dissimili dentata modo compungere sensus
corporis, indicio nobis est tactus uterque.
tactus enim, tactus, pro divum numina sancta,
corporis est sensus, vel cum res extera sese
insinuat, vel cum laedit quae in corpore natast
aut iuvat egrediens genitalis per Veneris res,
aut ex offensu cum turbant corpore in ipso
semina confunduntque inter se concita sensum;
ut si forte manu quamvis iam corporis ipse
tute tibi partem ferias atque experiare.
quapropter longe formas distare necessest
principiis, varios quae possint edere sensus.

Denique quae nobis durata ac spissa videntur,
haec magis hamatis inter sese esse necessest
et quasi ramosis alte compacta teneri.
in quo iam genere in primis adamantina saxa
prima acie constant ictus contemnere sueta
et validi silices ac duri robora ferri
aeraque quae claustris restantia vociferantur.
illa quidem debent e levibus atque rutundis
esse magis, fluvido quae corpore liquida constant;
namque papaveris haustus itemst facilis quod aquarum;

4) ut quae *supplevit Martin*, utqui *Munro*
5) inulaeque *Lambinus*, inviaeque *codd.*

Es gibt auch andere Atome, welche man mit Recht weder für glatt hält noch für gehäkelt mit gebogenen Spitzen, sondern eher mit wenig vorspringenden Ecken, so daß sie die Sinne mehr zu kitzeln als zu verletzen vermögen; von dieser Art sind etwa der Weinstein und die Säfte des Alant. Daß ferner das warme Feuer und der kalte Schnee mit verschiedenartig gezahnten Atomen die Sinne unseres Körpers stechen, bestätigt uns die Berührung von beidem. Denn Berührung, ja Berührung, bei dem heiligen Walten der Götter, ist ⟨jede⟩ Sinnesempfindung des Körpers, sei es, daß etwas von außen eindringt, sei es, daß etwas im Körper Entstandenes schmerzt oder erfreut, wenn es in den schöpferischen Akten der Venus austritt, oder wenn durch einen Anstoß von außen die Teilchen im Körper selbst durcheinander geraten und in gegenseitiger Erregung den Sinn verwirren, wie du es selbst erfahren kannst, wenn du dir etwa mit der Hand irgendeinen Teil des Körpers schlägst. Daher müssen sich die Urteile unbedingt in ihren Formen weit voneinander unterscheiden, da sie unterschiedliche Sinnesempfindungen hervorrufen können.

Schließlich müssen Stoffe, die uns hart und kompakt vorkommen, zwangsläufig durch mehr miteinander verzahnte und gleichsam verästelte Atome in festem Gefüge zusammengehalten werden. Zu diesen Stoffen gehören in erster Linie die Diamanten, die ganz besonders den Schlägen zu trotzen pflegen, ferner die festen Feuersteine und die Stärke des harten Eisens und die ehernen Riegel, die durch die Reibung in den Schlössern ächzen. Jene Stoffe dagegen müssen mehr aus glatten und runden Atomen bestehen, welche von flüssiger Beschaffenheit sind; denn auch eine Handvoll Mohnsamen ist ebenso leicht beweg-

nec retinentur enim inter se glomeramina quaeque
et perculsus item proclive volubilis exstat.
Omnia postremo quae puncto tempore cernis
diffugere, ut fumum nebulas flammasque, necessest,
si minus omnia sunt e levibus atque rutundis,
at non esse tamen perplexis indupedita,
pungere uti possint corpus penetrareque saxa
nec tamen haerere inter se; quod utrumque[6]) videmus
⟨ventis esse datum⟩[6]), facile ut cognoscere possis
non e perplexis sed acutis esse elementis.
Sed quod amara vides eadem quae fluvida constant,
sudor uti maris est, minime mirabile habeto.[7])
nam quod fluvidus est, e levibus atque rutundis
est, et ⟨squalida sunt illis⟩[8]) admixta doloris
corpora; nec tamen haec retineri hamata necessumst;
scilicet esse globosa tamen, cum squalida constent,
provolvi simul ut possint et laedere sensus.
et quo mixta putes magis aspera levibus esse
principiis, unde est Neptuni corpus acerbum,
est ratio secernendi, sorsumque videndi:
umor dulcis, ubi per terras crebrius idem
percolatur, ut in foveam fluat ac mansuescat;

6) *locus valde obscurus:* quodcumque videmus sensibus sedatum *codd.*, quod utrumque videmus sentibus esse datum *Diels*, ... ventis esse datum *Bernays*, ... sensibus dentatum *Martin*, quodcumque inimicumst sensibus, sed rarum *Müller, alii alia.*

7) habeto *Munro*, debet *codd. optimi*; *post v. 465 lacunam indicavit Bernays, quam supplevit Müller:* esse, ideo quod habent varia in se corpora mixta.

8) squalida sunt illis *pro codicum dittographia* e levibus atque rotundis *supplevit Bernays*; est, et ⟨amarum in eo quod sentis esse saporem / squalida multa adsunt faciuntque⟩ admixta dolores *conatus est Müller.*

lich wie eine Handvoll Wasser; denn die einzelnen Kügelchen hemmen sich nicht gegenseitig, und wenn man ihnen einen Stoß gibt, rollen sie ebenso leicht abwärts ⟨wie Wasser⟩.

Schließlich sind zwangsläufig alle Stoffe, die du zu jedem Zeitpunkt sich verflüchtigen siehst, wie Rauch, Nebel und Flammen, wenn auch nicht gänzlich aus glatten und runden, so doch jedenfalls nicht durch miteinander verflochtene Atome behindert, so daß sie eben den Körper stechen und in Felsen eindringen können, ohne daß die Teilchen aneinander kleben; dies trifft, so sehen wir, beides bei den Winden zu, so daß du leicht erkennen kannst, daß diese ⟨gasförmigen⟩ Stoffe nicht aus verflochtenen, sondern aus spitzen Elementarteilchen bestehen.

Was aber den Umstand betrifft, daß du auch bittere Stoffe feststellst, die flüssig sind, wie etwa das Wasser des Meeres, so brauchst du dich nicht darüber zu wundern; denn daß das Meerwasser flüssig ist, kommt von den glatten und runden Atomen her, doch sind diesen rauhe Teilchen beigemischt, die unangenehm wirken. Und diese können nicht miteinander verhakt sein und zusammenhalten; sie müssen vielmehr kugelförmig sein, obwohl sie rauh sind, so daß sie sowohl fließen als auch die Sinne reizen können. Und damit du eher glauben kannst, daß ⟨im Salzwasser⟩ rauhe mit glatten Atomen gemischt sind, aus welchen der bittere Stoff des Meerwassers besteht, gibt es ein Verfahren, die Stoffe zu scheiden und getrennt festzustellen: Wasser ist süß, wenn es mehrmals durch Erde hindurchgefiltert wird, so daß es in eine Grube fließt und seinen bitteren Geschmack ver-

linquit enim supera taetri primordia viri,
aspera quom[9]) magis in terris haerescere possint.

Nr. 44: *Lucretius, de rerum natura 2,478—499; 522—528*

Quod quoniam docui, pergam conectere rem quae
ex hoc apta fidem ducat, primordia rerum
finita variare figurarum ratione.
quod si non ita sit, rursum iam semina quaedam
esse infinito debebunt corporis auctu.
namque in eadem una cuiusvis iam brevitate
corporis inter se multum variare figurae
non possunt: fac enim minimis e partibus esse
corpora prima tribus, vel paulo pluribus auge;
nempe ubi eas partis unius corporis omnis,
summa atque ima locans, transmutans dextera laevis,
omnimodis expertus eris, quam quisque det ordo
formai speciem totius corporis eius,
quod superest, si forte voles variare figuras,
addendum partis alias erit; inde sequetur,
assimili ratione alias ut postulet ordo,
si tu forte voles etiam variare figuras:
ergo formarum novitatem corporis augmen
subsequitur. quare non est ut credere possis
esse infinitis distantia semina formis,
ne quaedam cogas immani maximitate
esse, supra quod iam docui non posse probari.

9) quo *codd.*, quom *Munro*

liert; es läßt nämlich oben die Atomteilchen des unangenehmen Salzes zurück, da die rauhen Teilchen eher in der Erde hängenbleiben können[2]).

Nr. 44: *Begrenztheit der Atomformen, Unbegrenztheit der einzelnen Exemplare* (Lukrez, a. O. 2, 478—499; 522—528)

Da ich nun dies dargelegt habe, will ich weiter daran anknüpfen, was sich daraus ergibt und daraus seine Glaubwürdigkeit herleitet, daß nämlich die Urbestandteile der Dinge nur in begrenzter Weise eine Vielfalt von Formen aufweisen.[1]) Wenn dem nicht so wäre, dann müßte es ja wiederum gewisse Atome von unbegrenzter Körpergröße geben.[2]) Denn innerhalb des winzigen Größenbereiches der einzelnen Atome können die Formen nicht so sehr variieren: nimm nämlich einmal an, ein Atom bestehe aus drei kleinsten Teilen, oder nimm meinetwegen noch wenige mehr hinzu; wenn du nun alle Teile jenes einen Körpers nach oben und unten ausgewechselt, rechts mit links vertauscht und alle Gestaltungsmöglichkeiten erschöpft hast, welche die jeweilige Anordnung der Form dieses ganzen Körpers geben kann, mußt du, willst du etwa weiter die Formen variieren, weitere Teile hinzufügen. Daraus wird folgen, daß auf ähnliche Weise die Anordnung immer wieder andere Teile erfordert, wenn du die Formen weiter variieren willst. Also hängt mit der Neubildung von weiteren Formen die Vergrößerung des Körpers zusammen. Daher ist es ausgeschlossen zu glauben, daß sich die Urteilchen in unbegrenzter Anzahl verschiedener Formen unterscheiden; sonst würde man zur Annahme gezwungen, es gäbe welche von ungeheurer Größe, was ich schon weiter oben widerlegt habe . . .

Quod quoniam docui, pergam conectere rem quae[1])
ex hoc apta fidem ducat, primordia rerum,
inter se simili quae sunt perfecta figura,
infinita cluere. etenim distantia cum sit
formarum finita, necesse est quae similes sint
esse infinitas aut summam materiai
finitam constare, id quod non esse probavi.

1) *522—528 seclusit Lachmann*

Nr. 45: *Lucretius, de rerum natura 2, 1002—1022*

Nec sic interemit mors res ut materiai
corpora conficiat, sed coetum dissipat ollis;
inde aliis aliud coniungit et efficit omnes
res ut[1]) convertant formas mutentque colores
et capiant sensus et puncto tempore reddant,
ut noscas referre eadem primordia rerum
cum quibus et quali positura contineantur
et quos inter se dent motus accipiantque,
neve putes aeterna penes residere potesse
corpora prima quod in summis fluitare videmus
rebus et interdum nasci subitoque perire.
quin etiam refert nostris in versibus ipsis
cum quibus et quali sint ordine quaeque locata;

1) ut *Marullus,* ita *codd.*

Da ich nun dies dargelegt habe, will ich weiter daran anknüpfen, was sich daraus ergibt und daraus seine Glaubwürdigkeit herleitet, daß nämlich die Urbestandteile der Dinge, die unter sich von gleicher Form geschaffen sind, in unbegrenzter Zahl vorhanden sind. Da nämlich die Verschiedenheit der Formen begrenzt ist, sind notwendigerweise die Exemplare von gleicher Form unbegrenzt; sonst wäre ja die Summe der ganzen Materie begrenzt, was ich widerlegt habe.[3])

Nr. 45: *Unbeständigkeit der sekundären Eigenschaften* (Lukrez, a. O. 2, 1002—1022)

Nach einer Ausführung über die Entstehung aller Dinge und ihrer sekundären Eigenschaften, insbesondere der Farbe, was alles auf das Geheimnis der verschiedenen Atomverbindungen zurückgeführt wird:

Und der Tod vernichtet die materiellen Dinge nicht so, daß er ihre Bestandteile zunichte macht, sondern er löst nur ihre Verbindungen auf[1]). Darauf verbindet er wieder eins mit dem andern und bewirkt so, daß alle Dinge ihre Form verändern und Farbe wechseln und bald Empfindung erhalten und in einem Augenblick ⟨des Todes⟩ wieder aufgeben. Daraus kannst du erkennen, daß es sehr darauf ankommt, mit welchen zusammen und in welcher Anordnung die Urbestandteile der Dinge zusammengefügt werden, und was für Bewegungen sie unter sich geben und erhalten. Glaube auch nicht, daß ⟨die äußerlichen Eigenschaften⟩ in der Tiefe der ewigen Atome verwurzelt sein können, die wir an der Oberfläche der Dinge in ständigem Flusse bald entstehen und plötzlich wieder vergehen sehen. Auch bei unseren Versen selbst kommt es nämlich sehr darauf an, mit welchen zusammen und in welcher Anordnung die Buchstaben gestellt wer-

namque eadem caelum mare terras flumina solem
significant, eadem fruges arbusta animantis;
si non omnia sunt, at multo maxima pars est
consimilis; verum positura discrepitant res.
sic ipsis in rebus item iam materiai
[intervalla vias conexus pondera plagas] [2])
concursus motus ordo positura figurae
cum permutantur, mutari res quoque debent.

2) = *v. 2, 726: seclusit Lachmann*

Nr. 46: *Lucretius, de rerum natura 6, 921—935*

Principio omnibus ab rebus, quas cumque videmus,
perpetuo fluere ac mitti spargique necessest
corpora quae feriant oculos visumque lacessant.
perpetuoque fluunt certis ab rebus odores;
frigus ut a fluviis, calor a sole, aestus ab undis 925
aequoris exesor moerorum litora propter.
nec varii cessant sonitus manare per auras.
denique in os salsi venit umor saepe saporis,
cum mare versamur propter, dilutaque contra 929
cum tuimur misceri absinthia, tangit amaror.[1]) [930] 934
usque adeo omnibus ab rebus res quaeque fluenter 935
fertur et in cunctas dimittitur undique partis 930
nec mora nec requies interdatur ulla fluendi,
perpetuo quoniam sentimus et omnia semper
cernere odorari licet et sentire sonare. [935] 933

1) *ordinem versuum ex 4, 224—9 restituit Lachmann*

den; denn die gleichen ⟨Buchstaben des Alphabetes⟩ bezeichnen bald 'Himmel', 'Meer', 'Länder', 'Flüsse', 'Sonne', bald 'Früchte', 'Bäume' und 'Lebewesen'[2]); wenn auch nicht alle, so sind sie doch zum allergrößten Teil einander ähnlich, doch ist aufgrund ihrer Stellung die Bedeutung verschieden. So ist es auch bei materiellen Dingen: ändert sich die Zusammensetzung, die Bewegung, Reihenfolge, Anordnung oder Form der Atome, so ändert sich zwangsläufig auch die Sache selbst.

Nr. 46: *Effluxionserscheinung* (Lukrez, a. O. 6, 921—935)[1]) innerhalb einer Erklärung des Magnetismus

Zunächst müssen von allen sichtbaren Dingen immerfort Teilchen ausströmen und entsandt und ausgestreut werden, welche unsere Augen zu treffen und unseren Gesichtssinn zu reizen vermögen: Ständig strömen von gewissen Dingen Gerüche aus; so strömt zum Beispiel Kälte von den Flüssen aus, Wärme von der Sonne, Gischt von den Wellen des Meeres, welche Mauern an der Küste zerfressen. Auch rieseln ohne Unterlaß mannigfache Töne durch die Lüfte. Ferner gelangt häufig Feuchtigkeit mit salzigem Geschmack in unseren Mund, wenn wir uns nahe am Meer aufhalten, und andererseits berührt uns Bitterkeit, wenn wir zusehen, wie Wermuth verdünnt und vermischt wird. So werden all diese ⟨empfindungserregenden⟩ Dinge von allen Gegenständen in beständigem Flusse fortgetragen und von überall her in alle Richtungen entsandt, und es gibt keinen Verzug und keine Unterbrechnung in diesem Ausströmungsprozeß, da wir ja ständig Empfindung haben und man alles immer sehen, riechen oder tönen hören kann.

V Spuren der Atomistik in der Spätantike

1. Spuren in der Profanliteratur der silbernen Latinität

Nr. 47: *Vitruvius, de architectura 2, 2, 1*

Thales primum aquam putavit omnium rerum esse principium; Heraclitus Ephesius, qui propter obscuritatem scriptorum a Graecis scoteinos est appellatus, ignem; Democritus quique est eum secutus Epicurus atomos, quas[1]) nostri insecabilia corpora, nonnulli individua vocitaverunt; Pythagoreorum vero disciplina adiecit ad aquam et ignem aëra et terrenum. ergo Democritus, etsi non proprie res nominavit sed tantum individua corpora proposuit, ideo ea ipsa dixisse videtur, quod ea, cum sint disiuncta, nec laeduntur nec interitionem recipiunt nec sectionibus dividuntur, sed sempiterno aevo perpetuo infinitam retinent in se soliditatem.

1) quas *Rose*; quos *codd.*

V Spuren der Atomistik in der Spätantike

1. Spuren in der Profanliteratur der silbernen Latinität

Nr. 47: *Vitruv, Über die Architektur 2, 2, 1* (um 25 v. Chr.)

Thales ⟨von Milet⟩ zunächst hielt das Wasser für die Grundlage aller Dinge; Heraklit von Ephesus, welcher der Unverständlichkeit seiner Schriften wegen von den Griechen 'der Dunkle' genannt worden ist, das Feuer; Demokrit und sein Anhänger Epikur dagegen die 'Atome', welche man in unserer Sprache 'unzerschneidbare', bisweilen auch 'unteilbare Körperchen' genannt hat[1]); die Schule der Pythagoreer schließlich fügte zu Wasser und Feuer noch Luft und Erde hinzu. Demokrit hat also anscheinend, auch wenn er die Dinge nicht eigens benannt, sondern nur unteilbare Körperchen vorausgesetzt hat, deswegen diese Atome so bezeichnet, weil sie, getrennt voneinander betrachtet, weder verletzt noch vernichtet noch durch Schneiden geteilt werden können, sondern in alle Ewigkeit ihre absolute Festigkeit ständig bewahren.

Nr. 48: *Seneca, nat. quaest. 5, 2* (= Demokrit Fr. A 93 a)

Democritus ait: cum in angusto inani multa sint corpuscula, quae ille atomos vocat, sequi ventum; at contra quietum et placidum aëris statum esse, cum in multo inani pauca sint corpuscula. nam quemadmodum in foro aut vico, quamdiu paucitas est, sine tumultu ambulatur, ubi turba in angustum concurrit, aliorum in alios incidentium rixa fit, sic in hoc quo circumdati sumus spatio, cum exiguum locum multa corpora impleverint, necesse est alia aliis incidant et impellant ac repellantur implicenturque et comprimantur; ex quibus nascitur ventus, cum illa, quae colluctabantur, incubuere et diu fluctuata ac dubia inclinavere se. at ubi in magna laxitate corpora pauca versantur, nec arietare possunt nec impelli.

2. Auseinandersetzung mit der Atomistik im frühen Christentum

Nr. 49: *Lactantius, div. instit. 3, 17* (P.L. 6, 402) (cf. Epicur. Fr. 287 Us.)

„Non est, inquit [sc. Epicurus], providentiae opus; sunt enim semina per inane volitantia, quibus inter se temere conglobatis, universa gignuntur atque

Nr. 48: *Seneca, Naturwissenschaftliche Untersuchungen 5, 2* (um 62 n. Chr.)

In einer Erörterung über die Entstehung der Winde

Demokrit lehrt: „Wenn sich in einem engen leeren Raum viele Körperchen — er nennt sie Atome — befinden, entsteht daraus ein Wind; dagegen ist der Zustand der Luft ruhig und still, wenn in einem großen Raum sich wenige Körperchen befinden. Denn wie man sich auf einem Marktplatz oder einer Gasse ungehindert tummeln kann, solange nur wenige Leute da sind, wenn dagegen eine große Menschenmenge an einem kleinen Ort zusammenströmt, man ständig aneinander putscht und sich zankt, genauso verhält es sich in dem uns umgebenden Raum: wenn viele Körperchen einen kleinen Raum erfüllen, treffen sie notwendigerweise aufeinander, stoßen aneinander und prallen wieder ab, verwickeln und verdichten sich; wenn nun jene Körperchen, die miteinander stritten, losbrechen und nach langem Hin und Her sich ⟨einer Bewegungsrichtung⟩ zuneigen, entsteht daraus ein Wind. Wenn sich jedoch in einem weiten Raum wenige Körperchen befinden, dann können sie weder aneinanderstoßen noch selbst angetrieben werden."

2. Auseinandersetzung mit der Atomistik im frühen Christentum

Nr. 49: *Laktanz, Göttliche Unterweisungen 3, 17* (304—311 n. Chr.)

„Es braucht keine Vorsehung", lehrt Epikur: „Es gibt nämlich Urteilchen, welche durch den leeren Raum schweben und sich zufällig zusammenballen, wodurch alle Dinge

concrescunt." cur igitur illa non sentimus aut cernimus? „quia nec colorem habent, inquit, nec calorem ullum, nec odorem; saporis quoque et humoris expertia sunt, et tam minuta, ut secari ac dividi nequeant."

Sic eum, quia in principio falsum susceperat, consequentium rerum necessitas ad deliramenta perduxit. ubi enim sunt, aut unde ista corpuscula? cur illa nemo praeter unum Leucippum somniavit? a quo Democritus eruditus hereditatem stultitiae reliquit Epicuro. quae si sunt corpuscula, et quidem solida, ut dicunt, sub oculos certe venire possunt. si eadem est natura omnium, quomodo res varias efficiunt? „vario", inquit, „ordine ac positione conveniunt: sicut litterae, quae cum sint paucae, varie tamen collocatae, innumerabilia verba conficiunt." at litterae varias formas habent. „ita", inquit, „et haec ipsa primordia; nam sunt aspera, sunt hamata, sunt levia." secari ergo et dividi possunt, si aliquid inest illis quod emineat. si autem levia sunt et hamis indigent, cohaerere non possunt. hamata igitur esse oportet, ut possint invicem concatenari. cum vero tam minuta esse dicantur, ut nulla ferri acie dissici valeant, quomodo hamos, aut angulos habent? quos, quia exstant, necesse est posse divelli.

erschaffen und gebildet werden." Warum denn nun können wir jene Teilchen nicht mit unseren Sinnesorganen wahrnehmen oder spüren? „Weil sie", so behauptet er, „weder Farbe noch Temperatur noch Geruch haben. Sie haben auch keinen Geschmack und keine Feuchtigkeit und sind so winzig, daß sie weder zerschnitten noch geteilt werden können."

So hat denn die Notwendigkeit der Konsequenz den Epikur zu unsinnigen Folgerungen geführt, weil er von Anfang an von einer falschen Voraussetzung ausgegangen ist. Denn wo befinden sich solche Atome oder woher sollten sie kommen? Warum hat niemand außer Leukipp solche Hirngespinste erträumt? Von ihm hat sie sein Schüler Demokrit übernommen und das Erbe der Torheit dem Epikur hinterlassen. Wenn es solche Atome gibt, und zwar feste, wie sie behaupten, dann müssen sie doch auch zu Gesichte kommen können. Wenn der Grundstoff von allem derselbe ist, wie entstehen dann aus ihm verschiedenartige Dinge? „Weil sich die Atome in verschiedenartiger Anordnung und Lage miteinander verbinden", erklärt er, „wie die Buchstaben, die, zahlenmäßig gering, aber verschieden angeordnet, unzählig viele Wörter bilden [1]." Aber die Buchstaben haben verschiedene Formen. „Genauso", erklärt er weiter, „auch diese Urteilchen selbst; denn sie sind entweder rauh oder gehäkelt oder glatt." Dann können sie aber auch zerschnitten oder geteilt werden, wenn etwas an ihnen hervorragt. Wenn sie aber glatt sind und keine Häkchen haben, können sie nicht zusammenhalten. Also müssen sie Häkchen haben, damit sie sich miteinander verketten können. Wenn sie aber so winzig sind, wie sie sagen, daß sie mit keines Messers Schärfe zerschnitten werden können, wie können sie dann Häkchen oder Ecken haben? Und diese wiederum müssen, da sie ja hervorragen, abgetrennt werden

deinde quo foedere inter se, qua mente conveniunt, ut ex his aliquid construatur? si sensu carent, nec coire tam disposite possunt; quia non potest quidquam rationale perficere, nisi ratio.

Nr. 50: *Augustinus, contra Acad. 3, 23* (= Epicur. Fr. 281 Us.)

Quomodo enim inter Democritum et superiores physicos de uno mundo et innumerabilibus litem diiudicabimus, cum inter ipsum heredemque eius Epicurum concordia manere nequiverit? nam iste luxuriosus cum atomos quasi ancillulas suas, id est corpuscula quae in tenebris laetus amplectitur, non tenere viam suam, sed in alienos limites passim sponte declinare permittit, totum patrimonium etiam per iurgia dissipavit. hoc vero nihil ad me adtinet.

Nr. 51: *Augustinus, de civ. 8, 5*

... philosophi, qui corporalia naturae principia corpori deditis mentibus opinati sunt, ... ut Thales in umore, Anaximenes in aëre, Stoici in igne, Epicurus in atomis, hoc est minutissimis corpusculis, quae nec dividi nec sentiri queunt; ... nam qui-

können. — Ferner, nach welcher gegenseitigen Vereinbarung und nach welchem Plan vereinigen sich diese Atome, daß aus ihnen etwas entsteht? Wenn sie der Empfindung entbehren, dann können sie sich nicht so geordnet vereinigen; denn etwas Planvolles kann nur eine planende Vernunft zustande bringen[2]).

Nr. 50: *Augustin, Gegen die Akademiker 3, 23* (um 386 n. Chr.)

Denn wie werden wir den Streit zwischen Demokrit und den früheren Naturgelehrten über das Problem, ob es einen Kosmos gebe oder ungezählt viele, schlichten können, wenn selbst zwischen ihm und seinem geistigen Erben Epikur keine Eintracht bestehen bleiben konnte? Denn dieser Schlemmer ließ die Atome, gleichsam wie seine Dirnchen[1]), das heißt Körperchen, die er gerne im Dunkeln umfaßt, nicht ihre ⟨naturgegebene⟩ Bahn ziehen, sondern gestattete ihnen, überall von sich aus auf fremde Bahnen abzuschweifen. Damit hat er seine Erbschaft durch Gezänk verschleudert. Doch dieser Streit berührt mich hier weiter nicht.

Nr. 51: *Augustin, Gottesstaat 8, 5* (nach 413 n. Chr.)

Gewisse Philosophen haben die materiellen Ursprünge der Natur mit ihrem der Materie ergebenen Geist zu erfassen gesucht, ... wie etwa Thales im Wasser, Anaximenes in der Luft, die Stoiker im Feuer, Epikur in den Atomen, das heißt in winzigsten Körperchen, die weder geteilt noch mit unseren Sinnen erfaßt werden können. ... Einige dieser Philosophen glaubten nämlich, daß aus leb-

dam eorum a rebus non vivis res vivas fieri posse crediderunt, sicut Epicurei.

3. Artikel aus spätantiken Lexika

Nr. 52: *Isidorus Hisp. etym. 13, 2*

De atomis. Atomos philosophi vocant quasdam in mundo corporum partes tam minutissimas ut nec visui pateant nec τομήν, id est sectionem, recipiant; unde et ἄτομοι dicti sunt. hi per inane totius mundi inrequietis motibus volitare[1]) et huc atque illuc ferri dicuntur, sicut tenuissimi pulveres qui infusi per fenestras radiis solis videntur. ex his arbores et herbas et fruges omnes oriri, ex his ignem et aquam et universa gigni atque constare quidam philosophi gentium putaverunt.

Sunt autem atomi aut in corpore, aut in tem- 2
pore, aut in numero. in corpore, ut lapis. dividis eum in partes et partes ipsas dividis in grana, veluti sunt harenae; rursumque ipsa harenae grana divide in minutissimum pulverem, donec, si possis, pervenias ad aliquam minutiam, quae iam non sit quae dividi vel secari possit. haec est atomus in
corporibus. in tempore vero sic intellegitur ato- 3
mus: annum, verbi gratia, dividis in menses, menses in dies, dies in horas; adhuc partes horarum

1) *fort.* volutari *secundum cod. T*

loser Materie lebende Dinge entstehen können, wie etwa die Epikureer [1]).

3. Artikel aus spätantiken Lexika

Nr. 52: *Isidor von Sevilla, Etymologien 13, 2* (um 600 n. Chr.)

Über die Atome: Atome nennen die Philosophen im Bereiche der stofflichen Dinge gewisse so winzige Teilchen, daß sie weder gesehen werden können noch eine 'tomé', das heißt eine Teilung zulassen; daher sind sie eben 'atomoi' genannt. Diese Atome schweben nach ihrer Ansicht in unermüdlicher Bewegung durch den leeren Raum des ganzen Weltalls und geraten bald hierhin, bald dorthin, wie feinste Staubpartikelchen, die, durch Fensteröffnungen einfallend, in den Sonnenstrahlen sichtbar werden [1]). Aus diesen entstehen alle Bäume, Kräuter und Früchte; ebenso entstehen und bestehen aus ihnen Feuer und Wasser und überhaupt alles, wie einige heidnische Philosophen annahmen.

Es gibt aber Atome im stofflichen oder zeitlichen oder auch im Zahlenbereich. Im stofflichen Bereich zum Beispiel beim Stein: Angenommen, man zerschlägt diesen in Stücke und diese wiederum in Körner wie Sandkörner, und teilt dann diese Sandkörner wiederum in allerfeinsten Staub, bis man — soweit dies möglich ist — zu einer minimalen Größeneinheit gelangt, die sich nicht mehr weiter zerschlagen oder teilen läßt: dies ist das Atom im stofflichen Bereich. — Im zeitlichen Bereich versteht man unter einem Atom folgendes: Das Jahr, beispielsweise, unterteilt man in Monate, die Monate in Tage, Tage in Stunden; aber auch die Teile der Stunden lassen noch

admittunt divisionem, quousque venias ad tantum
temporis punctum et quandam momenti stillam,
ut per nullam morulam produci possit; et ideo iam
dividi non potest. haec est atomus temporis. in 4
numeris, ut puta octo dividuntur in quattuor, rursus quattuor in duo, deinde duo in unum. unus autem atomus est, quia insecabilis est. sic et littera: nam orationem dividis in verba, verba in syllabas, syllabam in litteras. littera, pars minima, atomus est, nec dividi potest. atomus ergo est quod dividi non potest, ut in geometria punctus. nam τόμος divisio dicitur Graece, ἄτομος indivisio.

Nr. 53: *Suda 4373 s. v. atoma*

Ἄτομα: λεπτότατα. τὰ μὴ δυνάμενα διὰ τὴν ἄκραν λεπτότητα τέμνεσθαι. ὅτι ἄτομα ὠνόμασαν οἱ Ἕλληνες καὶ ἀμερῆ σώματα διὰ τὸ ἀπαθὲς ἢ σμικρὸν ἄγαν, ἅτε μὴ τομὴν ἢ διαίρεσιν δέξασθαι δυνάμενα. οὕτω δὲ καλοῦσι τὰ λεπτότατα καὶ σμικρότατα σώματα, ἃ διὰ τῶν φωταγωγῶν εἰσβαλλόμενα ὁ ἥλιος δείκνυσιν ἐν ἑαυτῷ ἄνω καὶ κάτω παλλόμενα.

eine Unterteilung zu, bis man zu einem solchen 'Zeitpunkt' oder gewissermaßen 'Zeittropfen' gelangt, der sich über keine noch so geringe Zeitspanne erstrecken und daher nicht mehr geteilt werden kann: dies ist ein Atom im zeitlichen Bereich[2]). Im Zahlenbereich kann man zum Beispiel die Zahl acht in vier teilen, vier in zwei, zwei in eins; die Eins aber ist ein Atom, da sie nicht mehr weiter geteilt werden kann. — Dem entspricht auch der Buchstabe: denn die Rede läßt sich in Worte, die Worte lassen sich in Silben, die Silben in Buchstaben teilen. Der Buchstabe aber, der kleinste Teil, ist ⟨in dieser Beziehung⟩ ein Atom: er läßt sich nicht mehr weiter teilen. — Ein Atom ist also ein Grundbestandteil, der sich nicht mehr weiter teilen läßt, wie in der Geometrie der Punkt. Denn 'tomos' bezeichnet auf griechisch die Teilung, 'atomos' die Unteilbarkeit.

Nr. 53: *Suda 4373 unter dem Stichwort 'Atom'* (um 1000 n. Chr.)

Atome: feinste Teilchen: Teilchen, die wegen ihrer maximalen Feinheit nicht mehr geteilt werden können. Daher haben die Griechen sie 'atomare' oder 'teillose' Körperchen genannt, weil sie unveränderlich und überaus winzig sind und daher keine Zertrennung oder Teilung zulassen. So nennen sie auch die überaus feinen und kleinen Staubteilchen, welche man im Sonnenstrahl auf- und abtanzen sieht, wenn sie durch Fensteröffnungen einfallen[1]).

VI Wiederaufnahme der antiken Atomistik in der Renaissance und der Aufklärung

1. Wegbereiter in der Renaissance

Nr. 54: *Leonardo da Vinci, Ms. Leic. fol. 4 r.* (Richter Nr. 300)

Dico l'azzurro in che si mostra l'aria non essere suo proprio colore, ma è causato da umidità calda vaporata in minutissimi e insensibili attimi [1]), la quale piglia dopo sé la percussion de' razzi solari e fassi luminosa sotto la oscurità delle immense tenebre della regione del fuoco che di sopra le fa coperchio.

Nr. 55: *Leonardo da Vinci, Ms. F fol. 74 v.* (ed. Ravaisson Bd. 4)

Perchè il mobile seguita il moto principiato dal suo motore: Nessu(n)o inpeto po terminare immediate, ma si va consumando a gradi di moto.

L'aria, che prima fu dirieto alla bucha fatto dal mobile infra l'aria, poco accompagnia esso mobile

1) attimi *vulgo pro* atomi: *cf. Richter l.c.*

VI Wiederaufnahme der antiken Atomistik in der Renaissance und der Aufklärung

1. Wegbereiter in der Renaissance

Nr. 54: *Leonardo da Vinci (1452—1519): Wasseratome*

Aus einer Erörterung über die Luftperspektive im Ms. Leic. fol. 4 r.

Ich behaupte, daß die Azurbläue, die sich in der Atmosphäre zeigt, nicht deren eigene Farbe ist, sondern verursacht wird durch die warme Feuchtigkeit, die — in winzige und nicht wahrnehmbare Atome verdunstet — die auftreffenden Sonnenstrahlen in sich aufnimmt und leuchtend wird gegenüber der Dunkelheit jener unermeßlichen Finsternis der Feuersphäre, die über ihr einen Mantel bildet.

Nr. 55: *Leonardo da Vinci: Atome in den Sonnenstrahlen*

Aus Notizen über bewegte Körper im Ms. F fol. 74 v.

Warum ein bewegter Gegenstand der durch seinen Beweger verursachten Bewegung folgt:

Kein Stoß kann unmittelbar aufhören, sondern er verbraucht sich Schritt für Schritt durch die Bewegung.

Die Luft, die zunächst hinter dem hohlen Raum war, der durch den bewegten Gegenstand entsteht, begleitet diesen ein wenig dank dem achten Punkt:

per la ottava: Ottava: L'aria, che successivamente circunda il mobile che per essa si move, fa in se vari moti. Questo si vede nelli attimi che si trovan nella spera del sole, quando per qualche finestra penetran il locho osscuro, nelli quali attimi tratto un sasso per la lungeza di tal razzo solare, si vede li attimi ragirarsi in torno al sito, donde dall'aria fa renpiuto la strada in essa aria fatto dal mobile.

Nr. 56: *Hieronymus Fracastorius, De sympathia et antipathia cap. 5* (1545) (ed. Venedig 1574, p. 60)

Antiqui quidem, ut Democritus et Epicurus, quos e nostris Lucretius secutus est, effluxiones corporum, quas Athomos appellabant, principium eius attractionis ponebant; quae quidem effluxiones ne negandae quidem sunt, ut mox ostendemus, modus autem, quem ipsi tradebant, sat rudis et ineptus erat. quem quoniam tum Alexander Aphrodisiensis, tum et Galenus satis aperte reprobant, a nobis praetermittitur. verumtamen receptis Athomorum effluxionibus nos modum alium tradere posse videmur, quo attractio similium fiat: meminisse autem oportet eorum, quae supra dicta sunt de consensu et motu partium in toto. supposito igitur, quod a rebus effluant insensibilia corpora, dicimus ab uno ad aliud similium reciproce transmitti ea corpus-

Achter Punkt: Die Luft, die sukzessive den bewegten Gegenstand umgibt, der sich durch sie bewegt, führt in sich verschiedene Bewegungen aus. Das kann man bei den Atomen feststellen, die sich im Sonnenlicht befinden, wenn sie durch irgendein Fenster in einen dunklen Raum eindringen: Wenn bei diesen Atomen ein Stein entlang des Sonnenstrahles geworfen wird, dann sieht man die Atome um den Ort wirbeln, wo sich die Bahn ⟨wieder⟩ von Luft gefüllt hat, die in dieser Luft durch den bewegten Gegenstand entstanden ist [1]).

Nr. 56: *Girolamo Fracastoro,* *Über Sympathie und Antipathie der Dinge, cap. 5* (1545)

Aus einer Erörterung über die magnetische Anziehungskraft

Die Alten, wie Demokrit und Epikur, denen auf unserer Seite Lukrez gefolgt ist, nahmen als Ursprung dieser Anziehungskraft Ausströmungen von Körperchen an, welche sie ‘Atome’ nannten. Solche Ausströmungen sind zwar nicht abzulehnen, wie wir gleich zeigen werden; die Art und Weise aber, in der sie diese darlegten, war recht ungebildet und naiv. Da sie von Alexander von Aphrodisias und Galen klar genug widerlegt ist [1]), gehe ich nicht auf sie ein. Dennoch scheint es mir, daß man unter Anerkennung einer Ausströmung von Atomen auf eine andere Weise darlegen kann, wie eine gegenseitige Anziehung von Gleichartigem entsteht. Man muß sich dabei freilich an das erinnern, was ich oben über die Übereinstimmung und Bewegung der Teile im Ganzen ausgeführt habe. Von der Annahme ausgehend, daß von den stofflichen Dingen unspürbare Teilchen ausströmen, behaupte ich, daß bei ähnlichen Gegenständen vom einen zum andern gegenseitig solche Teilchen übergehen, so daß dar-

cula, e quibus totum quoddam sit atque unum, verum difforme in partibus; neque enim, quae iuxta A sunt et iuxta B, eam habent rationem situs et raritatis ac densitatis, quam habent quae in medio sunt. qua de causa partes in toto illo non debite se habent. sicut igitur supra diximus in elementis partes consensum habere maximum et in toto moveri, cum debitum non habent situm, et modo constringi modo laxari, ita et hic in ea athomorum nube se habere dicimus, ut partes in eo toto numquam debite collocentur et pro natura consistant, donec in unum non coeant. motis ergo particulis illis et subiecta simul, in quibus sunt, moveri accidit et simul coire.

Nr. 57: *Giordano Bruno, De triplici minimo (1591) 1, 9, 1ff.* (p. 169 ed. Tocco-Vitelli)

Subsistens minimum ex quo sunt composta, quod unum
in fine attingunt, quanta haec, quaecumque creantur,
ne credas modico seiungier intervallo
a minimo nostris obiecto sensibus, altam
accipito docti rationem mente Lucreti:
indicat ut tenui natura constet imago,
inquit enim rerum primordia corpora prima
tanto infra nostros sensus tantoque minora,
ut mire ad oculos minimae longo ordine partes
linquantur. siquidem et animalcula tanta videmus,

aus zusammen eine gewisse Einheit entsteht, die aber in ihren Teilen verschiedenartig ist: denn was bei Gegenstand A oder B ist, hat nicht die gleiche Art der Lage, der Lockerheit oder Dichte, wie das, was zwischen ihnen ist. Daher verhalten sich auch die Teile in jener Einheit außergewöhnlich. Wie wir vorhin gesagt haben, daß bei den Elementen die Teilchen die größte Übereinstimmung haben und sich als Ganzes bewegen, wenn sie nicht ihre natürliche Lage innehaben, und bald komprimiert, bald gedehnt werden, so — behaupte ich — verhält es sich auch mit dieser Wolke von Atomen ⟨zwischen den Gegenständen⟩[2]): die Teilchen in diesem Gebilde finden nie ihren passenden Platz und ihre natürliche Lage, solange sie sich nicht an einem Ort vereinigen. Wenn nun die Teilchen sich bewegen, bewegen sich folglich auch die Gegenstände, in welchen sie sind, und kommen zusammen.

Nr. 57: *Giordano Bruno, Über das dreifache Minimum 1, 9, 1ff.* (1591)

Wenn ich nun ein Minimum allem zugrunde lege, aus welchem alles zusammengesetzt ist und in welches schließlich alles wieder zerfällt, was immer erschaffen wird, dann mußt du dir vorstellen, daß sich dies Minimum vom kleinsten noch mit unseren Sinnen feststellbaren Gegenstand gewaltig unterscheidet. Nimm dir daher den tiefgründigen Beweis des gelehrten Lukrez zu Herzen, der veranschaulicht, von wie geringer Beschaffenheit dies Kleinste ist: er sagt nämlich [Lucr. 4, 110—122][1]), daß die Urkörperchen der Dinge so sehr unterhalb der Grenze der Wahrnehmbarkeit liegen und so viel kleiner sind, daß diese kleinsten Teilchen unglaublich weit unter der Sichtbarkeitsgrenze bleiben. Wir kennen nämlich auch so

tertia pars quorum nulla virtute notari
possit. quantum ergo cerebrum ventremque putandum?
quantuli oculi? quantum cor, nervus, viscera, quae sunt
partibus inde aliis certam quoque nacta figuram,
et pariter variis consistunt undique membris?

2. Galileo Galilei (1564—1642) und sein Kreis

Nr. 58: *Iulius Caesar La Galla, De phaenomenis in orbe lunae*
(1612 — Galilei, ediz. nazionale 3, 351)

Et longe diversa est opinio Aristotelis de natura materiae primae et Democriti de natura atomorum: Aristoteles enim existimavit, materiam primam esse omnino potentia; ac propterea nec quid, nec quale, nec quantum, nisi in potentia tantum. at Democritus sua atoma actu esse voluit etiam determinata natura atque figura praedita, alia quidem rotunda et igneae naturae, magis mobilia, alia autem alterius; ut non solum ex Aristotele id referente constat, verum etiam ex Lucretio eius assecla.

winzige Tierchen, von denen wir schon ein Drittel mit aller Anstrengung nicht mehr wahrnehmen könnten; wie winzig muß man sich also deren Gehirn und deren Bauch vorstellen, wie winzig die Augen, das Herz, die Sehnen, die Eingeweide, die doch alle ihren eigenen Platz und auch eine bestimmte Form haben und ebenso aus verschiedenen Teilen zusammengesetzt sind.

2. Galileo Galilei (1564—1642) und sein Kreis

Nr. 58: *Julius Caesar La Galla, Über die Phänomene im Mond* (1612)[1])

Entgegnung auf Galileis Jugendschrift „Sidereus nuntius"

Ganz verschieden sind die Ansichten von Aristoteles über das Wesen der Urmaterie und des Demokrit über das Wesen der Atome. Aristoteles glaubte nämlich, die Urmaterie sei überhaupt nur potentiell vorhanden und sei daher weder in ihrem Wesen noch in ihrer Qualität noch in ihrer Quantität bestimmt und eben nur als Möglichkeit vorhanden. Demokrit dagegen behauptete, daß seine Atome reell existierten und mit einer bestimmten Beschaffenheit und Form ausgestattet seien, die einen rund und von feuriger Art, mehr beweglich, andere anders. Dies steht nicht nur nach dem Bericht von Aristoteles fest[2]), sondern auch nach Lukrez, Demokrits Anhänger.

Nr. 59: *Galileo Galilei, Discorsi e dimostrazioni mathematiche intorno a due nuove scienze* (1638 — edizione nazionale, Florenz, Bd. 8, 1898, 85f.)

Salviati: . . . e mentre che rompendo un solido in molte parti e seguitando di ridurlo in minutissima polvere, risoluto che si fusse ne gl'infiniti suoi atomi non più divisibili, perchè non potremmo dire, quello esser ritornato in un solo continuo, ma forse fluido come l'acqua o 'l mercurio o 'l medesimo metallo liquefatto? e non vediamo noi, le pietre liquefarsi in vetro, ed il vetro medesimo, co 'l molto fuoco, farsi fluido più l'acqua?

Sagredo: Doviamo dunque credere, i fluidi esser tali, perchè sono risoluti ne i primi infiniti indivisibili, suoi componenti?
Salviati: Io non so trovar miglior ripiego per risolver alcune sensate apparenze, tra le quali una è questa. Mentre io piglio un corpo duro, o sia pietra o metallo, e che con martello o sottilissima lima lo vo al possibile dividendo in minutissima ed impalpabile polvere, chiara cosa è che i suoi minimi, ancor che per la lor piccolezza siano impercettibili a uno a uno dalla nostra vista e dal tatto, tuttavia son eglino ancor quanti, figurati e numerabili: e di essi accade che, accumulati insieme, si sostengono ammucchiati; e scavati sino a certo segno, resta la cavità, senza che le parti d'intorno scorrano a riempierla; agitati e commossi, subito si fermano tantosto che il motore esterno gli

Nr. 59: *Galileo Galilei, Unterredungen und mathematische Demonstrationen*, 1. Tag (1638)[1])

Dialog zwischen Salviati und Sagredo

Salviati: ... Wenn wir einen festen Körper in viele Teile zertrümmern und immer weiter bis zu feinstem Staub zerlegen, bis schließlich nur noch seine unendlich kleinen, nicht mehr teilbaren Atome übrig sind, warum sollten wir nicht sagen können, er sei in ein einziges Kontinuum zurückgekehrt, vielleicht in eine Flüssigkeit wie Wasser, Quecksilber oder sonst ein verflüssigtes Metall. Und stellen wir nicht fest, daß Steine zu Glas zerschmelzen und daß dasselbe Glas unter starker Hitze flüssiger wird als Wasser?
Sagredo: Müssen wir also annehmen, Flüssigkeiten seien so beschaffen, weil sie in ihre ursprünglichen, unendlich kleinen, unteilbaren Bestandteile aufgelöst sind?
Salviati: Ich finde keinen besseren Ausweg, um einige sinnlich wahrnehmbare Erscheinungen zu erklären, wie etwa die folgende: Nehmen wir einen harten Körper, sei es ein Stein oder ein Metall, teilen ihn mit einem Hammer oder feinen Feile soweit es überhaupt geht in allerfeinsten, nicht mehr betastbaren Staub, so ist es klar, daß diese kleinsten Teilchen, auch wenn sie ihrer Kleinheit wegen nicht mehr durch unseren Gesichtssinn oder Tastsinn einzeln voneinander unterschieden werden können, jedenfalls noch eine bestimmte Größe, Form und Anzahl haben. Und daher geschieht es, daß sie, angehäuft, sich in diesem Haufen zusammenhalten; höhlt man nun diesen Haufen bis zu einem gewissen Grade aus, bleibt die Höhlung, ohne daß die übrigen Teile hineinfließen und sie ausfüllen; werden sie geschüttelt oder gerührt, bleiben sie sogleich still liegen, sobald die von außen einwirkende Bewegung

abbandona: e questi medesimi effetti fanno ancora tutti gli aggregati di corpusculi maggiori e maggiori, e di ogni figura, ancor che sferica, come veggiamo ne i monti di miglio, di grano, di migliarole di piombo e d'ogni altra materia. Ma se noi tenteremo di vedere tali accidenti nell'acqua, nissuno ve ne troveremo; ma, sollevata, immediatamente si spiana, se da vaso o altro esterno ritegno non sia sostenuta; incavata, subito scorre a riempier la cavità; ed agitata, per lunghissimo tempo va fluttuando, e per spazii grandissimi distendendo le sue onde. Da questo mi par di potere molto ragionevolmente arguire, i minimi dell'acqua, ne i quali ella pur sembra esser risoluta — poichè ha minor consistenza di qualsivoglia sottilissima polvere, anzi non ha consistenza nissuna —, esser differentissimi da i minimi quanti e divisibili; nè saprei ritrovarci altra differenza, che l'esser indivisibili.

Parmi anco che la sua esquisitissima trasparenza ce ne porga assai ferma coniettura: perchè se noi piglieremo del più trasparente cristallo che sia e lo cominceremo a rompere e pestare, ridotto in polvere perde la trasparenza, e sempre più quanto più sottilmente si trita; ma l'acqua, che pure è sommamente trita, è anco sommamente diafana. L'oro e l'argento, con acque forti polverizati più sottilmente che con qualsivoglia lima, pur restano in polvere, ma non divengon fluidi, nè prima si liquefanno che gl'indivisibili del fuoco o de i raggi del Sole gli dissolvano, credo ne i lor primi altissimi componenti, infiniti, indivisibili.

aufgehört hat. Solche Vorgänge beobachten wir bei allen Anhäufungen von immer größeren Korpuskeln jeder Form, selbst bei kugelförmigen, wie wir es bei einem Haufen Hirse, Weizen, Bleischrot und jeder anderen Materie sehen. Wenn wir aber solche Vorgänge beim Wasser zu beobachten suchen, werden wir nichts derartiges finden; sondern, wird es aufgehoben, ebnet es sich sogleich wieder, wenn es nicht von einem Gefäß oder einer anderen äußeren Schranke zusammengehalten wird; ausgehöhlt fließt es sogleich wieder zusammen, um die Höhlung aufzufüllen; wird das Wasser gerührt, dauert die Wellenbewegung recht lange an und breiten sich die Wellen recht weit aus. Daraus kann man logischerweise schließen, daß die kleinsten Teile des Wassers, in welche es auch immer aufgelöst sein mag — da es eine geringere Konsistenz hat als das allerfeinste Pulver, ja vielmehr überhaupt keine Konsistenz —, daß diese kleinsten Teile ganz verschieden sind von den kleinsten teilbaren Größen; und ich kann keinen anderen Unterschied finden, als daß sie unteilbar sind.

Auch die höchste Durchsichtigkeit des Wassers scheint mir diese Vermutung zu bestätigen: Denn wenn wir den durchsichtigsten Kristall nehmen, den es gibt, und ihn zu zerschlagen und zerstoßen beginnen, so verliert er, in Pulver zerlegt, seine Durchsichtigkeit, und zwar desto mehr, je feiner er zerrieben wird. Wasser dagegen, das vollkommen zerrieben ist, ist vollkommen durchsichtig. Gold und Silber, durch Säuren feiner pulverisiert als mit irgendeiner Feile, bleiben in Pulverform und werden nicht flüssig, bevor die unteilbaren Teilchen des Feuers oder die Sonnenstrahlen sie in ihre — wie ich glaube — ursprünglichen, unendlich kleinen, unteilbaren Bestandteile auflösen.

Nr. 60: *Galilei* l. c. p. 105

Veggiamo i frutti, i fiori e mille altre solide materie risolversi in gran parte in odori, ma non così osserviamo gli atomi odorosi concorrere alla costituzione de i solidi odorati

Nr. 61: *Galilei* l. c. p. 93

Ma servendosi della maniera che propongo io, di distinguere e risolvere tutta la infinità in un tratto solo — artifizio che non mi dovrebbe esser negato —, crederei che dovessero quietarsi ed ammeter questa composizione del continuo di atomi assolutamente indivisibili.

3. Daniel Sennert (1572—1637)

Nr. 62: *Sennert, De consensu ac dissensu chymicorum cum Galenicis et Peripateticis (1619) cap. 12* (ed. Huguetan, Lyon 1676, Bd. 1, 230f.)

Quomodo autem minorum fiat unio, et an formae miscibilium maneant integrae in misto, an misceantur et refringantur, an vero plane aboleantur, tam difficile est in hac humana caligine per-

Nr. 60: *Galilei* (a. O., 1. Tag)

Salviati: ... Wir sehen Früchte, Blüten und tausend andere feste Dinge sich zum großen Teil in Düfte auflösen, aber wir können nicht beobachten, daß diese duftenden Atome sich wieder zu festen duftenden Körpern verdichten.

Nr. 61: *Galilei* (a. O., 1. Tag)

Salviati ... legt die Einschreibung eines n-eckigen Polygons in einen Kreis dar: Aber wenn wir uns der Methode bedienen, die ich vorschlage, die ganze Unendlichkeit in einem Zuge zu unterscheiden und aufzulösen — ein Kunstkniff, den man mir nicht versagen darf —, glaube ich, müßten sie [die Peripatetiker] Ruhe geben und eine solche Zusammensetzung des Continuums aus absolut unteilbaren Atomen zulassen.

3. Daniel Sennert (1572—1637)

Nr. 62: *Consens und Dissens der Chemiker mit den Galenikern und Peripatetikern, Kap. 12* (1619)

Betrachtung der aristotelischen und demokriteischen Theorie der chemischen Verbindung bzw. 'Mischung'

Auf welche Weise aber eine Vereinigung kleinster Teilchen vor sich geht, ob bei einer Stoffverbindung die Gestalt der sich vermischenden Teilchen unversehrt bleibt oder ob sie bei der Verbindung zerfallen oder gar vollständig zerstört werden[1]), ist wegen der Beschränktheit unseres menschlichen Wissens derart schwierig zu erken-

spicere, ut quam sententiam magis probare debeant viri doctissimi et acutissimi, ac inter eos Scaliger, facile dicere non potuerint. vero magis consentaneum existimo, in mistione miscibilia in minimas partes redigi atque ita sibi per minimas partes unita per contrarias qualitates mutuo agere et pati, non tamen formas suas plane amittere — alias enim, et si formae plane abolerentur, non esset miscibilium alteratorum unio, sed miscibilium omnium corruptio —, sed ex omnibus unam conflari, aut potius omnes mistas et in unum quasi redactas sub superioris alicuius formae, a qua fiat unum specie, dominio manere. . . .

Hoc certum est, mistum quodlibet in ea, e quibus primo constitutum est, resolvi posse et proinde formas elementorum non aboleri. alias enim in resolutione et putredine fieret nova elementorum generatio. . . .

Atque haec, quam proposuimus, est proculdubio antiquissimorum philosophorum de mistione opinio, et ipsius Democriti, qui ex atomis res omnes componi et generationem nihil aliud nisi σύγκρισιν et διάκρισιν esse statuit. non enim probabile est ἄριστον φύσεως καὶ κόσμου ἑρμηνευτήν — optimum naturae et mundi interpretem, ut eum appellat in epistola Hippocrates — et qui in Persia, Arabia, Aethiopia et Aegypto versatus, Magos et sapientes

nen, daß selbst gelehrteste und scharfsinnigste Leute wie Scaliger[2]) nicht leicht sagen konnten, welcher Auffassung sie den Vorzug geben sollten. Dennoch halte ich es für einleuchtender, daß sich bei einer Verbindung die sich verbindenden Stoffe in ganz kleine Teilchen aufteilen und sich so durch diese kleinsten Teilchen vereinigen und wechselseitig ihre gegensätzlichen Eigenschaften aufeinander einwirken lassen, daß sie aber ihre ursprüngliche Gestalt nicht vollständig verlieren — sonst nämlich, wenn auch ihre Gestalt vollständig vernichtet würde, würde es sich nicht um eine Verbindung gegensätzlicher vermischbarer Stoffe handeln, sondern um eine Vernichtung alles Mischbaren —; alle Teilchen werden dabei zu einer Einheit vermengt, oder besser gesagt vermischt und gleichsam zusammengetrieben und bleiben unter der Herrschaft einer vorherrschenden Stofform, welche dem Ganzen den Anschein einer Einheit gibt. ...

Dies jedenfalls steht fest, daß jede beliebige Verbindung wieder in jene Einzelbestandteile zerlegt werden kann, aus welchen sie zustande gekommen ist, und daß daher die Gestalten der Elementarteilchen nicht vollständig vernichtet werden können; denn sonst würde jede Auflösung oder jeder Zerfall ⟨von Stoffverbindungen⟩ eine neue Entstehung von Elementen bedeuten. ...

Diese eben dargelegte Vorstellung von den Stoffverbindungen entspricht zweifellos derjenigen der ältesten Philosophen wie auch des Demokrit selbst, der die These aufgestellt hat, alle Dinge bestünden aus Atomen und alles Werden und Vergehen sei nichts anderes als eine Vereinigung oder Trennung ⟨von Atomen⟩. Es ist nämlich nicht wahrscheinlich, daß Demokrit, „der beste Hermeneut der Physis und des Kosmos (der beste Deuter der Natur und der Welt“, wie ihn Hippokrates in einem Brief nennt), der Persien, Arabien, Äthiopien und Ägypten durchreist

illorum locorum consuluit, ut habet Plinius lib. 30 c. 1., tam absurda de atomis et rerum generatione sensisse, qualia vulgo ipsi attribuuntur — videatur Pererius lib. 4 Physic. in fine cap. 19. tradiderunt nimirum philosophi prisci sua dogmata sub verborum involucris, unde postea factum, ut adversarii eorum contra verba potius quam mentem illorum, quam vel non intelligebant vel intelligere nolebant, scriberent ipsisque[1]), quae nusquam senserant, affingerent et inter ceteros etiam contra Democritum rationibus logicis disputarent, cum tamen ipse non his, sed propriis et naturalibus, οἰκείοις καὶ φυσικοῖς λόγοις, persuaderi et vinci voluerit, ut Aristoteles lib. de generatione et corruptione cap. 2 (316 a 13) testatur. . . .

Et certe, si quae in natura fiunt diligenter perpendamus, aliter se rem habere vix statuere licet, sive corruptionem sive generationem rerum spectes. corruptionem διακρίσει fieri multa testantur: ubi enim ex re aliqua, quae vel putrescit vel comburitur vel alias calore resolvitur, vapor aut fumus attollitur, visus quidem e longinquo corpus continuum esse indicat; cum tamen non sit continuum, sed atomorum multa millia inter se confusa, ut vel visu intentiore animadverti potest. nam videmus picem vel aliam rem accensam maximum aëris spatium atomis igne resolutis occupare. idem operationes chymicae testantur, in primis sublimatio, ubi atomi illae in alembico colliguntur. neque enim corpuscula

1) ipsique *ed. 1676*

hat, der die Magier und Weisen jener Länder befragt hat, wie Plinius Buch 30 Kap. 1 berichtet, daß dieser Demokrit derartigen Unsinn über die Atome und die Entstehung der Dinge gelehrt hat, wie man ihm weitherum andichtet (man soll einmal sehen, was Pereyra im 4. Buch Kap. 19 seiner Physik schreibt)[3]). Freilich haben die Gelehrten im Altertum ihre Lehren in dunkle Worte gehüllt; daher ist es gekommen, daß ihre Gegner mehr gegen ihre Worte als ihren Sinn, den sie nicht verstanden oder nicht verstehen wollten, eiferten und ihnen selber andichteten, was diese niemals so gemeint hatten, und unter anderen auch gegen Demokrit mit Argumenten aus der Logik fochten, während er sich doch nicht durch diese, sondern nur „durch fachgerechte und der Naturwissenschaft angepaßte Überlegungen" überzeugen und widerlegen lassen wollte, wie Aristoteles in seiner Schrift über „Werden und Vergehen" Kap. 2 bezeugt.[4]) . . .

Und tatsächlich, wenn man die Vorgänge in der Natur sorgfältig untersucht, dann kann man kaum anderer Auffassung sein ⟨als Demokrit⟩, sei es, daß man das Werden oder das Vergehen der Dinge ins Auge faßt. Daß das Vergehen durch Trennung zustande kommt, bezeugt vieles: denn wenn aus einem Stoff, der verfault oder verbrannt oder sonstwie durch Hitze aufgelöst wird, Dampf oder Rauch aufsteigt, dann erscheint dieser von weitem als zusammenhängendes Gebilde; dennoch handelt es sich nicht um ein Kontinuum, sondern um ein Durcheinander von vielen Tausenden von Atomen, wie man bei näherem Zusehen gewahr werden kann. Denn wir stellen fest, daß etwa brennendes Pech oder etwas dergleichen einen überaus großen Luftraum mit vom Feuer aufgelösten Atomen einnimmt[5]). Denselben Tatbestand zeigen chemische Operationen, besonders die Sublimation, wenn sich die Atome im Alembicum[6]) ansammeln. Denn jene

illa minima resoluta, ut antea etiam dictum, semper
pristinam formam amittunt — quod aliquis pro
opinione Democriti dicentis atomos esse impassi-
biles usurpare posset —, sicut in operationibus
chymicis videmus, in quibus vapores illi excepti, 231
seu in alembico seu in recipiente ex diversis corporibus, diversam naturam retinent, ut σύγκρισις
docet. videre idem est in thermis acidulis et aliis,
qui mineralia secum ferunt, fontibus: in iis enim
stiriae quaedam et tophi canalibus accrescunt, cum
tamen aqua, quae decurrit, limpidissima sit, ut
quis mirari possit, quomodo ex tam perspicua et
clara aqua corpus tam crassum fieri queat. proculdubio in talibus aquis mineralis et lapidea materia
in minimas particulas resoluta fuit, quae postea
suo concursu et συγκρίσει saxeum et durum corpus
constituunt. — si aurum et argentum simul liques-
cant, ita per minima miscentur, ut visu deprehendi
aurum in argento nullo modo possit; si vero postea
aqua fortis affundatur, ita solvitur argentum, ut
ullum metallum in ea aqua deprehendi visu non
possit, cum tamen revera insit et hinc segregatum
emergat et quidem ita, ut et aurum et argentum
suam naturam retineant, et hoc modo in subtilissi-
mam calcem, quae nihil aliud est, quam congeries
aliqua innumerabilium atomorum, redigantur, quae
in aurum et argentum purissimum fusione iterum
reducitur.

kleinsten losgelösten Korpuskeln verlieren, wie gesagt, keineswegs immer ihre frühere Gestalt — das dürfte auch Demokrit gemeint haben, wenn er sagt, daß die Atome unveränderlich seien —, wie wir bei chemischen Operationen sehen, bei welchen jene aufgefangenen Dämpfe, sei es im Alembicum oder in einem Auffanggefäß von mehreren Stoffen, ihre verschiedenen Eigenschaften behalten, wie ihre Konzentration beweist. Dieselbe Erscheinung zeigt sich bei säurehaltigen Thermalquellen oder anderen mineralhaltigen Quellen: bei ihnen bilden sich an den Leitungen zapfenartige Tuffsteinablagerungen, während doch das Wasser, das durchfließt, vollkommen klar ist, so daß man sich wundern muß, wie aus dem so klaren und durchsichtigen Wasser ein so fester Körper entstehen kann; zweifellos war in derartigem Wasser die mineralische und steinartige Materie in kleinste Teilchen aufgelöst, welche nachher durch ihr Zusammenkommen und ihre Konzentration einen festen steinigen Körper bilden. — Wenn Gold und Silber miteinander zum Schmelzen gebracht werden, vermischen sie sich derart mit ihren kleinsten Teilchen, daß von Auge das Gold im Silber auf keine Weise mehr festgestellt werden kann. Wenn nun aber Salpetersäure darüber gegossen wird, löst sich das Silber so auf, daß von Auge kein Metall in dieser Lösung festgestellt werden kann, während es doch in Tat und Wahrheit drin ist und von ihr getrennt wieder auftaucht, und zwar so, daß sowohl Gold als auch Silber ihre Natur beibehalten; denn der dabei entstehende feinste Kalkstaub ist nichts anderes als eine Masse ungezählter Atome, welche durch Schmelzen wiederum in reinstes Gold oder Silber zurückgeführt werden können [7]).

Nr. 63: *Daniel Sennert, Hypomnema physicum (1636) 3, cap. 1 De Atomis* (ed. Huguetan, Lyon 1676, Bd. 1, 116ff.)

Inter alias autem opiniones, quae Democrito ut Empedocli aliisque pluribus nobilissimis philosophis antiquis tribuuntur, est, quod atomos principia rerum naturalium constituerint, ex quarum varia unione reliqua corpora orta sint. atque haec sententia antiquissima fuit, et iam Mocho cuidam Phoenicio, quem ante Troiae excidium floruisse memorant, tribuitur; immo communem fere fuisse philosophorum ante Aristotelem sententiam ex initio lib. 2 de generatione et corruptione patet. primus Aristoteles ab hac sententia recessit statuitque corpora illa minima non solum in mistione uniri, sed et per mutuam actionem et passionem inter se ita alterari et affici, ut desinant esse id, quod ante mistionem erant et in corpus quoddam ita ὁμοιομερές transeant, ut quaelibet etiam pars minima non amplius ignis, aër, aqua vel terra, sed mistum dicatur. — de qua re plura de mistione dicentur. etsi vero satis odiose doctrina de atomis et corporibus indivisibilibus vulgo proponitur, tamen si recte explicetur absurda non videtur. immo rationes, quae pro hac sententia adferuntur, non sunt leves aut futiles, sed λόγοι ἀναγκαστικοὶ καὶ οὐκ εὔποροι διαλύειν (rationes quae urgent et cogunt quaeque haud facile solvi possunt), ut ipse Aristoteles lib. 1 de generatione et corruptione

Nr. 63: *Sennert, Physisches Hypomnema 3, Kap. 1: Über die Atome* (1636)

Neben anderen Theorien, welche dem Demokrit wie dem Empedokles und mehreren anderen berühmten Philosophen der Antike zugeschrieben werden, gibt es auch diejenige, nach welcher die Atome die Urbestandteile aller gegenständlichen Dinge sind, aus welchen in vielfältiger Vereinigung die übrigen Stoffe entstanden sind. Diese Lehre ist sehr alt und soll auf einen gewissen Mochus aus Phönizien zurückgehen[1]), der, wie man sagt, noch vor dem Untergang Trojas gelebt haben soll. Daß dies unter den Philosophen vor Aristoteles nahezu die allgemein verbreitete Meinung gewesen ist, geht aus dessen Schrift 'Über Werden und Vergehen' (Anfang Buch 2) hervor. Als erster ist Aristoteles von dieser Lehre abgegangen und hat die Theorie aufgestellt, daß jene kleinsten Teilchen sich in einer Verbindung nicht nur vereinigten, sondern auch durch wechselseitige aktive und passive Einwirkung so veränderten und einen solchen Zustand annähmen, daß sie aufhörten das zu sein, was sie vor der Verbindung waren und in einen neuen, so völlig homogenen Körper übergingen, so daß jeder noch so geringe Teil davon nicht mehr Feuer, Luft, Wasser oder Erde zu nennen sei, sondern eben eine Verbindung[2]). — Das Problem der Stoffverbindungen soll daher ausführlicher besprochen werden: Wenn auch die Lehre von den Atomen und den unteilbaren Korpuskeln ⟨von den Kritikern⟩ gewöhnlich recht gehässig dargelegt wird, erscheint sie dennoch, wenn sie richtig erklärt wird, nicht abwegig. Im Gegenteil: die Begründungen, die für diese Lehre vorgebracht werden, sind nicht oberflächlich und wertlos, sondern „zwingend und nicht leicht zu widerlegen“, wie Aristoteles selbst im 1.

cap. 2 (315 b 21) confitetur, quasque se certo soluturum promittere non potest, sed πειρατέον (tentandum) scribit. et procul dubio agnovit, se solide hanc sententiam refutare non posse, ideoque quod omnino facere debuisset, propriis et physicis rationibus fere usus non est, sed mathematicis et alienis.

In hunc autem modum doctrina de atomis explicari posse videtur: in rebus naturalibus generationi et corruptioni obnoxiis, quia perpetua generationum et corruptionum vicissitudo est, simplicia quaedam corpora sui generis esse necesse est, e quibus composita generentur et in quae rursum composita abeant. cum enim videret Democritus corpora naturalia neque ex nihilo neque ex punctis fieri, necessario statuit, ea ex minimis corpusculis componi. ubi notandum, Democritum non quaesivisse, an detur individua magnitudo mathematica, sed an dentur minima corpuscula naturalia, quorum multitudine congregata certa species corporis naturalis emergat. appellantur ita haec corpora minima naturae atomi, atoma corpuscula, σώματα ἀδιαίρετα (corpora indivisibilia); idque ideo, quod in natura in resolutione ultra ea ad minora progressus non fiet, et contra, a quibus corpora naturalia suum exordium habent. quae quidem in natura revera sunt, tam parva vero sunt, ut sensibus non pateant. . . .

Buch Kap. 2 'Über Werden und Vergehen' gesteht[3]). So kann er denn auch nicht versprechen, diese sicher zu entkräftigen, sondern sagt ausdrücklich, er 'versuche' es: Zweifellos hat er erkannt, daß er diese Lehre nicht hieb- und stichfest widerlegen könne, und daher hat er nicht, wie er allerdings hätte tun sollen, fachgerechte und der Naturwissenschaft angepaßte Argumente angewandt, sondern unangebrachte aus dem Gebiet der Mathematik[4]).

Die Atomlehre kann man aber, glaube ich, auf folgende Weise erklären: In den gegenständlichen Dingen, die dem Gesetz des Werdens und Vergehens unterworfen sind — es besteht ja ein ewiger Wechsel von Werden und Vergehen —, gibt es notwendigerweise einfache Urteilchen, die ihre besondere Eigenart haben, aus denen die zusammengesetzten Dinge entstehen und in welche sie sich wieder auflösen. Als nämlich Demokrit erkannte, daß gegenständliche Dinge weder aus dem Nichts noch aus Punkten entstehen können, kam er notgedrungen zur Theorie, sie bestünden aus kleinsten Korpuskeln. Dabei ist zu bemerken, daß Demokrit nicht gefragt hat, ob es eine letzte unteilbare mathematische Größe gebe, sondern ob es kleinste materielle Korpuskeln gebe, aus deren Vereinigung in großer Menge eine bestimmte Art eines stofflichen Körpers hervorgeht. Daher werden diese kleinsten Körper der Natur Atome, atomare oder unteilbare Korpuskeln genannt, und zwar deshalb, weil es in der Natur in Auflösungsvorgängen keine Teilung über diese Atome hinaus in noch kleinere Teilchen gibt noch umgekehrt aus noch kleineren Teilchen materielle Körper entstehen können. Wenn jedoch solche Atome tatsächlich in der Natur vorkommen, dann sind sie freilich so klein, daß sie unseren Sinnesorganen nicht zugänglich sind. . . .

Sed quid autoritatibus opus est, cum res ipsa per se plana sit? etenim si ἐμπειρίαν in Democrito ab Aristotele tantum laudatam consulamus, inveniemus et generationes et corruptiones rerum naturalium per atomos fieri et passim συγκρίσεως et διακρίσεως atomorum in natura exempla consistere. cum vero atomorum non sit unum genus, sed pro corporum naturalium varietate varia, eas et secundum simplicia corpora, quae elementa dicuntur, et secundum composita considerare libet: primo enim ipsa elementa in talia corpora resolvuntur, et corpuscula rursum coëuntia tum composita corpora, tum ipsam molem elementorum constituunt. proveniunt autem istae atomi elementorum cum ex compositorum resolutione et corruptione, tum ex globo terreno, in quo omnia sunt elementa et in aërem elevantur; unde variae aëris mutationes et generationes ac corruptiones fiunt, varieque et hominem et alia animalia, ut et plantas afficiunt.

... Neque solum atomos illas primas elemento- 118
rum varie se passim diffundere et in alia corpora penetrare, sed ex iisdem etiam mista constare antiqui docuerunt, simul tamen immutabilia esse statuerunt et suam naturam, quocumque modo misceantur, servare et ab iis, cum quibus miscebantur, separata eam integram retinere. ita enim Lucretius lib. 2 [999—1003] scribit:

Cedit item retro, de terra quod fuit ante,
in terras et quod missumst ex aetheris oris

Aber wozu braucht es die Bestätigung durch Gewährsleute, wenn die Sache an sich klar ist? Denn wenn wir nämlich die Naturerfahrung, die bei Demokrit von Aristoteles so sehr gerühmt wird, zu Rate ziehen, werden wir feststellen, daß die Vorgänge des Werdens und Vergehens der stofflichen Dinge durch Atome vor sich gehen und daß überall in der Natur Beispiele für Vereinigung und Trennung von Atomen vorkommen. Da es aber nicht nur eine einzige Art von Atomen gibt, sondern entsprechend der Vielfalt der Stoffe der Natur verschiedene, wollen wir sie nach solchen bei einfachen Stoffen, die wir Elemente nennen, und nach solchen bei zusammengesetzten betrachten [5]): Zunächst zerfallen die Elemente selbst in solche Korpuskeln, die, wenn sie sich wieder vereinigen, sowohl die zusammengesetzten Stoffe als auch die Stoffmasse der Elemente selbst bilden. Diese Atome der Elemente gehen einerseits aus der Auflösung oder dem Zerfall zusammengesetzter Stoffe hervor, andererseits aus dem Erdball, in welchem alle Elemente vorhanden sind und sich in die Luft erheben; daher gibt es verschiedene Prozesse der Veränderung, des Entstehens und Vergehens von Luft [Gasen], die Menschen und Tiere, wie auch Pflanzen, verschieden beeinflussen. ...

Die Alten lehrten nicht nur, daß jene erste Art von Atomen der Elemente sich vielfältig überall verbreitet und in andere Stoffe eindringt, sondern auch, daß aus ihnen die gemischten Stoffe bestehen. Zugleich hielten sie aber fest, daß diese Atome unveränderlich seien und ihren Charakter, wie sie sich auch immer vermischten, bewahrten und, aus ihrer Vermischung wieder getrennt, ihn unversehrt erhielten. So schreibt nämlich Lukrez im 2. Buch [999—1003]:

„Denn es zerfällt wieder in Erde, was vorher aus der Erde war, und was vom Himmel herabgesandt war,

id rursum caeli rellatum templa receptant.
nec sic interemit mors res, ut materiai
corpora conficiat, sed coetum dissupat ollis.

Meteora certe pleraque tantum sunt elementarium atomorum varia congeries. exhalationes enim et vapores, quod vulgo creditur, non corpora continua sunt, sed congeries infinitarum atomorum; id quod ex vaporibus ex aqua, quae ad ignem calefit, ascendentibus manifestum est. hi enim, etsi procul corpus continuum videantur, tamen qui prope est, aut qui in montibus aëre nebuloso ambulat, vel visu discernere potest, vapores tales non esse continua corpora, sed atomorum congeriem. nubes nihil aliud sunt nisi infinita atomorum multitudo. ut enim, dum fumum aliquem e pice vel ligno aliquo accenso videmus, putamus procul esse corpus continuum; si tamen propius accedamus et diligenter fumum intueamur, non continuum, immo non contiguum corpus esse videmus: ita etiam de nubibus res sese habet, quae, antequam corpuscula minima iterum coniungantur, quod fit in pluvia et nive, non corpus continuum sunt, sed variarum atomorum mille myriades. ...

Sunt enim secundo alterius, praeter elementares, generis atomi — quas si quis prima mista appellare velit, suo sensu utatur —, in quae, ut similaria, alia corpora composita resolvuntur. et omnino in mistione rerum naturalium, seu quae fit in non viventibus, corpora, e quibus mista con-

wird von dem himmlischen Bereich wieder aufgenommen. Und der Tod vernichtet die Dinge nicht so, daß er die Urkörper der Materie zerstört, sondern er löst nur ihre Verbindung auf."

Bei den meteorologischen Phänomenen jedenfalls handelt es sich meistens um nichts anderes als um verschiedenartige Ansammlungen von Elementar-Atomen. Ausdünstungen und Dämpfe sind nämlich nicht, wie gewöhnlich angenommen wird, zusammenhängende Gebilde, sondern eine Ansammlung unzähliger Atome; dies zeigt sich deutlich beim Wasserdampf, der aufsteigt, wenn Wasser erhitzt wird: wenn dieser auch von ferne als ein zusammenhängendes Gebilde erscheint, so wird man doch aus der Nähe, oder wenn man im Gebirge im Nebel wandert, sogar von Auge feststellen können, daß solche Dämpfe kein Kontinuum sind, sondern Ansammlungen von Atomen. Auch Wolken sind nichts anderes als eine Unmenge von Atomen. Oder wenn wir zum Beispiel den Rauch von Pech oder einem brennenden Holzstück sehen, glauben wir von ferne, es handle sich um ein zusammenhängendes Gebilde; wenn wir jedoch nähertreten und sorgfältig den Rauch untersuchen, stellen wir fest, daß es sich nicht um ein Kontinuum, nicht einmal um ein Kontiguum [d. h. ein Gebilde von sich allseitig berührenden Teilchen] handelt. Ebenso verhält es sich mit den Wolken, welche, bevor sich die kleinsten Körper wieder zu Wasser oder Schnee vereinigen, kein Kontinuum sind, sondern ungezählte Myriaden einzelner Atome. ...

Es gibt ferner neben den Elementar-Atomen noch eine zweite Art von Atomen — oder wenn sie jemand lieber primäre Mischteilchen nennen möchte, sei ihm dies unbenommen —, in welche wie in Weizenmehl andere zusammengesetzte Stoffe sich auflösen. Überhaupt werden in der Verbindung von elementaren Stoffen, jedenfalls bei leb-

stant, ita in exiguas partes confringuntur et comminuuntur, ut nullum seorsim et per se agnosci possit. in omnibus etiam fermentationibus et distinctionibus ac coctionibus, quae vel a natura vel ab arte fiunt, nihil aliud agitur, quam ut ad minima redigantur et ea sibi arctissime uniantur. contra resolutio corporum naturalium, cum ea, quae a natura, tum quae arte fit, nihil aliud est, quam in minima corpora resolutio.

Et in primis resolutiones chymicae atomos patefaciunt, et quam minima sint ista corpuscula, satis docent: ita spiritus vini per chartam scriptoriam quadruplicatam in alembicum penetrat, et ex plantis ac mineralibus in destillationibus et sublimationibus eiusmodi atomi in alembicum vel recipiens elevantur, quarum tamen aliquot myriades, dum rursum coëunt, saepe vix unam guttam vel sensibilem molem constituunt[1]). neque enim hic quis sibi persuadeat, dum ex aqua, spiritu vini vaporem, ex pice, sulphure, lignis accensis fumum ascendere videt, esse mutationem horum corporum in aërem; sed aqua, spiritus vini, ut et alia corpora, in minimas atomos resolvuntur, quae ubi coëunt, in aquam, spiritum vini vel aliud corpus rursus abeunt, id quod chymicorum alembici et vasa recipientia docent. dum etiam spiritus vitrioli vel alii destillantur, corpusculis eiusmodi parvis, nondum tamen plane minimis, vas recipiens saepe per biduum vel triduum continuo plenum est, et singulis momentis aliquot myriades eiusmodi cor-

1) constituuntur *ed. 1676*

losen, die Stoffe, aus welchen sie zusammengesetzt sind, so in kleine Teilchen zerteilt und verkleinert, daß keines mehr getrennt für sich allein wahrgenommen werden kann. Bei allen Gärungsprozessen, Trennungs- und Abkochverfahren, sei es, daß sie natürlich oder künstlich stattfinden, geschieht nichts anderes, als daß die Stoffe in ihre kleinsten Bestandteile zerlegt werden und diese sich eng miteinander verbinden. Dagegen ist die Zerlegung von elementaren Stoffen, sei es, daß sie künstlich oder natürlich geschieht, nichts anderes als eine Zerlegung in kleinste Korpuskeln.

In erster Linie zeigen chemische Zerlegungen ⟨von Stoffen⟩ die Atome und beweisen recht deutlich, wie winzig diese kleinsten Korpuskeln sind: so dringt etwa Alkohol durch vierfach gefaltetes Papier in das Alembicum[8]); oder es steigen von Pflanzen oder Mineralien bei Destillations- oder Sublimationsprozessen derartige Atome ins Alembicum oder den Auffangkolben, von welchen sogar einige Myriaden, wenn sie sich wieder kondensieren, kaum einen Tropfen oder eine wahrnehmbare Masse bilden. Wenn man nun aber aus Wasser oder Alkohol einen Dunst oder aus brennendem Pech oder Schwefel oder Holz Rauch aufsteigen sieht, darf man nicht meinen, daß diese Stoffe sich etwa in Luft verwandeln; sondern das Wasser, der Alkohol oder die andern Stoffe lösen sich in kleinste Atome auf, welche, wenn sie sich kondensieren, wieder zu Wasser, Alkohol bzw. zu dem betreffenden Stoff werden, wie die Alembica der Chemiker und die andern Auffanggefäße zeigen. — Wenn eine Schwefelsäure oder etwas derartiges destilliert wird, dann füllt sich der Auffangkolben bisweilen während zwei bis drei Tagen ununterbrochen mit derartigen kleinen, aber noch nicht allerkleinsten Teilchen, und zu jedem Zeitpunkt sind mehrere Myriaden von Korpuskeln da und weitere folgen einander

pusculorum praesentes sunt et sibi succedunt. exigua tamen liquoris quantitas ex iis coëuntibus et condensatis provenit, ita ut quae eodem momento praesentia sunt atoma corpuscula, quorum tamen aliquot myriades sunt vix unam guttam constituant. videmus idem in aliis resolutionibus: si quis exiguam particulam picis accendat flammamque supprimat, ingens aëris spatium repletur fumo illo, qui corpus continuum non est, sed innumera exiguorum corpusculorum multitudo. et quanta inter corpus compactum et in atomos resolutum sit differentia, vel candela extincta docet: si quis enim flammam e candela accensa flatu dissipet, ellychnium fumigans, quod vix ipsi magnitudinem aequat, tantam continuo atomorum copiam emittit, ut magnum aëris spatium ea repleatur. ita flores sulphuris in sulphur liquescunt; mercurius praecipitatus et sublimatus aut quocumque modo resolutus iterum in currentem et vivum mercurium abit. ita quamvis aqua, in qua metallum solutum est, nonnisi limpida aqua esse videatur, et tam exacte sit mista, ut talis aqua etiam per chartam transfundi possit; tamen metallum suam naturam in ea integram servat et facili negotio forma subtilissimi pulveris ad fundum praecipi⟨t⟩atur, qui postmodum in metallum iterum funditur. ita etiamsi una massa ex auro et argento fiat per fusionem et ita per minimas atomos coëant, ut corpus istud ex variis constare nemo agnoscere possit, interim in minimis illis atomis quodque suam formam retinet,

nach; dennoch bildet sich nur eine ganz geringe Menge von Flüssigkeit aus ihnen, wenn sich die Gase wieder verdichten und kondensieren, so daß mehrere Myriaden von Atomen, die zum selben Zeitpunkt vorhanden sind ⟨im Kolben⟩, kaum einen Tropfen ausmachen [7]). Dieselbe Feststellung können wir auch bei anderen Stoffzerlegungen machen: Wenn man etwa ein winziges Bröcklein Pech anzündet und die Flamme wieder auslöscht, füllt sich ein mächtiger Luftraum mit jenem Rauch, der kein zusammenhängendes Gebilde ist, sondern eine ungezählte Menge kleinster Korpuskeln. Und wie groß der ⟨Volumen-⟩ Unterschied zwischen einem kompakten Stoff und einem in Atome aufgelösten ist, zeigt auch eine ausgelöschte Kerze: wenn man nämlich die Flamme einer brennenden Kerze ausbläst, dann strömen aus dem glimmenden Docht, ja selbst nur aus einem kleinen Teil von ihm, geraume Zeit ununterbrochen eine solche Menge von Atomen aus, daß damit ein beträchtlicher Luftraum erfüllt wird. — Ebenso verflüssigen sich Schwefeldünste wieder zu Schwefel; gefälltes oder sublimiertes oder sonstwie aufgelöstes Quecksilber geht wieder in seinen flüssig-lebhaften Zustand über. Ebenso erscheint eine Säure, in welcher ein Metall gelöst ist, nicht anders als klares Wasser und ist derart vollkommen gemischt, daß eine solche Lösung sogar durch ein Papier hindurchgeflößt werden kann; dennoch behält das Metall darin seine Eigenart uneingeschränkt bei und kann mit geringer Mühe in Form von feinstem Staub auf den Boden des Gefäßes gefällt werden, der nachher wieder in Metall geschmolzen werden kann. Desgleichen, wenn aus Gold und Silber durch Schmelzen eine Legierung gemacht wird und sich die zwei Metalle in den kleinsten Teilchen so vereinigen, daß niemand mehr feststellen könnte, daß dieser Stoff aus verschiedenen Metallen besteht, so behält doch während dieses Vorganges jedes

et per aquam fortem separari et in pristinum corpus reduci potest. ...

Hanc etiam de atomis doctrinam manifeste con-
firmant inunctiones mercuriales et suffumigia ex
argento vivo, in quibus argentum vivum in atomos
redactum totum corpus penetrat usque ad ipsas
fauces et os, in quo aureis nummis excipi potest:
immo deprehensum est, post inunctiones mercuria- 119
les argentum vivum in venarum et ossium cavitati-
bus collectum fuisse.

Immo dantur atomi non solum corporum inanimatorum, sed et animatorum quorundam; ... plantae certe manifesto atomos exhibent: quis enim crederet, in vino limpido et perspicuo tartarum et materiam calcariam et tophaceam inesse, nisi διάκρισις eam ostenderet, dum tartarum a vino secretum lapidis instar doliorum parietibus adhaerescit? et materia alendo corpori inutilis ad articulos detrusa arthriticos dolores excitat et tandem in iis in tophos calcem generantes concrescit. idem et aliorum morborum generatio docet. ...

unter all diesen kleinsten Atomen seine Gestalt bei und kann durch Salpetersäure wieder getrennt und zum ursprünglichen Stoff zurückgeführt werden.[8]) ...

Diese Lehre von den Atomen bestätigen ferner offenkundig alle Hautaufstriche mit Quecksilberlösungen und Ätzungen durch Quecksilber, bei welchen eben dies Quecksilber in Atome zerlegt den ganzen Körper bis zu Hals und Mund durchdringt und dort mit Goldmünzen nachgewiesen werden kann; ja es ist schon festgestellt worden, daß nach Aufstrichen mit Quecksilberlösung sich das Quecksilber in Blutgefäßen und Knochenhöhlen abgelagert hat.

Atome gibt es aber nicht nur bei leblosen Stoffen, sondern auch bei gewissen belebten: ... Die Pflanzen jedenfalls haben offensichtlich Atome; wie könnte man sich sonst vorstellen, daß im klaren und durchsichtigen Wein Weinstein und kalk- oder tuffartige Stoffe enthalten sind, wenn nicht die Ausscheidung es zeigen würde, wenn nämlich der Weinstein vom Wein getrennt wie ein Stein sich an den Wänden der Fässer ansetzt? Auch der Stoff, welcher der Ernährung des Körpers unzuträglich ist, verursacht, wenn er sich an den Gelenken ablagert, die Schmerzen der Arthritis und verdichtet sich dort ⟨an den Gelenken⟩ schließlich zu kalkigen Gebilden. Denselben Tatbestand zeigen auch die Entstehungen anderer Krankheiten. ...

4. Joh. Chrysostomus Magnien (gest. 1661)

Nr. 64: *Magnenus, Democritus reviviscens (1646) disput. 2, cap. 2 de atomis* (ed. Lugd. 1648, p. 186f.)

Septimum fundamentum sumitur a Lucretio, qui ita argumentatur l. I [1, 615—618]:

> Praeterea nisi erit minimum, parvissima quaeque
> corpora constabunt ex partibus infinitis;
> quippe ubi dimidiae partis pars semper habebit
> dimidiam partem, nec res praefiniet ulla,

quod absurdissimum est; et si processus in infinitum passim damnant, quare in continuo admittunt? probat insuper itidem Lucretius [1, 271 bis 328] dari minima corpora, quae sint invisibilia, inductione venti, odorum, dispersi humoris, attritionis et consumptionis annulorum, metallorum etc.; cum autem omne mixtum resolvatur in sua principia, sequitur omnia corpora ex minutissimis et indivisibilibus corpusculis constare.

Octavum fundamentum: experientiae et rationi subvenit autoritas praeclarissimorum philosophorum et facilitas omnia explicandi. indivisibilia ita- 187
que agnovit Empedocles, cuius ingenium Lucretius tanti facit; secutus est Leucippus, Zeno, Anaxagoras, Epicurus, Protagoras, Plato, Hippocrates, ut

4. Joh. Chrysostomus Magnien (gest. 1661)

Nr. 64: *Das Wiederaufleben des Demokrit, Disput. 2, Kap. 2. Über die Atome* (1646)

Aus einer Aufzählung von Beweisen für die Existenz von Atomen

Den siebenten Beweis ⟨für die Existenz von Atomen⟩ liefert uns Lukrez, der im 1. Buch [615—618] folgendermaßen argumentiert:

> „Ferner, wenn es nicht etwas Kleinstes gäbe, dann würden auch die winzigsten Körper aus unendlich vielen Teilchen bestehen; denn jede Hälfte eines Teiles könnte immer wieder halbiert werden, und es würde nie ein Ende geben",

was völlig widersinnig ist; und wenn die Leute eine Fortführung ins Unendliche allgemein ablehnen, warum lassen sie diese bei ⟨der Teilung⟩ eines zusammenhängenden Stoffes zu? — Außerdem beweist derselbe Lukrez die Existenz von kleinsten Korpuskeln, die unsichtbar sind, indem er sie aus der Wind-⟨bewegung⟩, der Verbreitung von Düften, der Verdunstung von Flüssigkeiten, dem Abreiben und Abnützen von Fingerringen und anderen Metallstücken usw. herleitet [Lucr. 1, 271—328] [1]). Da nun aber alles Vermischte in seine Urbestandteile aufgelöst wird, folgt, daß alle körperlichen Dinge aus kleinsten und unteilbaren Korpuskeln bestehen.

Achter Beweis: Zur Naturerfahrung und zur Logik kommt die Autorität berühmtester Wissenschaftler hinzu und auch die Leichtigkeit, mit der sich ⟨dank der Atomlehre⟩ alle Vorgänge erklären lassen. Unteilbare Körperchen hat daher schon Empedokles anerkannt, dessen Urteilsvermögen Lukrez so hoch einschätzt [2]); ihm ist Leukipp gefolgt und Zenon, Anaxagoras, Epikur, Protagoras,

patet in libro De carnibus, si tamen apocryphus non est; subscripsit inter Latinos Lucretius, Isidorus, Sennertus et alii; inter Arabes Avicenna et Mesue et innumeri alii, quos recensere minoris utilitatis est quam laboris; suffragia enim ponderamus, non numeramus. — quam autem facile omnia explicentur admissis atomis, aliorum esto iudicium. ego quidem arbitror re diu perpensa, nullius umquam scientiam naturalem fore absolutam, quin Empedoclem, Democritum, Aristotelem, Platonem et Anaxagoram iungat recentioribus et ab unoquoque, quod verum est, reiectis falsis eligat.

Nr. 65: *Magnenus l. c. disput. 2, cap. 2* (p. 189)

Atomus definiri potest „Materialis physicaeque 189
extensionis radix, id est initium". ut enim quantitatis discretae unitas est radix, lineae mathematicae principium est punctum, sic etiam physicae et sensibilis continuitatis origo est atomus.

Nr. 66: *Magnenus l. c. disput. 2, cap. 3 de atomis* (p. 206f.)

Adverti non semel granum thuris combustum fumo ita dispergi, ut locum repleverit septingen-

Plato und Hippokrates, wie aus dessen Schrift „Über das Fleisch“ hervorgeht — jedenfalls, wenn sie echt ist —[3]); unter den Lateinern haben darin Lukrez, Isidor, Sennert und andere beigepflichtet; unter den Arabern Avicenna und Mesue[4]) und unzählige andere, die aufzuzählen mehr Mühe als Nutzen brächte; wir wollen ja die Stimmen wägen, nicht zählen. — Wie leicht aber alle Vorgänge durch die Annahme von Atomen erklärt werden können, mögen andere beurteilen. Ich jedenfalls glaube, nachdem ich die Sache lange erwogen habe, daß keine Naturwissenschaft vollkommen sein kann, die nicht die Lehren von Empedokles, Demokrit, Aristoteles, Plato und Anaxagoras mit den Einsichten neuerer Wissenschaftler in Verbindung bringt und von jedem einzelnen, unter Ausschluß der Irrtümer, das Wahre ausliest.

Nr. 65: *Magnien a. a. O. Disput. 2, Kap. 2* (p. 189)

Das Atom kann folgendermaßen definiert werden: „Die Wurzel, d. h. der Ursprung eines materiellen, physikalischen Körpers von einer gewissen Ausdehnung.“ Wie nämlich bei Zahlengrößen die Eins die Wurzel, bei der geometrischen Linie der Punkt der Ursprung ist, so ist bei einem physikalischen, von Auge feststellbaren zusammenhängenden Stoff das Atom der Ursprung[1]).

Nr. 66: *Magnien a. a. O. Disput. 2, Kap. 3* (p. 206f.)[1])

Mehr als einmal habe ich beobachtet, wie sich der Rauch eines verbrannten Weihrauchkornes so verbreitet, daß er einen Raum erfüllt, der mehr als 700 Millionen mal

tis et amplius millionibus se maiorem. ille enim locus grana huiuscemodi facile cepisset

secundum altitudinem	720
secundum latitudinem	900
in longitudine	1200
in superficie	648000
in area	777600000

cum ergo nulla aëris sensibilis portio esset, quae odoros non haberet halitus granumque thuris aequaret cicerem, qui sine igne in partes sensibiles saltem mille dividi posset, sequitur particulas odoras sensibiles fuisse istius numeri 777 600 000 000. atqui singulae illae particulae mixtae erant, nullamque fuisse probabile est, cui unus ad minimum elementalium atomorum millio inesset, unde, secundum hanc regulam, fuissent in hoc thuris grano pisi magnitudinem non superante atomi elementales ad minimum 777 600 000 000 000 000, ex quibus patet, quantae sit parvitatis atomus una coniicique potest, quantus sit atomorum numerus in toto universo.

größer ist als das Korn selbst. Jener Raum hätte mit Leichtigkeit folgende Mengen von solchen Weihrauchkörnern gefaßt:

in der Tiefe	720	Weihrauchkörner
in der Breite	900	Weihrauchkörner
in der Länge	1 200	Weihrauchkörner
in der Grundfläche	648 000	Weihrauchkörner
im Inhalt	777 600 000	Weihrauchkörner

Da es nun ⟨in diesem mit Weihrauch erfüllten Raum⟩ keine feststellbare Luftmenge gab, welche keine Düfte enthielt und das Weihrauchkorn etwa die Größe einer Erbse hatte, welche ohne Feuer in mindestens 1000 noch von Auge feststellbaren Teilchen geteilt werden kann, so folgt daraus, daß die Anzahl noch feststellbarer duftender Teilchen ⟨in diesem Raum⟩ 777 600 000 000 [$7{,}776 \times 10^{11}$] betrug. Aber auch jene einzelnen Teilchen waren ein Konglomerat von verschiedenen Partikeln, und mit großer Wahrscheinlichkeit enthielt jedes von ihnen mindestens 1 Million Atome. Aus dieser Berechnung ergibt sich also, daß in diesem Weihrauchkorn, das selbst nicht größer als eine Erbse war, mindestens 777 600 000 000 000 000 [$7{,}776 \times 10^{17}$] Elementaratome enthalten waren. Daraus kann man ersehen, wie winzig ein Atom ist, und kann erahnen, wie groß die Zahl der Atome im ganzen Universum sein muß.

5. Isaak Newton (1642—1727)

Nr. 67: *Newton, Philosophiae naturalis principia mathematica (1687), propositio 23* (ed. princ. p. 301)

Particulae viribus quae sunt reciproce proportionales distantiis centrorum suorum se mutuo fugientes componunt fluidum elasticum, cuius densitas est compressioni proportionalis. et vice versa, si fluidi ex particulis se mutuo fugientibus compositi densitas sit ut compressio, vires centrifugae particularum sunt reciproce proportionales distantiis centrorum.

Nr. 68: *Newton, Optice (1704)* (ed. sec. 1706 p. 314)

Istius modi autem medium ut reiiciamus, auctores nobis sunt antiquissimi illi et celeberrimi Graeciae Phoeniciaeque philosophi, qui principia philosophiae suae spatium inane, atomos et gravitatem atomorum posuerunt, tacite attribuentes vim gravitatis alii alicui causae a materia diversae.

5. Isaak Newton (1642—1727)

Nr. 67: *Die mathematischen Prinzipien der Naturwissenschaft (1687), propositio 23* (Erstausgabe S. 301)[1])

Aus einer Abhandlung über das Verhalten, insbesondere über den Druck von gasförmigen Stoffen

Partikel, die mit Kräften, die umgekehrt proportional zur Entfernung ihrer Zentren sind, sich gegenseitig abstoßen, bilden ein gasförmiges Fluidum, dessen Dichte proportional zur Komprimierung ist; oder anders gesagt: wenn bei einem aus sich gegenseitig abstoßenden Partikeln bestehenden gasförmigen Fluidum die Dichte sich wie der Grad der Komprimierung verhält, dann sind die Zentrifugalkräfte [Druck] umgekehrt proportional zur Entfernung der Zentren ⟨der Partikeln⟩.

Nr. 68: *Optik (1704)* (Zweitausgabe 1706 S. 314)

Auseinandersetzung mit der Vorstellung des aristotelischen Äthers

Um das Vorhandensein eines solchen Mediums zu verwerfen, stützen wir uns auch auf die Autorität jener ältesten und berühmtesten Philosophen Griechenlands und Phöniziens[1]), welche den leeren Raum, die Atome und die Schwere der Atome zu den Grundlagen ihrer Philosophie gemacht haben, während sie die Anziehungskraft stillschweigend irgendeiner anderen, von der Materie verschiedenen Ursache zugeschrieben haben.

Nr. 69: *Newton, Optice (1704)* (ed. sec. 1706 p. 343f.)

Atque his quidem omnibus bene perspectis et consideratis illud mihi videtur denique simillimum veri, utique Deum Optimum Maximum in principio rerum materiam ita creasse, ut primigeniae eius particulae, e quibus deinceps oritura esset corporea omnis natura, solidae essent, firmae, durae, impenetrabiles, inertes et mobiles; iis magnitudinibus et figuris, iisque insuper proprietatibus, eoque numero et quantitate pro ratione spatii, in quo futurum erat, ut moverentur, quo possent ad eos fines, ad quos creatae fuerant, optime deduci. quae porro particulae primigeniae, quippe plane solidae, longe longeque duriores sint, quam ulla corpora ex iisdem deinceps cum occultis interiectis meatibus composita, immo tam perfecte durae, ut nec deteri possint umquam, nec comminui, ne adeo ulla in consueto naturae cursu vis sit, quae id in plures partes dividere queat, quod Deus ipse in prima rerum fabricatione unum fecerit. tamdiu dum particulae illae integrae permanent, poterunt sane per omnia saecla ex iis composita esse corpora eiusdem semper naturae et texturae. verum si illae deteri aut comminui possent, iam futurum sane esset, ut rerum natura, quae ex iis pendet, immutaretur: aqua et terra ex particulis imminutis et detritis particularumque fragminibus compositae non utique eandem hodie naturam texturamque haberent, ac aqua et terra in principio ex parti-

Nr. 69: *Optik* (Zweitausgabe S. 343f.)

Aufgrund all dieser sorgfältigen Betrachtungen und Überlegungen scheint es mir schließlich sehr wahrscheinlich zu sein, daß jedenfalls Gott der Allmächtige am Anfang der Dinge die Materie derart geschaffen hat, daß die Urteilchen, aus welchen die ganze körperliche Welt entstehen sollte, dicht, fest, hart, undurchdringlich, träge und beweglich waren und daß sie ferner solche Größen, Formen und dazu solche Eigenschaften hatten und von solcher Anzahl und Menge im Verhältnis zum Raum waren, in welchem sie sich bewegen sollten, daß sie sich leicht zu den bestimmten Zwecken, zu denen sie erschaffen waren, verwenden ließen. Weil nun diese Urteilchen dank ihrer absoluten Dichte unvergleichlich viel härter sind als irgendwelche hernach aus ihnen zusammengesetzten Körper, die verborgene Zwischenräume aufweisen ⟨zwischen den Teilchen⟩, sind sie sogar so vollkommen hart, daß sie weder abgenutzt noch gemindert werden können. Denn im gewohnten Bereich der Natur gibt es keine so große Kraft, die ein solches Teilchen in mehrere Stücke zerteilen könnte, welches Gott selbst bei der Schöpfung der Dinge als Einheit erschaffen hat. Solange diese Teilchen unversehrt bleiben, können durch alle Jahrhunderte hindurch die aus ihnen zusammengesetzten Stoffe die gleiche Beschaffenheit und Struktur bewahren; wenn sie aber abgenutzt oder gemindert werden könnten, dann müßte es doch geschehen, daß auch die Beschaffenheit aller Dinge, die von diesen abhängt, verändert würde: Wasser und Erde, aus verminderten oder abgenutzten Teilchen oder deren Bruchstücken zusammengesetzt, würden jedenfalls heute nicht die gleiche Beschaffenheit und Struktur aufweisen wie das Wasser oder die Erde, die zu Beginn der

culis integris compositae. quare, ut rerum natura possit durare, existimandum est corporum omnium mutationes in variis solummodo separationibus novisque coniunctionibus et motibus durabilium illarum particularum consistere. nam corpora composita disrumpuntur non particularum ipsarum solidarum fractura, sed separatione earum, qua parte eae commissuris inter se iunctae erant et paucis tantum in punctis se inter se contingebant.

Schöpfung aus unversehrten Teilchen geschaffen worden sind. Daher müssen wir, damit die Beschaffenheit aller Dinge Bestand haben kann, annehmen, daß jede Veränderung in der Körperwelt einzig aus verschiedenen Trennungen und neuen Verbindungen oder Bewegungen jener unzerstörbaren Teilchen besteht[1]). Denn zusammengesetzte Körper zerfallen nicht durch den Bruch innerhalb der festen Teilchen, sondern durch Trennung derselben an ihren Fugen und gegenseitigen, nur spärlichen Berührungspunkten.

ANHANG

Erläuterungen zu einzelnen Stellen

Generell sei auf die vorangehende 'Einführung' verwiesen, in welcher die meisten Textstellen kurz besprochen und in ihren Zusammenhang eingeordnet sind.

Nr. 1:

1) Der Bericht spricht mißverständlich von einer Kreisbewegung „der Sonne um den Mond"; nach Diog. Laërt. 9, 33 ist offenbar gemeint, daß die Sonne in einem größeren Kreis als der Mond um die Erde schwebt, d. h. die Sonnenbahn außerhalb der Mondbahn liegt.
2) Mit der 'Haut' (ὑμήν) meint Leukipp wohl eine Art Atmosphäre.
3) Was Leukipp mit ἀντέρεισις (Gegendruck) meint, ist nicht restlos klar.

Nr. 2:

1) Zur ganzen Stelle s. D. J. Furley, Two studies in the greek Atomists, Princeton 1967, 79ff.
2) „Einige ältere Philosophen": gemeint sind Parmenides und Zenon: vgl. Parmenides Fr. B 8 D.
3) Im hier verwendeten griech. Ausdruck ὄγκος steckt tatsächlich der Begriff 'Masse', der später in den *moleculae* wieder aufgenommen worden ist, einem Terminus, der erst im 17. Jahrhundert (etwa Petrus Gassendi, Philosophiae Epicuri syntagma, 1659, pars II, cap. 6; Robert Boyle, Chymista scepticus, 1661, pars I propos. 2) aufkommt: dazu o. Einf. Anm. 33.
4) Zur Porentheorie des Empedokles s. etwa Fr. A 86 D.
5) Zu den στερεὰ ἀδιαίρετα des Empedokles s. o. Einf. Anm. 17.
6) Zur genannten platonischen Vorstellung s. Timaios 53cff. (Nr. 26).

Nr. 4:

1) Einziges im Wortlaut erhaltenes Fragment Demokrits, das sich unmittelbar auf die Atome bezieht: s. dazu Einf. S. 17 und Galen, de elementis 1, 418 K. (Nr. 21).

Nr. 5:

1) Zur ganzen Stelle s. Ingeborg Hammer-Jensen, Den aeldste Atomlaere, Kopenhagen 1908 (deutsch in: Archiv. für Gesch. d. Philos. 23, 1910, Demokrit und Platon, 214ff.).
2) Die δίνη (Wirbel) ist bei Demokrit mehr eine Schüttel- als eine Rotationsbewegung, durch die sich gleiche Teilchen zu gleichen gesellen: in Demokr. Fr. B 164 D. wird der entsprechende Ausdruck δῖνος für die Rüttelbewegung des Siebes gebraucht: vgl. I. Hammer-Jensen, a. O. S. 217.

Nr. 6:

1) Der Vergleich der Urteilchen mit Samen (σπέρματα) ist beliebt: s. etwa Leukipp Fr. A 24 D., Epikur bei Diog. Laërt. 10, 38 (Nr. 32); dem entspricht bei Lukrez der Ausdruck *semina* (etwa 1, 176. 185 u. a. St. m.). Von dieser Bezeichnung her wird in kühner Wortschöpfung für die Urmaterie der Ausdruck πανσπερμία (Universalsamenvorrat) gebildet (so auch Arist. de anima 404 a 4; phys. 203 a 20).
2) Der „gleiche Fehler", nämlich wie bei Anaxagoras und seiner Schule, welche die Theorie der ὁμοιομερῆ σώματα aufgestellt haben: Fr. B 5.
3) So in Arist. phys. 6, 1ff.
4) Die Kugel besteht — so meint Aristoteles — aus acht rechtwinkligen Kugelsektoren.

Nr. 7:

1) Vertreter der einen Grundsubstanz: Thales und Heraklit (dazu o. Einf. S. 7f.).
2) Aristoteles gibt hier mit ῥυσμός, τροπή, διαθιγή offensichtlich ursprüngliche demokriteische Begriffe

wieder, die er durch Ausdrücke, die seiner Zeit geläufiger waren, erklärt. Die demokriteischen Ausdrücke, auch andernorts gut belegt (Arist. gen. et corr. 314 a 21: Nr. 8; Simplic. CAG 7, 242, 22: Nr. 11; CAG 9, 28, 18: Nr. 13; Stob. ecl. 1, 16: Nr. 20) sind zum Teil Neuschöpfungen (τροπή, διαθιγή), zum Teil mit neuem Inhalt gefüllt (ῥυσμός): s. dazu Kurt von Fritz, Philosophie und sprachlicher Ausdruck bei Demokrit, Plato und Aristoteles, Leipzig 1938 (Darmstadt 1963[2]), S. 25ff.

Nr. 9:

1) Vgl. aber Plat. Tim. 73bff., wo Platon gerade auf die Entstehung von Fleisch und Knochen eingeht.
2) Da die Atom-Form in erster Linie für die stofflichen Eigenschaften verantwortlich ist und damit den Stoff charakterisiert, kann der Begriff σχῆμα wie hier für die Bezeichnung des Körpers an sich verwendet werden.
3) Der einleuchtende Vergleich der Atome mit den Buchstaben zur Veranschaulichung der ungezählten Kombinationsmöglichkeiten hat durchschlagenden Erfolg gehabt und ist immer wieder aufgegriffen worden: Lucr. 2, 1013—16 (Nr. 45); Cic. nat. deor. 2, 93 (Nr. 38); Lact. div. inst. 3, 17 (Nr. 49); Magnenus, Democritus reviviscens, ed. 1648, 269f.; W. Heisenberg sagt zu diesem Vergleich, den er wörtlich zitiert: „Es ist wichtig, daß wir die Schrift der Atome ganz verstehen, denn diese Schrift ist nicht von Menschen erdacht worden; sie bedeutet mehr.“ (Vortrag vom 9. Juli 1948 in Zürich über ‘Die gegenwärtigen Probleme der Atomphysik’, am Ende.)

Nr. 10:

1) Zur ganzen Stelle s.: I. Hammer-Jensen, Archiv f. Gesch. d. Philos. 23, 1910, 103f.; J. Mau, Studien zur erkenntnistheoretischen Grundlage der Atomlehre im Altertum, Wiss. Zschr. d. Humboldt-Universität zu Berlin 2, 1952, Heft 3, S. 11ff. (er hält die Beweis-

führung für undemokriteisch); D. J. Furley, Two studies in the greek Atomists, study I, 7ff.

2) Plato, Timaios 53cff.: s. Nr. 26.
3) Vgl. Arist. de caelo 299 a 2.
4) Zu Demokrits Erklärung der Farbwirkungen s. Nr. 16, 73; Nr. 20/21.
5) Zur Charakterisierung der Forschungsmethode von Demokrit s. o. Einf. S. 20f.
6) Vgl. Arist. phys. 226 b 21ff.

Nr. 11:

1) Mit den στοιχειώδη σώματα (elementare Körper) sind offenbar die Atome gemeint.

Nr. 12:

1) Simplikios stützt sich hier wohl auf die bei Diog. Laërt. 5, 26 erwähnte, heute leider verlorene Schrift des Aristoteles Προβλήματα ἐκ τῶν Δημοκρίτου.
2) Zum Problem der Kohäsion der Stoffe s. Einf. S. 18.

Nr. 13:

1) Vgl. Parmenides Fr. B 6, 2ff. D.
2) Vgl. dazu o. Nr. 7 Anm. 2.

Nr. 14:

1) Mit 'leuchtend/hell' und 'dunkel/finster' ist wohl die Lichtdurchlässigkeit gemeint.

Nr. 15:

1) ἀμερές: 'ohne Teile': Es ist Demokrit wichtig, daß gewisse Ecken und Häkchen an den Atomen nicht etwa als selbständige Bestandteile betrachtet werden, die man sich abgetrennt vorstellen könnte, womit die Unteilbarkeit in Frage gestellt wäre: so auch bei Galen, de elementis 1, 416 K.: Nr. 21.
2) Zu Epikurs Stellungnahme in diesem Punkt s. Nr. 32, 59f.; Nr. 34; vgl. Einf. S. 41f.

Nr. 16:

1) Zum ganzen Text s. G. M. Stratton, Theophrastus and the greek physiological psychology before Ari-

stotle, London 1917, mit Beiträgen von A. E. Taylor; O. Regenbogen, Theophrast, RE Suppl. 7, 1940, 1399 bis 1401.

2) Theophrast hat vorgängig zahlreiche Theorien anderer Philosophen zur Sinneswahrnehmung angeführt und dabei zwei Gruppen unterschieden; solche, welche die Wahrnehmung durch das Gleiche (d. h. Gleichartigkeit von Wahrnehmungsorgan und Wahrnehmungsgegenstand) erklären, deren Hauptvertreter Empedokles ist (vgl. Emped. Fr. B 109 D.), und solche, welche dies durch das Entgegengesetzte erklären (Hauptvertreter Anaxagoras); von diesem Gesichtspunkt aus steht Demokrit in der Mitte.

3) Gleiches wird nicht von Gleichem verändert: so hatte Platon, Tim. 57a (s. Nr. 26) gelehrt.

4) Zur fortwährenden Ausströmung s. Emped. Fr. B 89 D. (vgl. Einf. S. 36f. mit Anm. 89/90).

5) Stratton a. O. Anm. 133 lehnt Diels Ergänzung μεστά wohl zu Unrecht ab; mit der ἰκμὰς παχεῖα ist wohl die gallertartige Masse des Glaskörpers im Auge gemeint.

6) Man denkt dabei an die Erklärung der Augenfunktionen bei Platon, Tim. 45cff., daß das Auge gerade durch die Gleichartigkeit erkennt.

7) Ganz ähnlich hatte schon Anaxagoras (Fr. A 92 = Theophr. de sensu 29) und Diogenes von Apollonia (Fr. A 19 = Theophr. l. c. 40) den Hörvorgang erklärt.

8) Wahrnehmung = Berührung: vgl. dazu Lucr. 2, 434f.: Nr. 43.

9) Bei Diels als Empedoklesfragment A 69 a aufgenommen; vgl. Fr. B 94.

10) Taylor, in Stratton a. O. Anm. 147, deutet an dieser umstrittenen Stelle den griech. Ausdruck φύσις als 'real' oder 'primary body' im Sinne von Urteilchen und lehnt Änderungsvorschläge ab. Eine Bestätigung dieser Deutung könnte man im Demokritfragment A 58 D. (Simplikios) sehen: ταῦτα (sc. τὰ φυσικὰ καὶ πρῶτα καὶ ἄτομα σώματα) γὰρ ἐκεῖνοι φύσιν ἐκάλουν.

11) Vgl. Anaxagoras Fr. B 1 D., nach welchem der vorherrschende Faktor einer Stoffverbindung den Charakter aufprägt: s. o. Einf. S. 12.
12) Zu den Salzteilchen vgl. den Versuch mit der Salzwasserdialyse Lucr. 2, 471ff. (Nr. 43); Einf. S. 23f.
13) Vgl. o. Anm. 11.
14) Taylor, bei Stratton a. O. Anm. 175, erklärt das λοξῶν ... κατὰ δύο συζεύξει mit 'paarweise versetzt' und denkt dabei an folgende Anordnung:

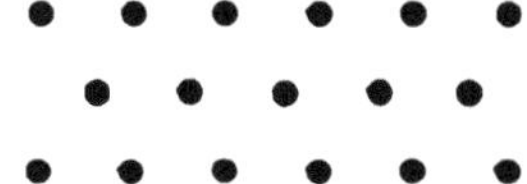

Nr. 19:
1) Straton aus Lampsakos (um 300—250 v. Chr.), als Nachfolger des Theophrast Schulhaupt der Peripatetiker.

Nr. 20:
1) 'blaßgelb' (ὠχρός); bei Theophrast (Nr. 16, 75) ist χλωρός (blaßgrün) als 4. Grundfarbe genannt: die Farbbezeichnungen für diese vierte Farbe sind auch sonst merkwürdig unbestimmt, liegen bald dem Gelb, bald dem Grün näher, werden aber auch ohne weiteres für den blassen Gesichtsausdruck verwendet.

Nr. 21:
1) Zu 'nicht mehr unterteilbar' ἀμερές s. Nr. 15 Anm. 1.
2) Vgl. dazu o. Nr. 4 Anm. 1.

Nr. 22:
1) Vgl. zur ganzen Stelle: Eva Sachs, Die fünf platonischen Körper, Berlin 1917, 76ff.; W. Burkert, Weisheit und Wissenschaft, Studien zu Pythagoras, Philolaos und Platon, Nürnberg 1962, 255 (er lehnt dort die Echtheit des Fragmentes ab); vgl. auch Einf. S. 26.

Nr. 23:
1) Vgl. dazu E. Sachs a. O. 9ff.; Burkert a. O. 62f.:

auch hier ist die Echtheit des Fragmentes sehr fragwürdig; daß aber dennoch pythagoreisches Gedankengut mit hineinspielt, darf als gesichert gelten: s. Einf. S. 27.

Nr. 24:

1) S. dazu W. Kranz, die Entstehung des Atomismus, 26ff.

Nr. 25:

1) Zum Begriff Monade s. Einf. S. 28 mit Anm. 68.

Nr. 26:

1) Vgl. zur ganzen Timaiosstelle neben P. Friedländer und W. Kranz (Einf. Anm. 70) auch Eva Sachs (Anm. 1 zu Nr. 22), Ingeborg Hammer-Jensen (Anm. 1 zu Nr. 5), 213ff., W. Heisenberg, Der Teil und das Ganze, München 1969, 22.
2) Die Kugel wird hier nicht in Betracht gezogen, da sie als vollkommenste Form für den Bau des Himmelsgewölbes vorbehalten bleibt.
3) Gemeint ist also das 30°—60°—90°-Dreieck. Beide Dreiecke, das 45°—90°—45°-Dreieck und das 30°—60°—90°-Dreieck, sind in gewisser Hinsicht nicht mehr weiter zerlegbar und können sehr wohl als 'Grunddreiecke' bezeichnet werden, da die Teilung der beiden Dreiecke durch die Höhensenkrechte über der Hypotenuse immer wieder formgleiche Dreiecke ergibt.
4) Das Seitenverhältnis der zwei Katheten beträgt also $1 : \sqrt{3}$.
5) So o. 53e.
6) Die Formulierung im griech. Text ist nicht restlos klar; jedenfalls geht es darum, daß drei Körper, in ihre letzten geometrischen Bestandteile zerlegt, ineinander übergehen können.
7) Also das Anm. 3 genannte Dreieck.

8) Die nebenstehende Figur veranschaulicht die beschriebene Konstruktion; warum Plato hier das gleichseitige Dreieck nicht wie 54a aus 2 der beschriebenen Grunddreiecke, sondern aus 6 zusammensetzt, ist nicht ersichtlich; er mag damit den Variationsreichtum dieses Grunddreieckes zeigen wollen.

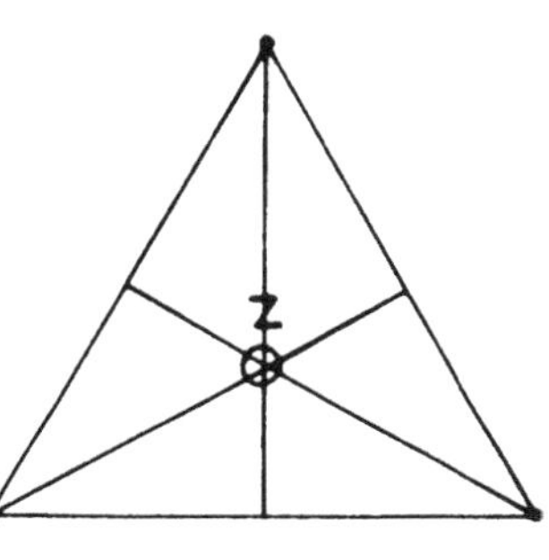

9) Nämlich 3 × 60° = 180°; eine Feststellung, die im übrigen nicht weiterführt.

10) Plato rechnet hier immer noch, wie 54e, mit 6 Grunddreiecken pro gleichseitigem Dreieck und kommt somit beim Ikosaeder auf 6 × 20 = 120 Dreiecke (von 30°—60°—90°).

11) Gemeint ist das Dodekaeder, das von 12 gleichseitigen Fünfecken begrenzt ist und sich somit nicht aus den beschriebenen Urdreiecken ableiten läßt.

12) Mit den Vertretern „einer unbegrenzten Zahl von Welten“ sind zweifellos die Atomisten apostrophiert: vgl. Nr. 1 § 31.

13) Vgl. Philolaos Fr. A 15 D. (Nr. 23), wo ebenfalls die Kubusform der Erde zugeordnet wird.

14) Mit στοιχεῖον (Bauelement) und σπέρμα (Keim) zur Bezeichnung der Urkörper nimmt Platon Begriffe des Empedokles (etwa Fr. A 43 D.) und Anaxagoras (Fr. B 4 D.) auf: vgl. Einf. S. 12.

15) Für die folgenden Berechnungen gelten für die einzelnen Elemente, entsprechend den Grundflächen der zugeordneten Körper, die folgenden Maßzahlen:

Feuer (Pyramide)	4
Luft (Oktaeder)	8
Wasser (Ikosaeder)	20

So ergeben also z. B. 1 Feuerkörper (4) + 2 Luftkörper (2 × 8) einen Wasserkörper (20), eine Rech-

nung, die anschließend in verschiedenen Variationen abgewandelt wird.

16) Die später bei Aristoteles vertretene Lehre, daß den Elementen ein natürlicher Ort zukomme, ist schon im Timaios 52ef. angedeutet; darauf bezieht sich das δεχομένη dieser Stelle, zu welchem aus 52e τιθήνη oder χώρα zu ergänzen ist.

17) Die Vorstellung einer Schüttelbewegung (hier σεισμός), durch welche sich gleiche Teilchen zueinander finden, ist bei den Atomisten gut belegt: vgl. Diog. Laërt. 9, 31 (Nr. 1); 9, 44 (Nr. 5 mit Anm. 2).

Nr. 27:

1) Vorher war im Text die Anschauung des Herophilos angeführt, der „die sichtbaren Teilchen als die ursprünglichen (πρῶτα) bezeichnet". — Zu den hier genannten σώματα λόγῳ θεωρητά vgl. o. Einf. S. 35.

Nr. 28:

1) Zur Erscheinung der ἀποφορά bzw. ἀπορροή s. o. Einf. S. 36f. mit Anm. 89/90.

2) S. zu diesem Experiment G. Senn a. O. (o. Einf. Anm. 88), 142: das Experiment ist besonders deshalb interessant, weil hier Messungen belegt sind.

Nr. 29:

1) Zur ganzen Stelle s. o. Einf. S. 38.

2) Die Stelle ist in den Handschriften hoffnungslos verdorben und eine befriedigende Erklärung fehlt.

Nr. 30:

1) Καίατα erklärt Hesych mit ὀρύγματα (Spalten, bes. Erdspalten bei Erdbeben); was hier genau damit gemeint ist, bleibt ungewiß, jedenfalls aber handelt es sich um eine Einwirkung von Heilmitteln von außen.

Nr. 31:

1) Das ἀπολαμβάνειν τὴν ἀρχαίαν ἰδέαν ist ein für die Unveränderlichkeit der Atome wichtiges Argument: s. o. Einf. S. 38.

Nr. 32:

1) Zum Ausdruck σπέρματα (Keimteilchen) als Bezeichnung für die Urteilchen der Materie s. o. Anm. 1 zu Nr. 6; vgl. auch den bei Lukrez beliebten Ausdruck *semina* (etwa Lucr. 1, 169).
2) Hier wie an zahlreichen anderen Orten sind antike Randbemerkungen mit in den Text hineingekommen; § 43/44 und verschiedentlich werden sie mit ἐνδοτέρω (weiter drinnen) eingeleitet, womit zum Ausdruck kommt, daß der Scholiast eine Papyrusrolle vor sich hat.
3) Dieselbe Argumentation wie bei Lucr. 1, 958ff.
4) „Unfaßbar viele" (ἀπερίληπτα) Atomformen ist eine wichtige, einschränkende Präzisierung Epikurs gegenüber den älteren Atomisten, die „unendlich viele" (ἄπειρα) Atomformen angenommen haben: s. dazu Einf. S. 42f.
5) Die Folgerung Epikurs, Demokrit habe konsequenterweise auch unbegrenzt große Atome angenommen, beruht auf einem Mißverständnis: vgl. u. Anm. 12.
6) Der Scholiast verweist auf § 61.
7) Eine sehr kühne, mittlerweile durch die Wissenschaft bestätigte Hypothese, daß die Atome auch eine Art Schwingung (παλμός) am Ort ausführen, was Lukrez 2, 317ff. mit dem Schafherdenvergleich veranschaulicht: s. o. Einf. S. 19.
8) „Weiter unten": nämlich § 54.
9) τὸ περιέχον (das Umgebende) ist hier im griech. Text nicht weiter definiert.
10) Bei Aristoteles, de anima 419 b 4ff., spielt bei der Erklärung des Hörvorganges die Luft als Schallträger eine entscheidende Rolle, was hier Epikur offensichtlich kritisiert: bei ihm liegt das Hauptaugenmerk auf der Schallquelle und dem Schallempfänger.
11) Zu den drei Bestimmungsfaktoren des Atoms s. u. zu Nr. 33.
12) Polemik gegen Demokrit, dem aufgrund seiner Äußerung, es gebe unbegrenzt viele Atomformen, zu Un-

recht unterschoben wird, er kenne auch unbegrenzt große Atome: nach Arist. de gen. et corr. 325 a 30 (Nr. 2) bleiben Demokrits Atome unter der Sichtbarkeitsgrenze: s. o. Einf. Anm. 39.

13) Zum ganzen Problem der Teilbarkeit ins Unendliche (§ 56—59) beachte bes. D. J. Furley, Two studies in the greek Atomists, 7ff.

14) μετάβασις heißt eigentlich 'Übergang': gemeint ist, daß sich bei einer bestimmten minimalen Größe innerhalb eines Körpers keine 'Übergänge', d. h. Verschiedenheiten mehr feststellen lassen; der Gedanke wird unten § 58 ausgeführt.

15) Eine textkritisch wie interpretationsmäßig umstrittene Stelle; es geht offenbar um die Beweisführung, daß aus dem beliebig fortgeführten Zusammensetzen von endlichen Größen nie eine unendliche Größe entstehen kann, bzw. sich eine bestimmte Größe nicht in unendlich viele Minima auflösen läßt.

16) Eine weitere Präzisierung gegenüber Demokrit ist Epikurs Lehre von den ἀμερῆ πέρατα, den nicht mehr differenzierbaren 'Atomminima', in welche sich das Atom gliedern läßt, auch wenn sie nicht de facto abgetrennt werden können; Demokrit hatte demgegenüber das ἀμερές für das ganze Atom beansprucht: s. dazu o. Einf. S. 41f.

17) Auch hier wieder Widerspruch zu Aristoteles, der die Fallgeschwindigkeit vom Gewicht abhängig macht (Arist. de caelo 290 a 1: vgl. Einf. Anm. 105).

18) Merkwürdig ist in der Tat, daß § 61/62 nirgends von der Deklinationserscheinung die Rede ist, auf die nach anderen Berichten (Nr. 36/37) Epikur größtes Gewicht legt und die für seine Ethik unentbehrlich ist; J. M. Rist, Epicurus, an introduction, Cambridge 1971, 48 Anm. 1 nimmt hier wohl zu Recht eine Lücke in der Überlieferung an.

Nr. 33:

1) Die dritte Bestimmung, das Atomgewicht, ist nicht,

wie diese Stelle glauben machen möchte, erst von Epikur eingeführt worden, sondern spielt schon bei Demokrit eine Rolle: etwa Demokr. Fr. A 58 D (Simplic. in Arist. phys.) ταῦτα γὰρ (sc. ἄτομα σώματα) ἐκεῖνοι ... ἔλεγον κατὰ τὴν ἐν αὐτοῖς βαρύτητα ... διὰ τοῦ κενοῦ εἴκοντος ... κινεῖσθαι. S. dazu I. Hammer-Jensen, Archiv für Gesch. d. Philos. 23, 1910, 222; J. M. Rist a. O. (o. Anm. 18 zu Nr. 32), 167f.: vgl. Einf. Anm. 38.

Nr. 34:

1) Die Kritik des Aristoteles an der Undifferenzierbarkeit der demokriteischen Atome, auf die sich Simplikios hier bezieht, war wohl in der bei Diog. Laërt. 5, 26 erwähnten, heute verlorenen Schrift des Aristoteles Προβλήματα ἐκ τῶν Δημοκρίτου zu finden.

Nr. 35:

1) Zur Deklinationserscheinung s. o. Einf. S. 44.
2) Der Hinweis auf die überwältigende, sich überall manifestierende Ordnung im Kosmos war das vor allem von der Stoa vorgebrachte Hauptargument gegen die Weltanschauung der Atomisten: vgl. Cic. nat. deor. 2, 93f.: Nr. 38.
3) Daß die Sonne nach Epikur nur „fußgroß" sei, ist eine böswillige Unterschiebung Ciceros: Epikur geht bei der Naturbetrachtung von den φαινόμενα, nicht von Theorien aus (Diog. Laërt. 10, 87), weshalb er freilich formuliert (Diog. Laërt. 10, 91): τὸ μέγεθος ἡλίου ... τηλικοῦτόν ἐστιν ἡλίκον φαίνεται (die Sonne ist so groß, wie sie uns erscheint).

Nr. 36:

1) Daß diese *declinatio* ohne äußere Ursache *(sine causa)* eintrete, bezeugt ausdrücklich auch Plut. de animae procr. 1015c (= Epic. Fr. 281 Us.), wo von einer ἀναίτιος κίνησις gesprochen wird.
2) Die Gefahr des Verlustes des freien Willens (*nihil liberum nobis esse; nihil fore in nostra potestate:*

Nr. 37), der durch die *declinatio* begegnet wird, ist besonders bei Lukrez 2, 251ff. (Nr. 42) betont.

Nr. 38:

1) Zur Argumentationsweise vgl. o. Anm. 2 zu Nr. 35.

Nr. 39:

1) Zur ganzen folgenden Beweissammlung s. A. Stückelberger, Empirische Ansätze in der antiken Atomphysik, Archiv für Kulturgeschichte 56, 1974, 127ff.
2) Durch eine auffallende Parallele im Corpus Hippocraticum, περὶ φυσῶν 3, kann die Stelle auf vorepikureische Tradition zurückgeführt werden: s. Einf. Anm. 116.
3) Zum Vergleich mit der Gewalt des Wassers s. o. Einf. Anm. 122.

Nr. 40:

1) Von der absoluten Festigkeit der Atome hat Lukrez schon 1, 222f. und 1, 238—49 gesprochen.
2) Zum Thema der Beständigkeit der Materie s. Lucr. 1, 234ff. (s. o. Einf. Anm. 47) und Newton, u. Nr. 69.
3) Zur ganzen Lukrezstelle 1, 599—634 (Problem der Atomminima) s. D. Furley, Two studies in the greek Atomists, 32f.; er befürwortet die Ergänzung 599a/b von Munro, die den sonst unvollständigen Gedankengang, der aus Diog. Laërt. 10, 56—59 (Nr. 32) bekannt ist, abrundet.

Nr. 41:

1) Hinweis auf Lucr. 1, 958—1007.
2) Der Vergleich der Atome mit den Stäubchen im Sonnenstrahl geht nach Aristoteles, de anima 404 a 1ff., auf Demokrit zurück: s. dazu Einf. Anm. 43. Dank seiner einprägsamen Anschaulichkeit zieht sich der Vergleich wie ein roter Faden durch die ganze Geschichte der Atomistik hindurch: er findet sich bei Seneca, nat. quaest. 5, 1, 2, Isidor (Nr. 52) und in der Suda (Nr. 53) wieder und wird dann bei Leonardo da Vinci (Nr. 55), Basso, Philosophiae natu-

ralis adversus Aristotelem libri XII, lib. 1, 6 (1621) und Magnien, Democritus reviviscens, ed. 1648, 268f. wieder aufgegriffen.

Nr. 42:
1) Zur Abweichungstendenz vgl. die entsprechenden Aussagen Epikurs: Nr. 35/36/37.
2) Zur These der gleichen Fallgeschwindigkeit aller Körper im Vakuum, die später Galilei wieder aufgenommen hat, s. Nr. 32, 61 mit Anm. 17.
3) Dieselbe Überlegung zum Problem des freien Willens bei Epikur nach Cic. de fato 22f. (Nr. 36) und de nat. deor. 1, 69 (Nr. 37).

Nr. 43:
1) Die Atomformen und ihre Wirkungen auf die Sinnesorgane hat Demokrit nach Theophrast, de sensu 65ff. (Nr. 16), ähnlich erklärt: bei aller Naivität der Vorstellungen verdient doch der Versuch Anerkennung, alle subjektiven Empfindungen durch objektivierbare Faktoren zu erklären (vgl. Einf. S. 17).
2) Dieses hochinteressante Experiment, das mit der Salzwasserdialyse des Demokrit aufs engste verwandt ist (s. o. Einf. S. 23 mit Anm. 54), gehört wohl zu den Beobachtungen der Antike, die am meisten Beweiskraft für das Vorhandensein von Atomen haben: tatsächlich läßt sich Salz aus dem Wasser herausfiltrieren: s. dazu o. Einf. Anm. 55.

Nr. 44:
1) Zur Begrenztheit der Atomformen s. o. Nr. 32 Anm. 4 und Einf. S. 42f.
2) Zu diesem Fehlschluß s. o. Nr. 32 Anm. 12.
3) Hinweis auf Lucr. 1, 1008—51 (Beweis für die Unbegrenztheit der Materie).

Nr. 45:
1) Ähnlich hatte schon Anaxagoras gelehrt: Anax. Fr. B 17 D.: τὸ δὲ γίνεσθαι καὶ ἀπόλλυσθαι οὐκ ὀρθῶς νομίζουσιν οἱ Ἕλληνες· οὐδὲν γὰρ χρῆμα γίνεται

οὐδὲ ἀπόλλυται, ἀλλὰ ... συμμίσγεταί τε καὶ διακρίνεται; vgl. Emped. Fr. B 8 D.

2) Zum vielfach zitierten Vergleich mit den Buchstaben, der auf Demokrit zurückgeht, s. Anm. 3 zu Nr. 9; unter Zitierung der vorliegenden Lukrezstelle führt Magnien, Lucretius reviviscens, ed. 1648, 269f. den Vergleich an.

Nr. 46:

1) Die Stelle 6, 921— 935 entspricht 4, 217—229. Zur Effluxionslehre selber s. o. Einf. S. 36ff.

Nr. 47:

1) Zu den Ausdrücken *individuus, insecabilis* usw. s. u. die 'Synopsis der wichtigsten Begriffe' 2.3.

Nr. 49:

1) Zum Buchstabenvergleich, der über Lukrez 2, 1013ff. (Nr. 45) auf Demokrit zurückgeht, s. o. Nr. 9 Anm. 3.
2) Dieselbe Argumentation bei Cicero (nat. deor. 2, 93: Nr. 38), der wohl auch für die übrigen Aussagen über Epikur die Quelle des Laktanz gewesen ist.

Nr. 50:

1) Der recht spöttische Vergleich der Atome mit den *ancillulae* zeigt, daß sich Augustin des ursprünglich feminin gebrauchten Begriffes ἡ ἄτομος noch durchaus bewußt ist: vgl. u. Synopsis 2.2.

Nr. 51:

1) Zur epikureischen Lehre, daß Leben aus der toten Materie entstehe (Urzeugung), s. etwa Lukrez 5, 790 bis 820.

Nr. 52:

1) Zum Sonnenstrahlvergleich s. o. Nr. 41 Anm. 2.
2) Zum Atom im zeitlichen Bereich vgl. etwa die Definition im Glossarium mediae et infimae Latinitatis (Einf. Anm. 132): 1 Stunde = 22560 atomi.

Nr. 53:

1) Anklang an den Sonnenstrahlvergleich des Lukrez

(s. Nr. 41 mit Anm. 2), wobei es hier dem Verfasser nicht mehr gegenwärtig ist, daß es sich lediglich um einen Vergleich handelt: hier sind die Staubteilchen selbst zu den Atomen geworden.

Nr. 55:

1) Der gleiche Gedanke findet sich in den Manuskripten von Leonardo verschiedentlich: vgl. Ms. F fol. 87 v.; Ms. L fol. 78 r. Das Bild geht wohl letztlich auf Lukrez 2, 112ff. zurück (vgl. Nr. 41, Anm. 2). Im Gegensatz zu Nr. 54, wo Leonardo eindeutig im antiken Sinn von Atomen als winzigen, unsichtbaren Teilchen spricht, sind hier die Atome offenbar kleine Staubteilchen, die man in einem einfallenden Sonnenstrahl sehen kann. Genau die gleiche Erscheinung, daß die ursprünglich als Bild verstandenen Staubteilchen zu den Atomen selbst werden, hat sich an der Sudastelle (Nr. 53 mit Anm. 1) gezeigt.

Nr. 56:

1) Alexander von Aphrodisias hat sich in seinem Kommentar zu Aristoteles' Metaphysik kritisch mit Demokrit auseinandergesetzt (s. etwa CAG 1, 303f. u. a. St. m.). — Die negative Haltung Galens der Atomistik gegenüber ist aus De elementis 1, 416f. (Nr. 21) bekannt.

2) Fracastoro versucht offenbar mit dieser „Wolke von Atomen“ zwischen den Körpern das merkwürdige immaterielle und doch reelle Etwas zu umschreiben, das wir heute mit 'Spannungsfeld' oder 'Magnetfeld' bezeichnen.

Nr. 57:

1) Der Vergleich mit den kleinsten Tierchen, der hier fast wörtlich aus Lukrez 4, 110—122 übernommen wird, taucht bei Sennert (Hypomnema physicum Bd. 1, 119), bei Basso (Philos. naturalis adversus Aristotelem libr. XII, lib. 1, 6) und bei Magnien (Democritus reviviscens ed. 1648, 205) wieder auf: vgl. dazu Stückelberger, Lucretius reviviscens 17ff.

Nr. 58:

1) Zur Bedeutung der ganzen Textstelle s. o. Einf. S. 58.
2) Zu den Berichten des Aristoteles über Demokrits Atomvorstellungen s. o. Nr. 2/7—10.

Nr. 59:

1) Literatur zum Thema Galilei und Demokrit s. o. Einf. Anm. 151.

Nr. 62:

1) Letzteres, daß sich die Stoffe von Grund auf verändern, bezieht sich auf die Alloiosistheorie des Aristoteles (vgl. o. Einf. S. 59 mit Anm. 153).
2) Julius Caesar Scaliger (1484—1558) ist als Arzt und Naturwissenschaftler besonders durch sein enzyklopädisches Wissen bekannt, das er in seinen Aristoteles-, Hippokraz- und Theophrastkommentaren entfaltet.
3) Benito Pereyra (1535—1610), spanischer Jesuit, hat 1562 eine Schrift unter dem Titel 'Physicorum sive de principiis rerum naturalium libri XV' herausgegeben.
4) Aristoteles, de gen. et corr. 316 a 13f. (Nr. 10): dazu Einf. S. 20f.
5) Diese Beobachtung vom Rauch eines verbrannten Gegenstandes führt Magnien weiter und benützt sie zur Berechnung der Atomgröße: Nr. 66.
6) Alembicum: ein alter Destillationsapparat.
7) Zur Scheidung der Gold-Silberlegierung, die tatsächlich in der beschriebenen Art vorgenommen werden kann, s. o. Einf. S. 59; derselbe Versuch wird auch u. Nr. 63 erwähnt.

Nr. 63:

1) Die dubiose, bei Strabo 16 p. 757 überlieferte Legende, die Atomtheorie gehe auf einen gewissen Mochus aus Phönizien zurück, entbehrt jeder Glaubwürdigkeit: s. dazu Diels, Komm. zu Demokrit Fr. A 55.

2) Zur Alloiosistheorie des Aristoteles s. o. Einf. S. 59.
3) s. Aristoteles, de gen. et corr. 315 b 21.
4) Anspielung auf die Charakterisierung Demokrits bei Aristoteles de gen. et corr. 316 a 13f. (s. o. Nr. 62 Anm. 4).
5) Sennert unterscheidet hier Atome der *simplicia corpora* = *elementa* und Bausteine der *composita corpora*: damit ist ein erster Versuch gegeben, Atome und Moleküle zu unterscheiden.
6) Zum Alembicum s. o. Anm. 6 zu Nr. 62.
7) Ein erster Versuch, eine Vorstellung von der Größe des Atoms zu gewinnen; vgl. u. Magnien Nr. 66.
8) Zur Gold-Silberlegierung s. o. Nr. 62 Anm. 7; zur Bemerkung, daß die „ursprüngliche Form" wieder zum Vorschein kommt, vgl. die entsprechende Formulierung bei Galen (Nr. 31).

Nr. 64:
1) Lucr. 1, 271—328: s. o. Nr. 39.
2) Vgl. die λεπτομερῆ σώματα des Empedokles: s. o. Einf. S. 12; zum Lob des Lukrez über Empedokles s. Lucr. 1, 712—33.
3) Die Schrift Περὶ σαρκῶν aus dem Corpus Hippocraticum wird heute niemand mehr dem Hippokrates zuweisen: vgl. dazu R. Leonard, RE 8, 1913, s. v. Hippokrates 1838.
4) Avicenna (980—1037), ein islamischer Philosoph, der vor allem als Übermittler griechischen Denkens an den Orient bedeutsam geworden ist, hat aber auch auf das mittelalterliche Abendland als Aristoteliker großen Einfluß ausgeübt. — Mit Mesue ist wohl der arabische Arzt und Philosoph Mesue el Joven (gest. 1015) aus Kairo gemeint, von dem die 'Canones universales' in einer Ausgabe zugänglich waren.

Nr. 65:
1) Vgl. die Definition des Isidor aus den Etymologiae (Nr. 52), auf die sich Magnien gerade vorher berufen hatte.

Nr. 66:

1) Die Größenberechnung des Atoms kommt modernen Vorstellungen erstaunlich nahe: vgl. dazu o. Einf. S. 60 mit Anm. 156.

Nr. 67:

1) Diese Newtonstelle aus der 23 propositio ist für John Dalton, den Begründer der neuzeitlichen Atomphysik, zu einem entscheidenden Ausgangspunkt geworden: s. o. Einf. S. 61.

Nr. 68:

1) Mit den „Philosophen ... Phöniziens" bezieht sich Newton auf die bei Sennert aus Strabo aufgegriffene Mochus-Legende: s. Nr. 63 Anm. 1. — Die Stelle ist im übrigen ein Beleg, wie gut sich Newton in antiken Quellen auskennt: vgl. dazu Stückelberger, Lucretius reviviscens, 23f.

Nr. 69:

1) Zum Argument der Stabilität der Materie als Beweis für die Unzerstörbarkeit der Atome s. Lucr. 1, 234ff.; 1, 551—64: Nr. 40. Später greifen W. Heisenberg und Niels Bohr diesen Gedanken wieder auf: s. Einf. Anm. 159.

Synopsis der wichtigsten Begriffe zur Atomistik

Die vorliegende Zusammenstellung, die keinen Anspruch auf Vollständigkeit erhebt, sucht die grundlegenden Begriffe zur antiken Atomphysik mit ausgewählten, gelegentlich leicht gekürzten Belegstellen zu erhellen. Für den Kontext sowie für die deutsche Übersetzung ist durch die in Klammern angeführten Nr. auf den Textteil dieser Ausgabe verwiesen.

1. Materie und Raum

1.1 *Materie und Vacuum als Grundkomponenten des Alls:* ἀρχὰς εἶναι τῶν ὅλων ἀτόμους καὶ κενόν: Diog. Laërt. 9, 44 (Nr. 5); Λεύκιππος δὲ καὶ Δημόκριτος στοιχεῖα μὲν τὸ πλῆρες καὶ τὸ κενόν φασι: Arist. metaph. 985 b 3 (Nr. 7). στοιχεῖά φησι (sc. τὸ πλῆρες καὶ τὸ κενόν): Diog. Laërt. 9, 31; vgl. 9, 30 (Nr. 1). τὸ πᾶν ἐστι ⟨σώματα καὶ κενόν⟩: Epikur bei Diog. Laërt. 10, 39 (Nr. 32); omnis, ut est igitur per se, natura duabus constitit in rebus: nam corpora sunt et inane: Lucr. 1, 419f.; duplex natura duarum rerum, corporis atque loci: id. 1, 503f. (Nr. 40).

1.2 *Begriffe für das Vacuum (Raum):* προσαγορεύει δὲ (sc. Δημ.) τὸν μὲν τόπον τοῖσδε τοῖς ὀνόμασι· τῷ τε κενῷ καὶ τῷ οὐδενὶ καὶ τῷ ἀπείρῳ: Simplic. CAG 7, 294, 36 (Nr. 12); τὸ κενόν, ὅπερ μὴ ὂν ἐκάλει (sc. Λεύκ.): Simplic. CAG 9, 28, 14 (Nr. 13); ὃ κενὸν καὶ χώραν καὶ ἀναφῆ φύσιν ὀνομάζομεν: Epikur bei Diog. Laërt. 10, 40 (Nr. 32); locus est intactus inane vacansque: Lucr. 1, 334 (secl. Bentley); scilicet hoc id erit, vacuum quod inane vocamus: id. 1, 439;

vgl. 1, 369; spatium, quod inane vocamus: id. 1, 507 (Nr. 40).

1.3 *Materie = das Volle:*
τὸ μὲν πλῆρες καὶ στερεὸν τὸ ὄν (sc. φασὶ Λεύκ. καὶ Δημ.): Arist. metaph. 985 b 6 (Nr. 7); τὸ ... κυρίως ὂν παμπλῆρες ὄν: Arist. gen. et corr. 325 a 29 (Nr. 2); τὴν γὰρ τῶν ἀτόμων οὐσίαν ναστὴν καὶ πλήρη ὑποθέμενος (sc. Λεύκ.) ὂν ἔλεγεν εἶναι: Simplic. CAG 9, 28, 13 (Nr. 13), vgl. τῶν δὲ οὐσιῶν ἑκάστην τῷ τε δὲν καὶ τῷ ναστῷ καὶ τῷ ὄντι (sc. προσαγορεύει): Simpl. CAG 7, 294, 38 (Nr. 12); sunt ergo corpora certa, quae spatium pleno possint distinguere: Lucr. 1, 526f. (Nr. 40).

2. Der Begriff 'Atom'

2.1 *älteste Belege:*
der älteste Beleg in einem wörtlich erhaltenen Zitat im Demokritfragment B 125 D. νόμῳ χροιή, ... ἐτεῇ δὲ ἄτομα καὶ κενόν: (Nr. 4); aller Wahrscheinlichkeit nach ist der Begriff bereits von Leukipp geprägt worden: πρῶτος ἀτόμους ἀρχὰς ὑπεστήσατο (sc. Λεύκ.): Diog. Laërt. 9, 30 (Nr. 1); vgl. die ἄτομοι ποικίλαι οὖσαι in einem Auszug aus der Gr. Weltordnung des Leuk. bei Plut. plac. philos. 1, 4 (Nr. 3).

2.2 *Verwendung des Begriffs*
— ursprünglich als Adjektiv: ἄτομοι ἀρχαί s. o. 2.1; ἄτομοι ἰδέαι ὑπ' αὐτοῦ (sc. Δημ.) καλούμεναι: Plut. adv. Colot. 8 p. 1110 F (= Dem. Fr. A 57 D) (Diels erklärt damit die fast durchwegs erhalten gebliebene feminine Verwendung von ἄτομος); ἄτομα σώματα: Plut. plac. philos. 1, 4 (Nr. 3); ἄτομα μεγέθη: Arist. gen. et corr. 316 a 11 (Nr. 10);
— bald auch absolut gebraucht: αἱ ἄτομοι: passim ὑπέθετο στοιχεῖα τὰς ἀτόμους: Simplic. CAG 9, 28, 9

(Nr. 13); vgl. Nr. 3/21; τὰ ἄτομα: passim, etwa Dem. Fr. B 125 D s. o. 2.1.

2.3 *Begriff der Unteilbarkeit*
ἀπείρους εἶναι τῷ πλήθει τὰς ἀρχάς, ἃς καὶ ἀτόμους καὶ ἀδιαιρέτους ἐνόμιζον (sc. Λεύκ. Δημ. Ἐπικ.): Simplic. CAG 7, 242, 18 (Nr. 11); τὰς ἀρχὰς ἀτόμους εἶναι σωμάτων φύσεις: Epikur bei Diog. Laërt. 10, 41 (Nr. 32); ἄτομα: ... τὰ μὴ δυνάμενα διὰ τὴν ἄκραν λεπτότητα τέμνεσθαι: Suda s. v. (Nr. 53); atomos, quas appellat (sc. Dem.), id est corpora individua propter soliditatem: Cic. de fin. 1, 17 (Nr. 17); Democritus atomos, quas nostri insecabilia corpora, nonnulli individua vocitaverunt: Vitr. 2, 2, 1 (Nr. 47); atomos philosophi vocant quasdam in mundo corporum partes tam minutissimas, ut nec visui pateant nec τομήν, id est sectionem, recipiant: Isid. etym. 13, 2 (Nr. 52); vgl. Lact. div. inst. 3, 17 (Nr. 49).

2.4 *Verwendung des Begriffes* ἄτομος *in anderen Bereichen*
im Bereich der Logik bei Plat. Sophist. 229d; vgl. Arist. analyt. B 96 b 15f.: χρὴ δὲ ... διελεῖν τὸ γένος εἰς τὰ ἄτομα τῷ εἴδει τὰ πρῶτα (davon der Begriff 'Individuum'); im mathemat. Bereich etwa ἄτομοι γραμμαί od. ἄτομοι χρόνοι.

2.5 *Wiederverwendung des Begriffes „Atom" seit der Renaissance*
minutissimi e insensibili attimi: Leonardo da Vinci (Nr. 54); effluxiones corporum, quas athomos appellabant: Fracastoro, de sympath. cap. 5 (Nr. 56); omnium substantia minimum corpus est seu atomus: G. Bruno, de minimo 1, 2; atomi non piu divisibili: Galilei, Discorsi (Nr. 59); atomi assolutamente indivisibili: l. c. (Nr. 61); atomus definiri potest materialis physicaeque extensionis radix: Magnien, Dem. rev. (Nr. 65).

3. Synonyme Begriffe zur Bezeichnung der Urbestandteile der Materie

3.1 *Körper, Körperchen* (σώματα/corpora/corpuscula) σώματα: passim: σώματα ἁπλᾶ: Arist. de caelo 303 a 12; ἄτομα σώματα l. c. 21 (Nr. 6); σώματα ἀδιαίρετα: Arist. gen. et corr. 316 b 8 (Nr. 10); atomos ... id est corpora individua: Cic. de fin. 1, 17 (17); corpora bei Lucr. passim, etwa corpora prima: Lucr. 1, 510 (Nr. 40); corpora genitalia: Lucr. 2, 62f. (Nr. 41); corpuscula: Lucr. 2, 153; corpuscula intellectu sensa: Cael. Aurel. morb. ac. 1, 105 (Nr. 29).

3.2 *Ur- oder Grundbestandteilchen* (ἀρχαί/principia u. dgl.) ἄπειροι τῷ πλήθει ἀρχαί: Simpl. CAG 7, 242, 18 (Nr. 11); ἄτομοι ἀρχαί: s. o. 2.1; 2.3; vgl. principia Lucr. 2, 472 (Nr. 43); primordia rerum: Lucr. 1, 483 (Nr. 40) u. passim; daneben auch exordia rerum Lucr. 2, 333 (Nr. 43).

3.3 *Gestalt/Formkörper* (ἰδέα/σχῆμα) ἄτομοι ἰδέαι: Plut. adv. Colot. s. o. 2.2; ἰδέα: ... καὶ τὸ ἐλάχιστον σῶμα: Hesych s. v. (Dem. Fr. B 141 D; vgl. Fr. B 167 D); — Δημ. δὲ καὶ Λεύκ. ποιήσαντες τὰ σχήματα (hier für ‘Körper’ gebraucht) τὴν ἀλλοίωσιν καὶ τὴν γένεσιν ἐκ τούτων ποιοῦσι: Arist. gen. et corr. 315 b 6 (Nr. 9).

3.4 *Elementarkörper* (στοιχεῖα/elementa) στοιχεῖα sind in der Atomistik zunächst die Grundkomponenten des Alls (s. o. 1.1), werden aber auch als Bezeichnung für die Atome verwendet: στοιχεῖα τὰς ἀτόμους εἶναι: Simplic. CAG 9, 28, 9 (Nr. 13); vgl. des Empedokles Bezeichnung στοιχεῖα στοιχείων: Emped. Fr. A 43; στοιχεῖον καὶ σπέρμα: Plat. Tim. 56 b (Nr. 26); οἱ ἐλάχιστα καὶ ἄναρμα καὶ ἀμερῆ τιθέμενοι στοιχεῖα: Galen, de el. 1, 416 K. (Nr. 21); στοιχειώδη σώματα

Simplic. CAG 7, 242, 16 (Nr. 11); vgl. elementa: olivum ... maioribus est elementis: Lucr. 2, 393 (Nr. 43).

3.5 *Massen-Teilchen* (ὄγκοι/moleculae)
ὄγκοι λεῖοι καὶ περιφερεῖς Demokr. bei Diog. Laërt. 9, 44 (Nr. 5); vgl. ἀόρατα διὰ σμικρότητα τῶν ὄγκων: Arist. gen. et corr. 325 a 30 (Nr. 2); ὄγκοι τινὲς ... ἀποφερόμενοι: Epikur bei Diog. Laërt. 10, 53 (Nr. 32); vgl. ἄπειροι ὄγκοι l. c. 10, 56; der Begriff moleculae taucht erst im 17. Jh. auf; etwa: sunt moleculae sive mavis concretiunculae quaedam perexiles: Gassendi (s. o. Einf. Anm. 33).

3.6 *Teilchen* (μόρια/ particulae)
σμικρὰ μόρια Empedokles Fr. A 34 D; vgl. σῶμα ... μεγέθει κατὰ μόρια καὶ σχήματι διαφέρον: Demokr. Fr. A 41 D. Vgl. particulae: omnem efflare colorem particulas: Lucr. 2, 832f.; vgl. 4, 260.

3.7 *Größen* (μεγέθη)
ἄτομα μεγέθη: Arist. gen. et corr. 316 a 11 (Nr. 10); τὰ πρῶτα μεγέθη: Arist. de caelo 303 a 5 (Nr. 6).

3.8 *Keim-Teilchen/Samen* (σπέρματα/semina)
τινῶν σπερμάτων ῥυέντων ἀφ' ἑνὸς κόσμου: Plut. plac. philos. 1, 4 (= Leuk. Fr. A 24 D); vgl. Anax. Fr. B 4; τὸ ... τῆς πυραμίδος εἶδος πυρὸς στοιχεῖον καὶ σπέρμα: Plat. Tim. 56 b (Nr. 26); semina = primordia rerum: Lucr. 1, 501 (Nr. 40); at nunc seminibus quia certis quaeque creantur: Lucr. 1, 169, vgl. Epikur bei Diog. Laërt. 10, 38 (Nr. 32); sunt enim semina per inane volitantia: Lact. div. inst. 3, 17 (Nr. 49); vgl. davon auch den Ausdruck πανσπερμία für die Materie als 'Universalsamenvorrat': Arist. de caelo 303 a 16 (Nr. 6).

3.9 *Wesen* (οὐσίαι)
τῶν οὐσιῶν ἑκάστην τῷ τε δὲν καὶ τῷ ναστῷ ... (sc. προσαγορεύει Δημ.): Simplic. CAG 7, 294, 38 (Nr.

12); vgl. τὴν τῶν ἀτόμων οὐσίαν ναστὴν ... ὑποτιθέμενος l. c. 9, 28, 13 (Nr. 13); οὕτω μικρὰς ... οὐσίας: Simplic. CAG 7, 295, 6 (Nr. 12).

3.10 *Monaden/Einheiten:*
μονάδες σωματικαί: Ekphantos Stob. ecl. 1, 10 (Nr. 25).

4. Charakteristika der Atome

4.1 *Unteilbarkeit:* s. o. 2.3.

4.2 *absolute Festigkeit, Unzerstörbarkeit, Unveränderlichkeit:*
εἶναι γὰρ ἄττα στερεά, ἀδιαίρετα δέ: Leuk. bei Arist. gen. et corr. 325 b 6 (Nr. 2); τὴν γὰρ τῶν ἀτόμων οὐσίαν ναστὴν (dichtgedrängt) καὶ πλήρη ὑποτιθέμενος (sc. Λεύκ.): Simplic. CAG 9, 28, 13 (Nr. 13); εἶναι ἀπαθῆ καὶ ἀναλλοίωτα διὰ τὴν στερρότητα (sc. τὰ ἄτομα): Demokr. bei Diog. Laërt. 9, 44 (Nr. 5); ἀπαθῆ δ' ὑποτίθενται τὰ σώματα εἶναι τὰ πρῶτα, τινὲς μὲν αὐτῶν ὑπὸ σκληρότητος ἄθραυστα (unzerbrechlich): Galen, de el. 1, 418 K. (Nr. 21); ταῦτα δέ ἐστιν ἄτομα καὶ ἀμετάβλητα: Epikur bei Diog. Laërt. 10, 41 (Nr. 32); τὰ μετατιθέμενα (sc. ἄτομα) ἄφθαρτα εἶναι καὶ τὴν τοῦ μεταβάλλοντος φύσιν οὐχ ἔχοντα: Epik. bei Diog. Laërt. 10, 54 (Nr. 32); σώματα λόγῳ θεωρητά, ἀμέτοχα κενοῦ, ἀγένητα, ἀδιάφθαρτα οὔτε θραυσθῆναι δυνάμενα οὔτε διάπλασιν ἐκ τῶν μερῶν λαβεῖν οὔτε ἀλλοιωθῆναι: Plut. plac. philos. 1, 3 (Nr. 33); rerum primordia nulla potest vis stringere; nam solido vincunt ea corpore: Lucr. 1, 485f. (Nr. 40); corpora, quae solido atque aeterno corpore constent: l. c. 1, 500 (Nr. 40); haec neque dissolvi plagis extrinsecus icta possunt nec porro penitus penetrata retexi nec ... labare: l. c. 1, 528f. (Nr. 40); sunt igitur solida

primordia simplicitate: l. c. 1, 548 (Nr. 40); nec laeduntur nec interitionem recipiunt nec sectionibus dividuntur, sed sempiterno aevo perpetuo infinitam retinent in se soliditatem: Vitr. 2, 2, 1 (Nr. 47).

4.3 *ohne innere Fügungen oder Unterteilungen*
οἱ ἐλάχιστα καὶ ἄναρμα (ohne Fügungen) καὶ ἀμερῆ τιθέμενοι στοιχεῖα· ... εἴτ' ἄναρμον, εἴτ' ἐλάχιστον, εἴτ' ἀμέριστον αὐτὸ προσαγορεύειν ἐθέλουσιν: Galen, de el. 1, 416 (Nr. 21); τὸ σμικρὸν καὶ ἀμερές (αἰτίαν εἶναι τοῦ μὴ διαιρεῖσθαι): Simplic. CAG 10, 925, 15 (Nr. 15); Epikur hat dann diese Anschauung fallengelassen: ἀπαθῆ μὲν ἐφύλαξεν αὐτά, τὸ δὲ ἀμερὲς αὐτῶν παρείλετο: Simplic. CAG 10, 925, 20 (Nr. 15/34).

4.4 *unsichtbar wegen ihrer Kleinheit, nur mit dem Verstand erkennbar*
ἀόρατα διὰ σμικρότητα: Arist. gen. et corr. 325 a 30 (Nr. 2); νομίζει δὲ (sc. Δημ.) εἶναι οὕτω μικρὰς τὰς οὐσίας, ὥστε ἐκφυγεῖν τὰς ἡμετέρας αἰσθήσεις: Simplic. CAG 7, 295, 6 (Nr. 12); atomos ... vocant quasdam ... partes tam minutissimas, ut nec visui pateant ... nec sectionem recipiant: Isid. etym. 13, 2 (Nr. 52); vgl. Lact. div. inst. 3, 17 (Nr. 49); vgl. den Ausdruck corpora caeca (unsichtbare Körperchen) bei Lucr. passim (1, 328: Nr. 39; 1, 295 u. a. St. m.). — ⟨σώματα⟩ λόγῳ θεωρητά: Demokr. Fr. A 102 und Fr. A 124 D. vgl. Epikur bei Plut. plac. philos. 1, 3 (Nr. 33); εἰσκριθήσεταί τινα κατὰ τὸ λόγῳ θεωρητόν: Asklep. im Anon. Lond. 36 (Nr. 30); vgl. corpuscula intellectu sensa: Asklep. bei Cael. Aurel. morb. ac. 1, 105 (Nr. 29).

4.5 *qualitätlos*
ἄποιον εἶναι τὸ πρῶτον στοιχεῖον: Galen, de el. 1, 417 K. (Nr. 21); τὰ ... στοιχεῖα ἄποια (ἔφη Δημ.):

Stob. ecl. 1, 16 (Nr. 20); τὰς ἀτόμους νομιστέον μηδεμίαν ποιότητα τῶν φαινομένων προσφέρεσθαι: Epikur bei Diog. Laërt. 10, 54 (Nr. 32); corpuscula non colore non qualitate aliqua (quam ποιότητα Graeci vocant) non sensu praedita: Cic. nat. deor. 2, 94 (Nr. 38); corpuscula ... sine ulla qualitate solita: Asklep. bei Cael. Aurel. morb. ac. 1, 105 (Nr. 29); vgl. Lact. div. instit. 3, 17 (Nr. 49).

5. Variable Bestimmungsfaktoren (διαφοραί) der Atome

5.1 *bei Demokrit:* Gestalt (ῥυσμός), Anordnung (διαθιγή), Lage (τροπή): ταύτας (sc. τὰς διαφοράς) μέντοι τρεῖς εἶναι λέγουσιν (sc. Λεύκ. καὶ Δημ.), σχῆμά τε καὶ τάξιν καὶ θέσιν· διαφέρειν γάρ φασι τὸ ὂν ῥυσμῷ καὶ διαθιγῇ καὶ τροπῇ μόνον (τούτων δὲ ὁ μὲν ῥυσμὸς σχῆμά ἐστιν, ἡ δὲ διαθιγὴ τάξις, ἡ δὲ τροπὴ θέσις): Arist. metaph. 985 b 14 (Nr. 7); inhaltlich identisch Arist. gen. et corr. 314 a 21 (Nr. 8), Simplic. CAG 7, 242, 22 (Nr. 11), Simplic. CAG 9, 28, 18 (Nr. 13); Stob. ecl. 1, 16 (Nr. 20); zusätzlich sind auch die Vorstellungen von Atomgewicht (s. u. 7.2) und Atomgröße belegt: Δημ. ... τὰ μὲν τοῖς μεγέθεσι, τὰ δὲ τοῖς σχήμασι, ἔνια δὲ τάξει καὶ θέσει διορίζει: Theophr. de sensu 60 (Nr. 16).

5.2 *bei Epikur:* Form, Gewicht, Größe
συμβεβηκέναι δὲ τοῖς σώμασι τρία ταῦτα, σχῆμα, μέγεθος, βάρος: Plut. plac. philos. 1, 3 (Nr. 33); τὰς ἀτόμους νομιστέον μηδεμίαν ποιότητα ... προσφέρεσθαι πλὴν σχήματος καὶ βάρους καὶ μεγέθους: Diog. Laërt. 10, 54 (Nr. 32).

6. Atomformen/Atomstrukturen (σχήματα/μορφαί)

σχῆμα (mehr die äußere Form) und μορφή (mehr der innere Aufbau) werden nicht prinzipiell unterschieden.

6.1 *unbegrenzt bzw. unfaßbar viele Atomformen*
διαφέρει τὰ σώματα σχήμασιν, ἄπειρα δὲ τὰ σχήματα: Arist. de caelo 303 a 11 (Nr. 6); ταῦτα (sc. τὰ ἀδιαίρετα) ἄπειρα καὶ τὸ πλῆθος εἶναι καὶ τὰς μορφάς: Arist. gen. et corr. 314 a 22 (Nr. 8); ὑπάρχειν δὲ αὐτοῖς παντοίας μορφὰς καὶ σχήματα παντοῖα: Simplic. CAG 7, 295, 7 (Nr. 12). Epikur präzisiert und nimmt nur 'unfaßbar' viele Atomformen an: τὰ ἄτομα ... ἀπερίληπτα ... ταῖς διαφοραῖς τῶν σχημάτων: Diog. Laërt. 10, 42 (Nr. 32); primordia rerum finita variare figurarum ratione: Lucr. 2, 480f. (Nr. 44); exordia rerum qualia sint longe distantia formis percipe, multigenis quam sint variata figuris: Lucr. 2, 333 (Nr. 43).

6.2 *einzelne Atomformen*

<table>
<tr><td>λεῖος[2])</td><td>levis[3])</td><td>glatt</td></tr>
<tr><td>τραχύς[2])</td><td>asper[3])</td><td>rauh</td></tr>
<tr><td>σκαληνός[1])</td><td>squalidus (Lucr. 2, 467)</td><td>rauh, uneben, höckerig</td></tr>
<tr><td>περιφερής[2])</td><td>rotundus[3])</td><td>rund, rundlich</td></tr>
<tr><td>σφαιρικός, σφαιροειδής (Dem. Fr. A 101/102)</td><td>globosus (Lucr. 2, 469)</td><td>kugelförmig</td></tr>
<tr><td rowspan="4">ἀγκιστρώδης[1])</td><td>hamatus[3])</td><td rowspan="2">mit Haken besetzt</td></tr>
<tr><td>aduncus[3])</td></tr>
<tr><td>quasi ramosus (Lucr. 2, 446)</td><td>verästelt</td></tr>
<tr><td>dentatus (Lucr. 2, 432)</td><td>gezahnt</td></tr>
</table>

γωνιοειδής [2]) πολυγώνιος [2])	angulatus [3])	eckig
πολυκαμπής [2]) κυρτός [1])	curvatus [3])	gekrümmt gewölbt, konvex
κοῖλος [1])	cavus (Lucr. 6, 1085)	hohl
ὀξύς [2])	acutus (Lucr. 2, 463)	spitz
ὀξυγώνιος (Dem. Fr. A 132)	angellis prostantibus (Lucr. 2, 428)	mit vorspringenden Ecken

[1]) τὰ μὲν γὰρ αὐτῶν εἶναι σκαληνά, τὰ δέ ἀγκιστρώδη, τὰ δὲ κοῖλα, τὰ δὲ κυρτά: Simplic. CAG 7, 295, 16 (Nr. 12); [2]) Theophr. de sensu (Nr. 16): s. u. 6.3; [3]) corpuscula quaedam lēvia, alia aspera, rotunda alia, partim autem angulata vel hamata, curvata quaedam et quasi adunca: Cic. nat. deor. 1, 66 (Nr. 18); vgl. Lact. div. inst. 3, 17 (Nr. 49).

6.3 *Zuordnung der Atomformen an verschiedene stoffliche Eigenschaften*

— Feuer, Licht, Dunkelheit, Wärme, Kälte: τῷ πυρὶ τὴν σφαῖραν ἀπέδωκαν: Arist. de caelo 303 a 14 (Nr. 6); caelestem fulminis ignem ... magis e parvis constare figuris: Lucr. 2, 384 (Nr. 43); τὰ μὲν θερμὰ ... καὶ πύρια ἐξ ὀξυτέρων καὶ λεπτομερεστέρων (sc. σωμάτων), τὰ δὲ ψυχρὰ καὶ ὑδατώδη ... ἐκ τῶν ἐναντίων, καὶ τὰ μὲν λαμπρὰ καὶ φωτεινά, τὰ δὲ ἀμυδρὰ καὶ σκοτεινά: Simplic. CAG 9, 36, 3 (Nr. 14); calidos ignis gelidamque pruinam dissimili dentata modo compungere sensus corporis: Lucr. 2, 431f. (Nr. 43).

— Geruch/Geschmack: τὸν ... ὀξὺν εἶναι τῷ σχήματι γωνοειδῆ τε καὶ πολυκαμπῆ καὶ μικρὸν καὶ λεπτόν; ... τὸν δὲ γλυκὺν ἐκ περι-

φερῶν ... σχημάτων οὐκ ἄγαν μικρῶν· ... τὸν δὲ στρυφνὸν ἐκ μεγάλων σχημάτων καὶ πολυγωνίων καὶ περιφερὲς ἥκιστ' ἐχόντων· ... τὸν δὲ πικρὸν ἐκ μικρῶν καὶ λείων καὶ περιφερῶν· ... ἁλμυρὸν δὲ τὸν ἐκ μεγάλων καὶ οὐ περιφερῶν· ... τὸν δὲ δριμὺν μικρὸν καὶ περιφερῆ καὶ γωνιοειδῆ, σκαληνὸν δὲ οὐκ ἔχειν: Theophr. de sensu 65ff. (Nr. 16); ut facile agnoscas e lēvibus atque rotundis esse ea, quae sensus iucunde tangere possunt, at contra ... amara atque aspera ... magis hamatis inter se nexa teneri: Lucr. 2, 402ff. (Nr. 43); sunt etiam quae ... nec lēvia putantur esse neque flexis mucronibus unca, sed magis angellis paulum prostantibus, utqui titillare magis sensus quam laedere possint (wie z. B. Weinstein und Alant): l. c. 2, 426ff. sudor maris (Salzwasser) ... e lēvibus atque rotundis est, et squalida sunt illis admixta doloris corpora; nec tamen haec retineri hamata necessumst; scilicet esse globosa tamen, cum squalida constent, provolvi simul ut possint et laedere sensus: Lucr. 2, 465ff. (Nr. 43).

— Farben: λευκὸν μὲν οὖν εἶναι τὸ λεῖον· ... τὸ δὲ μέλαν ἐκ τῶν ἐναντίων, ἐκ τραχέων καὶ σκαληνῶν καὶ ἀνομοίων· ... ἐρυθρὸν δ' ἐξ οἵωνπερ καὶ τὸ θερμὸν πλὴν ἐκ μειζόνων· ... τὸ δὲ χλωρὸν ἐκ τοῦ στερεοῦ καὶ τοῦ κενοῦ συνεστάναι μεικτὸν ἐξ ἀμφοῖν: Theophr. de sensu 73ff. (Nr. 16); vgl. Lucr. 2, 418ff. (Nr. 43).

— Festigkeit: s. u. 4.4.

6.4 *Zuordnung der regelmäßigen Körper an Stoffe nach Platon:*
s. Plat. Tim. 55cff. (Nr. 26), wo das Tetraëder (Pyramide) dem Feuer, das Oktaëder der Luft, das Ikosaëder dem Wasser und der Kubus der Erde zugeordnet wird; vgl. auch Philolaos Fr. A 15 (Nr. 23).

7. Kinetik

7.1 *immerwährende, zufällige Bewegung der Atome:* ἄτομα ἀπρονόητον καὶ τυχαίαν ἔχοντα τὴν κίνησιν συνεχῶς τε καὶ τάχιστα κινούμενα: Plut. plac. philos. 1, 4 (Nr. 3); κινοῦνταί τε συνεχῶς αἱ ἄτομοι τὸν αἰῶνα, καὶ αἱ μὲν εἰς μακρὰν ἀπ' ἀλλήλων διιστάμεναι, αἱ δὲ αὐτοῦ τὸν παλμὸν ἴσχουσαι: Epikur bei Diog. Laërt. 10, 43 (Nr. 32); nulla quies est reddita corporibus primis per inane profundum sed magis adsiduo varioque exercita motu partim intervallis magnis . . . resultant, pars etiam brevibus spatiis vexatur ab ictu: Lucr. 2, 95ff. (Nr. 41); vgl. mobilitas per inane meandi: l. c. 2, 65.

7.2 *Ursachen der Bewegung: Gewicht oder Schlag:* ταῦτα (sc. τὰ ἄτομα) . . . κατὰ τὴν ἐν αὐτοῖς βαρύτητα διὰ τοῦ κενοῦ εἴκοντος . . . κινεῖσθαι: Dem. Fr. A 58 (Anm. 1 zu Nr. 33); Δημ. φύσει ἀκίνητα λέγων τὰ ἄτομα πληγῇ κινεῖσθαί φησιν: Dem. Fr. A 47; aliam vim motus habebant a Democrito impulsionis, quam plagam ille appellat: Cic. de fato 46; cuncta necesse est aut gravitate sua ferri primordia rerum aut ictu forte alterius: Lucr. 2, 83ff. (Nr. 41); anders Ekphantos Fr. 1 (Nr. 24): κινεῖσθαι δὲ τὰ σώματα μήτε ὑπὸ βάρους μήτε πληγῆς, ἀλλ' ὑπὸ θείας δυνάμεως.

7.3 *Arten der Bewegung*

— Wirbel: τῆς δίνης αἰτίας οὔσης τῆς γενέσεως πάντων, ἣν ἀνάγκην λέγει (sc. Δημ.): Diog. Laërt. 9. 45 (Nr. 5); δῖνον ἀπὸ τοῦ παντὸς ἀποκριθῆναι παντοίων ἰδεῶν: Dem. Fr. B 167; τὰς ἀτόμους . . . φέρεσθαι δ' ἐν τῷ ὅλῳ δινουμένας: Diog. Laërt. 9, 44 (Nr. 5); vgl. auch Leukipp bei Diog. Laërt. 9, 32 (Nr. 1).

— Schwingung am Ort (παλμός): Δημ. ἓν γένος κινήσεως τὸ κατὰ παλμὸν ἀπεφαίνετο: Dem.

Fr. A 47; αἱ δὲ αὐτοῦ τὸν παλμὸν ἴσχουσαι: Epikur bei Diog. Laërt. s. o. 7.1.
— gleiche Fallgeschwindigkeit im Vakuum: καὶ μὴν καὶ ἰσοταχεῖς ἀναγκαῖον τὰς ἀτόμους εἶναι, ὅταν διὰ τοῦ κενοῦ εἰσφέρωνται, μηθενὸς ἀντικόπτοντος: Epikur bei Diog. Laërt. 10, 61 (Nr. 32); omnia ... debent per inane quietum aeque ponderibus non aequis concita ferri: Lucr. 2, 238f. (Nr. 42).
— Abweichungstendenz nach Epikur (ἔγκλισις/declinatio): Ἐπικούρῳ μὲν γὰρ οὐδ' ἀκαρὲς ἐγκλῖναι τὴν ἄτομον συγχωροῦσιν (οἱ Στωικοὶ) ὡς ἀναίτιον ἐπεισάγοντι κίνησιν ἐκ τοῦ μὴ ὄντος: Plut. de anim. procr. 6 p. 1015c (= Epik. Fr. 281 Us.); declinare dixit atomum perpaulum: Cic. fin. 1, 19 (Nr. 35); itaque tertius quidam motus oritur extra pondus et plagam, cum declinat atomus intervallo minimo, ... quam declinationem sine causa fieri ... re cogitur confiteri: Cic. de fato 22 (Nr. 36); incerto tempore ... incertisque locis spatio depellere paulum (corpora), ... quod nisi declinare solerent ...: Lucr. 2, 218ff. (Nr. 42); vgl. inclinare l. c. 243.

7.4 *Effluxionserscheinung*
Empedokles, Fr. B 89: γνούς, ὅτι πάντων εἰσὶν ἀπορροαί, ὅσσ' ἐγένοντο; bei den Atomisten: ἅπαντος γὰρ ἀεὶ γίνεσθαί τινα ἀπορροήν: Theophr. de sensu 50 (Nr. 16); πειρῶνται δὲ κατασκευάζειν, ὅτι ἀπὸ παντὸς τοῦ σώματος συνεχεῖς γίνονται ἀποφοραί (sc. die Erasistrateer): Anon. Lond. 30, 40f. (Nr. 28); ὥσπερ δὲ κατὰ τὸ λόγῳ θεωρητὸν ... διάφορα καὶ ποικίλα ἀποκρίνεται ἀφ' ἡμῶν, οὕτως ... εἰσκρίνεται διάφορα εἰς ἡμᾶς: Anon. Lond. 36, 43ff. (Nr. 30); principio omnibus ab rebus, quascumque videmus, perpetuo fluere ac mitti spargique necessest corpora, quae feriant oculos visumque lacessant; perpetuo fluunt certis ab rebus odores:

Lucr. 6, 921ff. (Nr. 46); die Effluxionserscheinung wird vor allem zur Erklärung der Sinneswahrnehmung herangezogen: Dem. bei Theophr. de sensu 74 (Nr. 16); Lucr. l. c. und bes. 4, 26ff.: dico igitur rerum effigias tenuisque figuras mittier ab rebus summo de cortice eorum: l. c. 4, 42f. — Vgl. dazu auch Hier. Fracastorius, De symp. 5 (Nr. 56): effluxiones.

8. Stoffverbindungen

8.1 *Vereinigung und Trennung von Atomen als Ursache von Werden und Vergehen*
Δημ. καὶ Λεύκ. ... διακρίσει μὲν καὶ συγκρίσει γένεσιν καὶ φθορὰν (sc. ποιοῦσι), τάξει δὲ καὶ θέσει ἀλλοίωσιν: Arist. gen. et corr. 315 b 7 (Nr. 9); ἡ μὲν γένεσις σύγκρισις τῶν ἀτόμων ἐστίν, ἡ δὲ φθορὰ διάκρισις: Simplic. CAG 7, 295, 23 (Nr. 12); vgl. Anaxagoras Fr. B 17 τὸ δὲ γίνεσθαι καὶ ἀπόλλυσθαι οὐκ ὀρθῶς νομίζουσιν οἱ Ἕλληνες· οὐδὲν γὰρ χρῆμα γίνεται οὐδὲ ἀπόλλυται, ἀλλὰ ... συμμίσγεταί τε καὶ διακρίνεται (Anm. 1 zu Nr. 45); nec sic interemit mors res, ut materiai corpora conficiat, sed coetum dissipat ollis; inde aliis aliud coniungit et efficit omnes res: Lucr. 2, 1002ff. (Nr. 45).

8.2 *Entstehung der Stoffzusammensetzungen durch Verflechtungen von Atomen*
τοὺς κόσμους γίνεσθαι σωμάτων εἰς τὸ κενὸν ἐμπιπτόντων καὶ ἀλλήλοις περιπλεκομένων: Leuk. bei Diog. Laërt. 9, 30 (Nr. 1); vgl. (σώματα) προσκρούοντα (ἀλλήλοις): l. c. 9, 31; σώματα συντιθέμενα καὶ περιπλεκόμενα: Arist. gen. et corr. 325 a 34 (Nr. 2); οὕτω πάντα τὰ συγκρίματα γεννᾶν, πῦρ, ὕδωρ, ἀέρα, γῆν· εἶναι γὰρ καὶ ταῦτα ἐξ ἀτόμων τινῶν συστήματα: Dem. bei Diog. Laërt. 9, 44 (Nr. 5); τῇ τούτων συμπλοκῇ καὶ περιπαλάξει πάντα γεννᾶσθαι: Arist. de caelo 303 a 7

(Nr. 6); συγκρούεσθαι (τὰς ἀτόμους) καὶ ... περιπλέκεσθαι ἀλλήλαις κατὰ τὴν τῶν σχημάτων ... συμμετρίαν καὶ ... οὕτως τὴν τῶν συνθέτων γένεσιν ἀποτελεῖσθαι: Simplic. CAG 7, 242, 23 (Nr. 11); vgl. Epikur bei Diog. Laërt. 10, 43 (Nr. 32); concursionibus inter se cohaerescunt: Cic. fin. 1, 17 (Nr. 17), ... ita effici complexiones et copulationes et adhaesiones atomorum inter se: l. c. 1, 19 (Nr. 35); vgl. complexio corpusculorum Cael. Aurel. morb. ac. 1, 106 (Nr. 29); concilia principiorum: Lucr. 1, 484; materiae concilium: l. c. 1, 516; condenso conciliatu artari possunt: l. c. 1, 575 (Nr. 40); nexus principiorum: l. c. 1, 244; varios connexus ... concursus: l. c. 1, 633 (Nr. 40); ordine ac positione conveniunt (sc. corpuscula), ... hamata ... invicem concatenari: Lact. div. inst. 3, 17 (Nr. 49).

8.3 *Mischung*

Δημ. μὲν οὖν ἡγούμενος τὴν λεγομένην κρᾶσιν γίνεσθαι κατὰ παράθεσιν σωμάτων, διαιρουμένων τῶν κιρναμένων εἰς μικρὰ καὶ τῇ παρ' ἄλληλα θέσει τὴν μίξιν ποιουμένων: Dem. Fr. A 64; vgl. συγκρίματα Diog. Laërt. o. 8.2. rerum mixtura: Lucr. 2, 978; vgl. Sennert, De consensu 12 (Nr. 62): in mistione miscibilia in minimas partes redigi atque ita sibi per minimas partes unita per contrarias qualitates mutuo agere et pati, non tamen formas suas plane amittere (im Gegensatz zur aristotelischen Lehre).

8.4 *Festigkeit der Stoffe als Funktion der Art der Atomverbindungen*

σκληρὸν μὲν γὰρ εἶναι τὸ πυκνόν, μαλακὸν δὲ τὸ μανόν: Theophr. de sensu 62 (Nr. 16); quae nobis durata ac spissa videntur, haec magis hamatis inter sese esse necessest et quasi ramosis alte compacta teneri (z. B. Eisen/Diamant); ... illa quidem debent e levibus atque rotundis

esse magis, fluvido quae corpore liquida constant: Lucr. 2, 444ff. (Nr. 43); fumum nebulas flammasque necessest ... non esse ... perplexis (corporibus) indupedita ... nec haerere inter se: Lucr. 2, 457ff. (Nr. 43); vgl. 2, 465ff. o. 6.3.

Literaturhinweise

1. Besonders zu erwähnende Textausgaben, Kommentare und Übersetzungen

a) Antike

Aëtius: s. Doxographi Graeci.

Anonymi Londinensis ex Aristotelis iatricis Menoniis et aliis medicis eclogae, ed. Hermann Diels, Berlin 1893 (= Supplementum Aristotelicum 3, 1).

Aristoteles, De caelo, ed. D. J. Allan, Oxford 1936.

Aristoteles, On coming-to-be and passing-away (De generatione et corruptione), ed. Harold H. Joachim, Oxford 1922.

Aristoteles, Metaphysica, ed. W. Jaeger, Oxford 1957.

Atomisten, Griechische; Texte und Kommentare zum materialistischen Denken der Antike, übersetzt und hrsg. von F. Jürss, R. Müller, E. Schmidt, Leipzig 1973.

Caelius Aurelianus, De morbis acutis, ed. I. E. Drabkin, Chicago 1950.

Diogenes Laërtius, Lives of eminent philosophers, Text mit engl. Übers. ed. R. D. Hicks, London 1950 (2 Bde.).

Doxographi Graeci (Aëtius/Plutarch, placita philosophorum), coll. et ed. Hermann Diels, Berlin 1879.

Epicurus, Epistulae tres et ratae sententiae, ed. P. Von der Mühll, Stuttgart 1966.

Epicurea, Fragmentsammlung von Herm. Usener, Leipzig 1887.

Galen, De elementis, in: Opera omnia, ed. C. G. Kühn, Bd. 1, Leipzig 1821 (Hildesheim 1964).

Isidori Hispalensis episcopi etymologiarum libri XX, ed. W. M. Lindsay, Oxford 1911 (1966).

Lactantius, Divinae institutiones, ed. Migne, Patrologia Latina 6, Paris 1844.

Lucretius, De rerum natura, ed. Cyril Bailey, 3 Bde., Oxford 1947.

Lucretius, De rerum natura, ed. Conrad Müller, Zürich 1975.

Platon, Timaios, ed. R. D. Archer-Hind, London 1888 (Text und engl. Übers. mit Kommentar).

Simplicius, Commentaria in Aristotelem Graeca (CAG), Bd. 7: in Arist. de caelo commentaria, ed. I. L. Heiberg, Berlin 1894; Bde. 9/10: in Arist. physicorum libros commentaria, ed. H. Diels, Berlin 1882/95.

Theophrast, De sensu, ed. G. M. Stratton, Theophrastus and the greek physiological psychology before Aristotle, New York 1917, mit Beiträgen von A. E. Taylor.

Vorsokratiker, Die Fragmente der ... (VS): griechisch und deutsch, von Herm. Diels, in 6. Aufl. neu bearbeitet von W. Kranz, 3 Bde., Berlin 1951/52 (1960/61 10. Aufl.).

b) Renaissance und Aufklärung

Iordani Bruni Nolani opera Latine conscripta, Bde. 1/2 ed. F. Fiorentino, Neapel 1879/84; Bde. 3/4 ed. F. Toco, H. Vitelli, Florenz 1889.

Hieronymus Fracastorius, Opera omnia, ed. sec. Venedig 1574.

Galileo Galilei, Opere, Edizione nazionale, 20 Bde, Florenz 1890—1909.

Leonardo da Vinci, The literary works of ... compiled and edited from original manuscripts by Jean Paul Richter, Oxford/London 1939[2].

ders., Les manuscrits de L. d. V. de l'Institut de France, ed. Charles Ravaisson, 6 Bde., Paris 1881—91.

Joh. Chrysostomus Magnenus (Magnien), Democritus reviviscens, Leiden 1648.

Isaak Newton, Philosophiae naturalis principia mathematica, ed. princ. London 1687.

ders., Optice, ed. sec. London 1706.

Daniel Sennert, Opera omnia, 3 Bde., ed. Lyon 1676.

2. *Abhandlungen*

a) Abhandlungen zum ganzen Thema der Atomistik

Cyril *Baley*, The greek Atomists and Epicurus, Oxford 1928.

Hans-Georg *Gadamer*, Antike Atomtheorie, Zeitschrift für die gesamte Natw. 1935, Heft 3, 81—95 (in: Wege der Forschung Bd. 9, Darmstadt 1968, 512—33).

August *Heller*, Geschichte der Physik von Aristoteles bis auf die neueste Zeit, 2 Bde., Stuttgart 1882/84.

Edgar *Hunger*, Von Demokrit bis Heisenberg, Quellen und Betrachtungen zur naturwissenschaftlichen Erkenntnis, Braunschweig 1960².

Walther *Kranz*, Die Entstehung des Atomismus, in: Convivium, Festschrift für Konrat Ziegler, Stuttgart 1954, 14—40.

Kurd *Lasswitz*, Geschichte der Atomistik vom Mittelalter bis Newton, 2 Bde., Hamburg/Leipzig 1890.

Fritz *Lieben*, Vorstellungen vom Aufbau der Materie im Wandel der Zeiten, Wien 1953.

A. G. M. *van Melsen*, Atom gestern und heute; die Geschichte des Atombegriffes von der Antike bis zur Gegenwart, Freiburg 1957 (deutsche Übers. der holländischen Ausgabe 1949).

ders., Histor. Wörterbuch der Philosophie, Bd. 1, Basel 1971, 603—611 s. v. Atom/Atomismus/Atomtheorie.

Samuel *Sambursky*, Das physikalische Weltbild der Antike, Stuttgart 1965 (deutsche Übers. der englischen Ausgabe 1962).

ders., Der Weg der Physik, 2500 Jahre physikalischen Denkens, Texte von Anaximander bis Pauli, Zürich 1975.

b) Abhandlungen zu Einzelfragen

Vittorio Enzo *Alfieri*, Atomos Idea, L'origine del concetto dell'atomo nel pensiero greco, Florenz 1953.

Adolf *Brieger*, Demokrits angebliche Leugnung der Sinneswahrheit, in: Hermes 37, 1902, 56—83.

Walter *Burkert*, Weisheit und Wissenschaft, Studien zu Pythagoras, Philolaos und Platon, Nürnberg 1962.

Hermann *Diels*, Elementum, Leipzig 1899.

Paul *Friedländer*, Platon, Bd. 1, Berlin 1964: 260—275 Platon als Atomphysiker.

Kurt *v. Fritz*, Philosophie und sprachlicher Ausdruck bei Demokrit, Plato und Aristoteles, Leipzig 1938 (Darmstadt 1963²).

ders., Philolaos, RE Suppl. Bd. 13, 1973, 453—484.

David J. *Furley*, Two studies in the greek Atomists, Princeton 1967.

Ingeborg *Hammer*-Jensen, Den aeldste Atomlaere, Kopenhagen 1908 (deutsch in: Archiv für Gesch. der Philos. 23, 1910, 92—105; 211—229).

Werner *Heisenberg*, Gedanken der antiken Naturphilosophie in der modernen Physik, Die Antike 13, 1937, 118—124.

ders., Physik der Atomkerne, Die Wissenschaft, Bd. 100, Braunschweig 1943 (1947[2]).
ders., Physik und Philosophie, Stuttgart 1959.
ders., Der Teil und das Ganze, Gespräch im Umkreis der Atomphysik, München 1969.
Walter *Kranz*, Empedokles und die Atomistik, in: Hermes 47, 1912, 18—42.
A. D. *Leeman*, Lucretius superstes, in: Lampas 1, 1968, 23—44.
Georges Louis *Le Sage*, Lucrèce neutonien, abgedr. in: P. Prevost, Notice de la vie et des écrits de G. L. Le Sage, Genf 1805, 561ff.
Louis *Löwenheim*, Der Einfluß Demokrits auf Galilei, in: Archiv für Gesch. der Philos. 7, 1894, 230—68.
ders., Die Wissenschaft Demokrits, in: Archiv für Gesch. der Philos. Beilage zu Bd. 26, 1913.
Jürgen *Mau*, Studien zur erkenntnistheoretischen Grundlage der Atomlehre im Altertum: Wiss. Zschr. d. Humboldt-Univ. zu Berlin, 2, 1952/53, Heft 3.
J. M. *Rist*, Epicurus, an introduction, Cambridge 1971.
Eva *Sachs*, Die fünf platonischen Körper, Berlin 1917.
Edmondo *Solmi*, Le fonti dei manoscritti di Leonardo da Vinci, Turin 1908.
Alfred *Stückelberger*, Lucretius revivisvens. Von der antiken zur neuzeitlichen Atomphysik, in: Archiv für Kulturgeschichte 54, 1972, 1—25.
ders., Empirische Ansätze in der antiken Atomphysik, in: Archiv für Kulturgeschichte 56, 1974, 124—140.
S. I. *Vavilov*, Newton and the atomic theory, in: Newton Trecentenary Celebrations, Cambridge 1947, 43—55.
Max *Wellmann*, Asklepiades aus Bithynien von einem herrschenden Vorurteil befreit, in: Neue Jahrbücher für das Klass. Altertum 21, 1908, 684—703.
ders., Erasistratos 2, RE 6, 1907, 333—350.

Stellenindex

Die Ziffern im vorliegenden Stellenindex beziehen sich
Nr. 1—69 auf die Textstellen mit Übersetzung S. 64—291
Syn. auf die Synopsis S. 311ff.
S. auf die übrigen Seiten des Buches

Nachwort

Die vorliegende Sammlung hat zum Ziel, die wichtigsten Fragmente und Berichte aus der Antike zum Thema 'Atomphysik' vorzuführen und deren Fortwirken über die Spätantike hinaus bis in die Neuzeit zu verfolgen. Es lag dabei nicht in der Absicht des Verfassers, möglichst vollständig alle Belege zusammenzutragen — die weitzerstreuten Aussagen besonders der Spätzeit wiederholen sich endlos —; vielmehr ging es darum, möglichst alle antiken Vorstellungen zur Lehre von den Atomen zu erfassen und deren oft verborgenes, aber kontinuierliches Weiterleben aufzuzeigen. Daher ist denn auch der Kreis der Autoren über die klassischen Atomisten hinaus auf die hellenistische Medizin, spätantike Lexikographen, erste Rezeptoren in der Renaissance bis hin zu Newton erstreckt worden.

Die Textgestaltung stützt sich, ohne eigene textkritische Neubearbeitung aus den Handschriften, im wesentlichen auf die im Literaturverzeichnis angeführten einschlägigen Ausgaben. Dennoch schien es geraten, zu verschiedenen umstrittenen, für das Thema relevanten Stellen einige wenige, gezielt ausgewählte textkritische Anmerkungen anzubringen.

Die Übersetzung der inhaltlich wie sprachlich bisweilen recht schwer verständlichen Texte bemüht sich — weitgehend unter dem Verzicht, die verschiedenen Stilarten der einzelnen Autoren zum Ausdruck zu bringen —, eine möglichst dem Originaltext entsprechende Sachinformation zu geben. Dabei stellen sich verschiedene Schwierigkeiten: Zunächst war der kühne Vorstoß der damaligen Naturphilosophen in den Bereich der Atome durchaus

neuartig: wen wundert es, daß daher die Vorstellungen, die uns — nach mehr als zweitausendjähriger Geschichte — recht vertraut vorkommen, noch keineswegs immer klar gefaßt sind und oft mehr tastenden Versuchen gleichen. Zur sachlichen kommt die sprachliche Schwierigkeit: Das Griechisch des 5./4. Jh. v. Chr. und das Latein zur Zeit des Lukrez waren noch keineswegs dazu geschaffen, die neue Materie mit all ihren differenzierten Sachverhalten zu erfassen. So fehlt in den antiken Texten noch weitgehend eine feste Terminologie (für den Begriff 'Atom' etwa findet man oben in der Synopsis ein rundes Dutzend verschiedener Ausdrücke, während umgekehrt etwa dasselbe Wort 'Körper' bald 'Atom', bald 'Gegenstand', bald 'Stoff' überhaupt oder 'Beschaffenheit' heißen kann). Dazu kommt schließlich, besonders in den griechischen Texten, eine oft reichlich sprunghafte Gedankenführung, die wohl dem antiken, mit der Materie vertrauten Leser zugemutet werden durfte, die aber in der Übersetzung zahlreiche in Klammern hinzugesetzte Ergänzungen nötig machte, um den Sinn einigermaßen verständlich zu machen. Diese Schwierigkeiten zwingen den Übersetzer dazu, jede Einzelstelle unter Berücksichtigung des übrigen Materials zu deuten und ihren Inhalt, oft unter Preisgabe ungewohnter Satzkonstruktionen oder verschränkter Wendungen des Originaltextes, in eine uns zugängliche Vorstellungswelt und Sprache zu übertragen.

Da die Thematik rein von der Sache her den üblichen Bereich der Philologie verläßt, bin ich für viele sachkundige Erklärungen und Ratschläge meinem Kollegen von der naturwissenschaftlichen Seite, Herrn Dr. Willy Stadelmann, sehr dankbar. Weitere Anregungen, besonders im Gebiete der Vorsokratik, verdanke ich Herrn Dr. Peter Matter.

Bern, den 1. August 1978 Alfred Stückelberger

www.ingramcontent.com/pod-product-compliance
Lightning Source LLC
Chambersburg PA
CBHW070328100426
42812CB00005B/1286

* 9 7 8 3 1 1 0 3 5 6 1 5 1 *